河海大学重点立项教材

商业伦理学

杨恺钧 朱智洺 田鸣 主编

BUSINESS ETHICS

河海大学出版社
HOHAI UNIVERSITY PRESS
·南京·

图书在版编目（CIP）数据

商业伦理学 / 杨恺钧，朱智洺，田鸣主编. -- 南京：河海大学出版社，2024.8. -- ISBN 978-7-5630-9254-3

Ⅰ．F718

中国国家版本馆CIP数据核字第2024FC8717号

书　　名/商业伦理学
　　　　　SHANGYE LUNLIXUE
书　　号/ISBN 978-7-5630-9254-3
责任编辑/杜文渊
文字编辑/顾跃轩
特约校对/李浪　杜彩平
装帧设计/徐娟娟
出版发行/河海大学出版社
地　　址/南京市西康路1号（邮编：210098）
电　　话/（025）83737852（总编室）　（025）83722833（营销部）
经　　销/江苏省新华发行集团有限公司
排　　版/南京月叶图文制作有限公司
印　　刷/广东虎彩云印刷有限公司
开　　本/710毫米×1000毫米　1/16
印　　张/16
字　　数/288千字
版　　次/2024年7月第1版
印　　次/2024年7月第1次印刷
定　　价/49.80元

目录

第一章 绪论 ········· 1
1.1 商业伦理与商业伦理学 ········· 1
1.2 商业伦理学的研究对象和研究方法 ········· 2
1.3 商业伦理学的任务 ········· 3
1.4 学习商业伦理学的原因 ········· 4

第二章 企业社会责任 ········· 6
2.1 企业社会责任概念与特征 ········· 6
2.2 企业社会责任思想的起源与演变 ········· 15
2.3 企业社会责任理论 ········· 20
2.4 企业社会责任与企业伦理 ········· 31
案例1 水风光一体化新探索：柯拉一期光伏电站 ········· 36
案例2 亿滋国际的可持续发展 ········· 37

第三章 伦理学原理 ········· 43
3.1 功利主义 ········· 43
3.2 义务论 ········· 48
3.3 公正论 ········· 51
3.4 美德论 ········· 53
3.5 关怀论 ········· 56
案例 玻璃大王——曹德旺 ········· 57

第四章 中华优秀传统文化与商业伦理 ········· 60
4.1 儒商精神与商业伦理 ········· 60
4.2 阳明心学与商业伦理 ········· 67
4.3 其他优秀传统文化与商业伦理 ········· 71

案例 1　让丝绸之美飞入寻常百姓家
　　　　——隐形销售冠军肯葳的国际之旅 …… 74
案例 2　方太：儒学治企的实践与创新 …… 80

第五章　市场营销中的伦理问题 …… 85
5.1　市场营销概述 …… 85
5.2　营销与伦理 …… 87
5.3　产品中的伦理问题 …… 89
5.4　定价中的伦理问题 …… 92
5.5　分销中的伦理问题 …… 96
5.6　促销中的伦理问题 …… 101
5.7　电子商务中的伦理问题 …… 104
案例 1　头部造车新势力——理想的产品策略升级之路 …… 107
案例 2　比亚迪的品牌国际化 …… 109

第六章　财务会计中的伦理问题 …… 112
6.1　财务会计业务内涵与主要内容 …… 112
6.2　财务会计活动中的伦理行为 …… 117
案例 1　康美药业 …… 123
6.3　威胁与冲突的处理 …… 128
6.4　财务会计的伦理规范 …… 132
6.5　企业在财务会计活动中的社会责任与可持续发展 …… 134
案例 2　理想汽车 …… 135

第七章　环境保护中的伦理问题 …… 140
7.1　环境伦理概述 …… 140
7.2　资源利用与保护中的伦理问题 …… 145
7.3　企业经营引发的环境问题 …… 149
7.4　污染防治中的伦理问题 …… 152
7.5　环境保护中的发展机会 …… 157
7.6　企业的环境保护责任 …… 163
案例 1　专业创造生机：轩凯践行企业社会责任之路 …… 165
案例 2　格林美：资源有限,循环无限 …… 167

第八章　人力资源管理中的伦理问题 170
8.1　招聘选拔中的伦理问题 170
8.2　薪酬设计中的伦理问题 177
8.3　工作安全中的伦理问题 183
案例 1　国网徐州供电公司："党建＋安全"方法论 189

第九章　国际商务中的伦理问题 193
9.1　国际商务伦理问题概述 193
9.2　国际商务中不道德行为的根源 200
9.3　国际商务中企业伦理的重要理论 203
案例 1　拼多多的国际化 206
案例 2　上汽五菱开拓印度尼西亚市场 208

第十章　工程管理中的伦理问题 212
10.1　工程管理伦理概述 212
10.2　基本理论框架 216
10.3　工程管理伦理问题 234
案例 1　三峡水利枢纽工程——移民搬迁安置伦理问题 247
案例 2　成人达己：电建生态的全面社会责任管理之路 248

第一章

绪　　论

1.1　商业伦理与商业伦理学

1.1.1　商业伦理的内涵

在中国,"伦"有类、辈分、顺序、秩序等含义,"理"有分别、条理、道理、治理等意义。大概西汉初年,人们开始广泛使用"伦理"一词概括人与人之间的道德原则和规范。商业是国民经济的重要组成部分,人们的吃、穿、用都离不开商业,这就需要用科学的商业道德理论来规范商业经营人员的行为,建立正常的商业秩序。商业伦理是商业和伦理的结合,指在买卖活动中产生的买者与卖者之间的道德原则和规范,是商业道德的理论化和科学化。

无论从宏观还是微观角度讲,良好的商业经营都意味着必须符合伦理。合乎伦理的行为支持市场体系,而不合伦理的行为扭曲市场体系。例如,中国古代的成功商人都重视诚信,如孔子言"民无信不立"。在雇员和管理者中建立信任十分有利。信任能提高生产率,而信任则需要合乎伦理的行为。商业伦理学是研究商业活动中在物与物背后掩盖着的人与人之间的伦理关系及其所蕴含的内在规律的科学,是研究如何确立合理的商业伦理秩序的学问。

1.1.2　商业伦理学的内容和兴起

20世纪50年代至70年代美国出现一系列企业伦理道德缺失带来的经营丑闻,如:福特公司Pinto车召回事件等等,迫使各方开始重视商业伦理问题,商业伦理学由此而兴起。这一时期,著名学者马奎斯·蔡尔兹(Marquis W. Childs)和道格拉斯·凯特(Douglass Cater)的著作《商业社会中的伦理道德》把商业伦理道德引入了人们的视野[1]。社会主义国家的商业伦理学,则运用马克思主义伦理学的基本原理,联系商业工作实际,系统地阐述商业道德的理论体系及诸多问题。从伦理学与实践的关系看,伦理学可以分为理论伦理学和应用伦理学。理论伦理学是专门研究伦理学基本理论的学说,注重从哲学的角度研究道德;而应用伦理学是研究将伦理学的基本原则应用于社会生活的规律的科学,是对社会生活各领域进行道德审视的科学。应用伦理学具有实践应用性和学科交叉性的特点,其根据所解决实际问题所属的领域,相应形成了不同子类,商业伦理学就是其中之一。

随着商品经济的发展,人类文明的进步,人们普遍重视商业伦理学的研究,并把它作为一门科学来看待。马克思主义伦理学是无产阶级的道德理论,是关于道德的本质和发展规律,商业伦理学是马克思主义伦理学的具体运用。

1.2 商业伦理学的研究对象和研究方法

1.2.1 商业伦理学的研究对象

商业伦理是企业在与利益相关者互动的过程中所形成的一套有关如何使行为更好地与道德规范相匹配的标准与规则[2]。商业伦理学主要研究的是商业行为和企业社会责任,它强调企业家和经理具有保护公司相关利益方的责任,这些利益方包括公司股东、客户、员工和社会等。因此,研究商业伦理学就是要对各利益相关者之间的关系和行为进行分析,做出道德判断,并分析如何在各类组织中进行伦理道德建设等问题。商业伦理学旨在建立一种基于理性分析的企业商业道德准则,以促进企业实施合理的商业活动,实现企业发展的连续性和可持续性相统一。商业伦理学是工商管理学与伦理学在相互发展和影响下形成的一门交叉学科。

1.2.2 商业伦理学的研究方法

研究方法是科学研究的方法论,在科学研究中占有重要地位。研究商业伦理问题主要采取三种研究方法:描述性伦理学的研究方法、分析性伦理学的研究方法和规范性伦理学的研究方法。

1. 描述性伦理学的研究方法

描述性伦理学是对个体或团体的价值观进行经验性和中性的描述,研究伦理学"是什么"的问题,使用这种方法的目的是了解人们实际上的行为。这种研究方法既是科学的伦理学研究方法,也是历史学家、社会学家常采用的典型方法,特别注重经验,通过观察,收集某个民族、文化、社会或群体的道德状况,得出某种经验性的结论。

2. 分析性伦理学的研究方法

分析性伦理学是对伦理判断的意义和客观性提出问题并加以质疑的研究方法,研究伦理学"为什么"的问题,不做具体的道德判断,既不是对伦理价值观的描述,也不是判断道德行为的对与错。它从语义学和逻辑学的角度试图理解道德价值判断的来源、标准、意义、证明及正当性。

3. 规范性伦理学的研究方法

规范性伦理学研究伦理学"应该怎么样"的问题,其针对善与恶、对与错、美与丑进行判定,从而建立一种与社会实践紧密联系的道德体系。它的任务在于探索为了实现"好的生活"所应遵循的道德行为准则,将社会道德中各种标准、规则以及价值观融合为一个相互联系的整体,通过各种方式对道德的基本原则进行合理的论证与判断。

除此,商业伦理学属于工商管理和伦理学的交叉学科,因而两个学科常用的研究方法都会出现在商业伦理学的研究之中。工商管理研究以案例研究为基本研究方法,而伦理学研究则以哲学思辨为基本的研究方法。因此,案例研究、哲学思辨研究都是商业伦理学的基本研究方法。

1.3 商业伦理学的任务

商业伦理学的任务是指商业伦理学要解决的现实问题,商业伦理学有以下四个任务[3]:

第一,依据普通规范伦理学的原则和方法得出工商活动的伦理原则;

第二,对现有的经济制度,包括市场体制和企业制度进行道德评价;

第三,对市场规则和企业管理中的伦理规范进行说明和改进;

第四,在企业工作中按照伦理规则对企业进行伦理建设。

1.4　学习商业伦理学的原因

1. 商业伦理是现代市场体系健康运行的精神动力

实现现代市场体系的健康运行是市场经济发展完善的任务之一,商业伦理是维护其有序进行的重要保障。任何经济制度的运行都必须受一定的道德机制的制约,并体现着一定的道德目的或道德价值。"离开人的思想道德、伦理观念等精神因素的支撑,市场经济的秩序很难建立起来,也谈不上社会的全面进步。"合理的商业道德准则可以在总体上降低交易成本,减少交易摩擦[4][5]。

市场体系的健康运行有两种主要的动力源,分别来自物质方面和精神方面。西方16世纪以来资本主义的发展、市场经济的兴起可以说靠的就是马克斯·韦伯(Max Weber)所说的以新教伦理为代表的资本主义精神。同样,市场体系的健康运行需要商业伦理为其提供强大的精神动力和智力支持。首先,商业伦理可以和其他价值观融合形成独特的企业文化,如:小米的"感动人心、价格厚道"等,成为市场主体发展的不竭动力;其次,商业伦理可以成为市场主体竞争的重要手段,伦理道德好的企业能够更好地受到大众的认同,更和谐地融入社会环境。

2. 商业伦理是商业信用关系建立的价值支撑

商业信用问题不仅包括经营者之间的拖欠贷款,经营主体的偷、逃、漏、骗税等方面,还包括经营主体对利益相关者的欺诈行为,如:生产假冒伪劣产品、专利侵权等等。造成商业信用缺失的原因较多,其中最重要的是经营者道德层面原因,即经营者缺少伦理价值支撑。商业道德的建立,能帮助营造诚实守信的市场环境,建立良好的商业信用关系。

商业伦理学从行为规范方面支持信守合同、公平交易、货真价实,克服以次充好、哄抬物价等欺诈现象,维护消费者利益,有利于提高商业信誉。

3. 商业伦理是商业经营者永续发展的源动力

商业经营者在追求经济利益的同时必须处理好"义利关系"。培养商业伦理精神是经营者永续发展之道,商业伦理精神和盈利是经营者共同的源动力。商业伦理的行为准则能够调整企业内部和外部两方面人与人之间的关系,帮助企业树立良好形象。商业伦理是企业丰厚的无形资产,能进一步强化商业可持续发展理念,要求经营者遵循应有的伦理准则,追求合乎伦理规范的市场利益,注重追求长远利益。

本书旨在激发你对商业伦理的兴趣。我们希望你读完此书后能够从管理的角度更好地理解伦理,并且知道如何在自己和其他的企业中鼓励有道德的商业行为。我们的目的是帮助你了解企业所面临的伦理问题,以及教你应当如何应对。

参考文献

[1] 杨伟,刘益,王龙伟,等.国外企业不道德行为研究述评[J].管理评论,2012,24(8):145-153+159.

[2] 莫申江,王重鸣.国外商业伦理研究回顾与展望[J].外国经济与管理,2009,31(7):16-22+42.

[3] 刘爱军、钟尉、等.商业伦理学[M].北京:机械工业出版社,2016:14.

[4] 杨良奇.现代商业经营者伦理研究[D].长沙:湖南师范大学,2009.

[5] 武经伟、方盛举.经济人、道德人、全面发展的社会人——市场经济的体制创新与伦理困惑[M].北京:人民出版社,2002:120.

第二章 企业社会责任

2.1 企业社会责任概念与特征

2.1.1 企业社会责任的概念

企业社会责任可以拆分为企业、社会和责任三个部分,企业是企业社会责任的主体,社会中所存在的利益相关者则是企业社会责任的客体。关于责任,责任理论中将责任定义为"作出对行为决策或过程结果拥有所有权的意向选择",即强调责任的承担与选择[1]。

有关企业社会责任的讨论和研究由来已久。"企业社会责任"一词起源于美国,最早可以追溯到20世纪初期,1923年,在参观一家美国企业期间,英国学者欧利文·谢尔顿(Oliver Sheldon)首次提出了"企业社会责任"这一概念。在其著作《管理的哲学》中,他将企业社会责任与公司经营者满足产业内外各种人类需求的责任相关联,这标志着对企业在社会层面的责任的重新思考,并呼吁经营者在经营过程中考虑更广泛的人类需求[2]。到了20世纪80年代以及90年代,企业社会责任运动也在欧美发达国家逐渐兴起,包括环保、劳工、人权等多个方面,这也为学者研究企业社会责任提供了更多的实践经验,企业社会责任的概念也开始广泛传播。随着经济的发展和进步,企业社会责任已经落实到了现代企业的实践当中,成为企业可持续发展的核心竞争力。现如今,学界和业界对于企业社会责任的关注点也不再局限于责任的具体规范和落实,而是从更深层次出发,探究企业社会责任的定义和内涵。那么,究竟什么才是企业社会责任?

1. 国外关于企业社会责任的定义

企业社会责任已经是一个发展较为成熟的知识体系,它探讨了包括信任、权利、责任以及管理决策等相关问题。从 20 世纪 50 年代初开始,就有大量的文献对发达国家和发展中国家企业的社会责任进行研究。1970 年,诺贝尔奖获得者美国经济学家米尔顿·弗里德曼(Milton Friedman)在纽约时报上发表了《企业的社会责任是增加利润》一文,文中认为企业的终极责任是为股东创造更多的利润,任何企业行为都必须以此为基础[3]。他认为企业股东拥有企业的所有权,企业管理中只需要对企业股东负责,企业社会责任是一种浪漫的想法,但企业不应该承担社会责任,而应该将所有资源用于创造股东利益,即以"经济人"的观念为企业股东赚取越多的利润。社会资源的利用程度越高,企业对社会的贡献程度也就越大。当前,越来越多的企业拥有实施企业社会责任的具体方案和策略,也反映了他的观点并未被社会广泛接受。1975 年,凯思·戴维斯(Keith Davis)和罗伯特·L·布罗斯托姆(Robert L. Blomstrom)在其《商业与社会:环境与责任》一文中强调企业社会责任是企业在开展经营活动谋求利益的同时,对保护和改善整个社会的福利状况所需要承担的义务[4]。1976 年,罗伯特·阿科曼(Robert Ackerman)与雷蒙德·鲍尔(Raymond Bauer)在其著作《企业社会责任:现代窘境》中提出"企业社会责任就是当企业做出决策时需要考虑到这项决策对整个社会的影响,并且将企业管理中好的决定变为社会责任的任务"[5]。1979 年,阿奇·B·卡罗尔(Archie B Carroll)总结了企业社会责任的四个层次模型,即经济责任、法律责任、道德责任和自愿责任。他认为企业应该承担这些责任,并在这些层次上做出贡献[6]。在 1991 年时,卡罗尔重新修正了模型,将自愿责任更换为慈善责任,并提出了著名的卡罗尔"金字塔"模型,该模型将企业社会责任与企业社会回应两方面内容进行了很好的整合,阐明了企业社会责任的内容和各个责任之间的关系[7]。1984 年,爱德华·弗里曼(Edward Freeman)创造性地提出了利益相关者理论,认为企业的责任不仅是为股东创造利润,还包括为其他利益相关者创造价值。他强调企业应该注重与利益相关者的关系,包括员工、客户、供应商、社区等[8]。1997 年,英国学者约翰·埃尔金顿(John Elkington)提出了三重底线理论,即经济、社会和环境三个方面。他认为企业应该注重社会和环境的可持续性,同时也要创造经济利益[9]。2011 年,迈克尔·波特(Michael Porter)和马克·克莱默(Mark Kramer)提出共享价值理论,认为企业的成功应该与社会进步和环境保护相结合。他们主张企业应该通过创新,为社会和环境带来益处,并从中获得商业机会和利润[10]。2011 年,菲利普·科特勒(Philip Kotler)在其著作《企业的社会责任》中提到企业社会责任是企业通过自由决定的商业实践以及运用企业资源来改善社区福利的一种承诺,并且若企业能将对社会和环境的投入整合到经营战略之中,这将促成企业的创新和新的竞争优势[11]。

除此之外,也有一些国外相关组织机构对企业社会责任进行了定义。企业社会责任被欧盟定义为"企业在自愿的前提下,将对社会和环境的关切融入其商业运营,同时纳入与利益相关方的相互关系之中"[12]。这意味着企业被鼓励自发地考虑社会和环境因素,将这些因素纳入其经营决策和与利益相关方的互动中,而非仅仅视为义务。美国企业社会责任国际(Social Accountability International)在其发布的SA8000中申明,企业社会责任的主要内容涉及童工、强迫劳动、健康与安全、结社自由和集体谈判、不歧视、惩戒性措施、劳动时间、工资和管理体系等,即:从劳工权益、人权保障和管理系统三个方面,对企业履行社会责任提出了一系列最低要求,其中雇员利益是企业社会责任中最直接和最主要的内容。

历史中不同学者对于企业社会责任概念的界定越来越完善,总的来说,企业社会责任的内涵是企业不仅仅关注自身的经济利益,也要尽其所能对社会作出贡献,不仅仅要对其股东负责任,也要对员工、上下游企业、投资者、社会环境等等有相关利益的人和事物负责任,企业社会责任是一种自发性行为,是对企业追求利益最大化目标的一种补充。这些学者的观点展现了企业社会责任不同的理解和实践方式。虽然存在差异,但都强调企业应该承担一定的社会责任,并将其视为企业成功的一个重要方面。

2. 国内关于企业社会责任的定义

对于我国来说,企业社会责任是"舶来品",在理论发展的初期,主要由国际企业以及相关品牌方推动,逐步建立企业社会责任方面的标准体系,后由中国的学术机构、非政府组织和在华的国际组织对企业社会责任进行了更加系统性的建设。在伦理学领域,企业社会责任主要指企业应该更多地关注对利益相关者应负的责任。企业社会责任是独立于经济责任之外的一种企业责任,与经济责任相对应,是企业在谋求股东利润最大化之外所应该承担的能够维护和增进社会利益的一种义务。企业社会责任应该具备四个特征:首先,它是一种积极责任或关系责任;其次,它涵盖除企业股东外的利益相关者;第三,它是企业道德义务与法律义务的统一体;最后,它修正了传统意义上股东利润最大化原则的缺陷。企业社会责任主要涵盖以下六个方面:对企业员工的责任、对消费者的责任、对债权人的责任、对环境保护和资源合理利用的责任、对所在社区的责任,以及对社会和公益事业的责任。这些责任不仅仅是企业的法律义务,更是企业在超越经济利益的层面上应该承担的社会责任[14]。因此,企业社会责任的核心在于维护和增进社会利益,而不仅仅是追求股东利润最大化,企业社会责任应该成为企业经营的重要组成部分,为企业和社会的可持续发展作出贡献。有学者认为企业应该树立"企业也是社会公民一员"的公民意识,积极承担起社会公民的责任。企业公民要想在庞大的社会体系里脱颖而出,就必须把企业公民的自身价值最大化,给社区的福利创造效益。同时企业的发展目标和制定的企业管理制度也需要和社会发展目标保持一致,企业的利益和社会群体的利益不应相违背,要互利互惠共同发展。卢代富将企业社会责任认定为企业在谋求股东利益最大化之外所需承担的维护和增加社会公益的义务[15]。周祖城在前人的研究基础上,对企业社会责任的内涵进行了高度概括,提出企业社会责任指的是企业为了维护和增进利益相关者的正当权益,以及造福社会而承担的一项综合责任,这种综合性的责任承担强调了企业在商业经营中应当考虑更广泛的社会影响,追求可持续经济和社会发展,同时要为应该做而没做到的事所引起的后果承担相应的责任[16]。在我国全面贯彻落实科学发展观,努力构建社会主义和谐社会以后,有关企业社会责任的概念在全国企业中得到较大程度的普及。《中华人民共和国公司法》第十九条也有相关的规定,即"公司从事经营活动,应当遵守法律,遵守社会公德、商业道德,诚实守信,接受政府和社会公众的监督"。在中国的相关机构之中,中国可持续发展工商理事会对企业社会责任的界定是这样的:企业的责任不仅仅限于对股东的履行,还需对那些为企业作出贡献或受到企业经营活动影响的其他利益相关方负有责任。这些责任包括经济、法律、伦理等不同层面,具体要根据实际情况酌情而定。

中国政府在企业社会责任方面有一些指导性文件,如《中华人民共和国公司法》《中国企业社会责任报告指南》《中国可持续发展议程》等。其中《中国企业社会责任报告指南》对企业社会责任做了如下定义:企业社会责任是指企业在经济、社会和环境等方面承担的责任和义务。企业应当在尊重人权、保障劳动者权益、履行环境保护义务、履行公益责任等方面积极作为,同时还应当遵守法律法规和商业道德规范。

尽管不同的学者对于企业社会责任有不同的表述,但随着研究的不断深入,学者们普遍认为:企业不仅要创造利润,还要对股东和其他利益相关者负责,这就意味着企业必须改变把盈利作为唯一目标的传统观念,在日常经营中注重对人和环境的考虑，在关爱社会、重视利益相关者和环境保护等方面承担相应责任。

2.1.2 企业社会责任的特征

1. 企业社会责任具有可持续性和可量化性

可持续性包括两层含义，第一层含义是长期性。企业社会责任体现的是一个长期的过程，而不是短期的责任承担，需要企业持续履行社会和环境责任，企业需要将社会责任纳入企业战略中，不断进行改进和优化。长期性应该是一种持久的、不间断的、长期的义务，而非一时性的行为。在企业社会责任方面，长期性体现在以下三个方面：第一，企业社会责任应该是长期的投资和计划。企业不应该只是做一些符合市场需求的短期行为，而应该把社会责任视为长期投资，与企业的战略规划相结合，使之成为一项长期的计划。这需要企业对社会和环境的了解和研究，以便为社会和环境问题提供长期的解决方案。例如，企业可以制定长期的环境保护计划，为减少环境污染做出长期的投资；第二，企业社会责任应该是一种持续不断的行为。企业不应该只是做一些公益活动或捐款，而应该将社会责任融入企业日常运营中。这需要企业建立完善的社会责任管理体系，制定并实施相关的规章制度和措施，建立长期的合作伙伴关系，与社会各界建立良好的关系，积极参与社会事务，为社会创造长期价值；第三，企业社会责任应该是一种长期承诺。企业应该将社会责任作为一种长期承诺，将其融入企业文化和企业价值观中，以便企业在不同阶段坚定不移地推进社会责任。企业需要为此建立企业形象和品牌，提高社会知名度和美誉度，吸引更多人才和客户，获得更好的经济效益和商业回报。总之，企业社会责任的长期性是指企业应该把社会责任作为一项长期义务，并通过持续不断的行为和长期的承诺来实现。企业需要从长远考虑，制定长期规划和投资，建立完善的管理体系，树立良好的企业形象和品牌，积极参与社会事务，为社会创造长期价值。可持续性的第二层含义是对经济、社会和环境问题有全面的关注。在当今世界，面临着诸多挑战，如气候变化、资源枯竭、社会不公等等，这些问题相互交织、相互影响，需要企业以全面的视角来应对。从经济的角度来看，企业需要追求长期稳健的经济增长。这意味着企业应该更加注重效率和创新，寻找可持续的商业模式，以满足不断变化的市场需求，并在发展中考虑到资源的可持续利用。例如，采用节能减排技术、优化供应链管理、实施循环经济模式等。从社会的角度来看，社会可持续性意味着企业要承担社会责任，建立良好的企业公民形象。企业不仅要创造就业机会、提供良好的工作环境，还要积极回馈社会，支持教育、环保、扶贫等公益事业。通过与社区合作、建立公益基金、推动员工志愿活动等方式，企业可以更好地融入社会。最后，环境可持续性是企业发展不可忽视的重要方面。企业在生产经营过程中会产生大量的废物和污染物，对环境造成严重影响。因此，企业需要采取有效的环境保护措施，减少对环境的负面影响。这包括降低能源消耗、减少废物排放、推广清洁生产技术等，以减轻对环境的压力，保护生态系统的稳定和健康。

可量化性则是指企业社会责任需要有一定的量化指标和评价标准，以便企业对自身的社会责任履行进行评估和监测。企业需要建立相应的评价体系，不断地提高自身的社会责任履行水平。从学术上来讲，企业社会责任的可量化性是通过建立评价指标体系、制定评价标准和评价方法来实现的。在建立评价指标体系方面，学者们提出了多种企业社会责任评价指标，例如：联合国环境规划署提出的企业环境责任评价指标体系包括了企业资源管理、污染防治、环境投资和环境信息公开等方面。中国社科院企业社会责任研究中心公布中国企业社会责任发展指数，以企业社会责任报告、企业年报、企业官方网站文件为信息来源，从责任管理、市场、社会、环境四个角度评估中国 100 强企业的社会责任管理状况。在制定评价标准方面，一些国家和地区已经出台了相关法律法规和标准，例如国际标准化组织（ISO）的社会责任标准 ISO26000。这些标准可以作为企业社会责任评价的参考标准。在评价方法方面，学者们提出了多种方法，例如通过问卷调查、实地访谈、文件分析等方式获取数据，然后通过计算各个指标的得分和加权平均得出企业的社会责任综合得分。此外，一些研究还使用了因子分析、主成分分析等统计方法来识别出企业社会责任的关键维度和指标。需要注意的是，企业社会责任的评价并不是一件简单的事情。由于企业社会责任涉及的范围广泛、影响复杂，因此评价过程需要充分考虑各种不确定性因素，同时还需要充分考虑利益相关者的权益，以确保评价结果的客观性和公正性。

2. 企业社会责任具有自愿性和综合性

有学者提出一个观点，即企业社会责任应该是强制性的责任，而并非自愿性的义务[17]。但结合其他学者的观点及现如今的企业社会责任发展阶段看，企业社会责任的自愿性特征是社会普遍认同的观点。

自愿性是指企业社会责任是企业自主承担的义务和责任，而不是被迫强制的。企业应该自愿履行社会责任，同时也需要自我约束。首先，自愿性是企业社会责任的重要特征之一，这意味着企业不是被法律强制要求去履行社会责任，而是主动地自愿地承担这些责任。企业社会责任的自愿性基于企业的自主性和自由选择权。企业在运作经营时不仅要考虑盈利，也应该考虑其对社会的责任。如果企业不愿意承担社会责任，它们就不应该被迫去履行这些责任。因此，自愿性是企业能够自主选择承担社会责任的一种原则。其次，自愿性也基于企业与利益相关者之间的互动。企业需要在其商业活动中满足利益相关者的需求，包括员工、客户、股东、社区、政府等。社会责任是企业回应利益相关者需求的一种方式，可以帮助企业建立良好的声誉、增强客户忠诚度、吸引优秀员工、获得政府支持。如果企业不愿意承担社会责任，它们可能会失去利益相关者的信任和支持，这将对企业的长期利益造成损害。第三，自愿性也基于企业社会意识和社会责任感。现代企业应该认识到自己在社会和环境方面所造成的影响，并承担起对这些影响的责任。通过履行社会责任，企业可以为社会和环境作出贡献，提升企业的社会形象和品牌价值。企业可以通过开展公益活动、降低碳排放、推广环保产品等方式来履行社会责任。最后，自愿性也是企业社会责任监督和评估的重要基础。企业自愿承担社会责任可以反映企业的管理水平、社会形象和风险管理能力。国际组织采取了一些举措来使企业社会责任得以更加有效地履行。例如联合国全球契约组织、全球报告、跨国的准则草案，以及经济合作与发展组织（OECD）的指导方针，等等。全球契约组织为公司提供了一个共同的平台来报告它们的企业社会责任相关政策和实践。它将许多标准规范纳入其范围，以使企业更积极地接受它们的社会责任。企业可以通过自主公开社会责任报告等方式来展示其社会责任履行情况，提高透明度和信任度，增强其声誉和竞争力。

综合性指企业社会责任不仅仅是企业对社会和环境的责任，还包括对利益相关者的责任，如员工、供应商、消费者等。企业需要综合考虑各种利益相关者的利益，做出合理的决策。综合性是企业社会责任的重要特征之一，这意味着企业需要考虑到对各个方面的影响，并进行平衡和综合处理。正如卡罗尔所建议的，"企业被期望以一种道德的方式运作。这意味着企业有期望和义务做正确、公正、公平的事情，并避免或尽量减少对与之互动的所有利益相关者的伤害"。[18]第一，企业社会责任的综合性基于企业的多重角色和多重利益相关者。企业不仅是为了盈利而存在，还扮演着社会和环境的角色。企业需要考虑到自身利益和社会责任之间的平衡,同时满足各种利益相关者的需求,如员工、客户、股东、社区、政府等。因此,企业社会责任需综合考虑各种因素进行平衡处理。第二,企业社会责任的综合性基于企业在经济、环境和社会方面的影响。企业在其商业活动中所产生的影响不仅仅是经济利益,还包括对环境和社会的影响。企业需要平衡经济、环境和社会效益,并综合考虑各种因素的影响。例如,企业可以通过减少碳排放、推广可再生能源、提高员工福利等方式来降低环境和社会负担,并为自身创造长期的价值。第三,企业社会责任的综合性基于企业的长期利益和可持续发展。企业不仅需要关注当下的利益,还需要考虑到未来的长远利益。企业需要综合考虑经济、环境和社会因素,实现可持续发展。例如,企业可以通过开展环保项目、推广绿色产品等方式来为自身创造长期的价值和竞争优势。第四,企业社会责任的综合性基于社会的期望和压力。随着社会的发展,企业在履行社会责任方面承担着越来越多的压力和期望。社会期望企业能够在经济、环境和社会方面都表现出色,并且能够为社会和环境作出贡献。而企业需要综合考虑社会的期望和压力,并进行平衡处理。

2.1.3　ESG 理念

ESG 是指环境（Environment）、社会（Social）和公司治理（Governance）。ESG 理念以这三个方面为切入点,对企业经营的可持续性及其对社会价值观念的影响进行评估,考察企业在环境保护、社会责任履行和良好治理方面的表现。ESG 提供了一个全面的框架,使得企业能够在综合性的评估中更全面地体现其可持续经营的努力,同时强调了对社会价值观念的积极影响。ESG 理念一开始来自投资领域,源于 2004 年时任联合国秘书长安南的一个倡议——投资机构在选择被投资企业的时候,不能仅考虑经济回报,还应当考虑非财务领域的可持续性。过去企业投资关注点：在于股东带来的回报收益,而在 ESG 框架下,企业在给股东创造财富时,还要注重生态环境的保护、社会责任的履行、治理水平的提高。

ESG 中,"E"关注环境,包括但不限于污染排放、能源和水等自然资源的利用、业务活动对环境和资源的影响、温室气体排放、碳足迹,以及生物多样性等方面。"S"则侧重社会层面,包括雇员福利和健康、供应链管理、产品责任以及社会公益等方面。通过这两个维度的综合考察,ESG 提供了一个全面的框架,使企业能够更全面地了解其在环境和社会方面的经营表现,从而推动可持续性的经营发展。"G"专注于企业管理层面的治理,包括企业董事、监事和高级管理人员的组成及权力规范、风险管理和内控、投资者关系、高管薪酬以及反腐败等方面。采用ESG原则的企业不仅仅关注利润增长等财务指标,还要综合考虑环境、社会和治理层面的非财务指标。这种综合考虑的方法有助于企业从单纯追求自身利益最大化转变为追求社会价值最大化。研究表明,ESG的披露有助于企业更轻松地获得融资,降低融资成本,并提高企业的估值。这证明ESG的实施不仅对企业社会责任有益,还对其财务状况产生积极影响。而ESG投资将环境、社会和治理因素纳入投资决策,并在财务分析的基础上综合考虑ESG相关的风险和机遇。这些投资机构认为,ESG表现良好的公司通常在运营和财务方面也表现出色。这样的企业能够有效预期和管理在经济、环境、社会等多个维度上的机遇与风险。它们注重质量和生产力创新,关注环境保护并努力优化效率,从而创造出竞争优势和长期价值。这种综合性的经营理念使得这些公司在各方面的发展都更为均衡和可持续,为其未来发展奠定了更加稳固的基础。越来越多的投资机构将ESG纳入评估企业绩效的标准。近年来,许多国家和证券交易所相继出台ESG政策和指引,越来越多以大企业和上市公司为代表的企业出于合规和资本市场的要求,积极践行ESG并披露相关信息。

ESG概念的萌发时间晚于CSR(即企业社会责任),但其出现植根于CSR,二者所追寻的终极目标也是一致的,都是推动企业从追求自身利益最大化转向追求社会价值最大化,都在引导企业在经济利益之上关注环境和社会影响,都强调定期披露与环境和社会影响相关的信息,都重视与利益相关方沟通并纳入利益相关方的视角。CSR是从企业管理的角度出发的,而ESG是从投资者评估的角度出发,并反向影响企业管理的。从CSR到ESG,代表着企业管理和发展等相关概念的从模糊到清晰,从CSR活动差异较大、缺乏可比较指标,到ESG标准使企业所做所为更加清晰可量化;同时,由CSR演变到ESG,标志着从自发行动到联动机制的转变,也代表了由企业自主决策社会责任行为转至市场多方共同关注的变革。这两个历史性的改变将进一步推动中国资本市场的两大趋势:政府重新定位企业角色,投资者对ESG等非财务信息披露的需求逐渐增加。在披露标准受到硬性要求的同时,ESG的重要性也在投资者、政府和公众的共同关注下逐渐凸显,正推动上市公司朝着高质量发展的方向迈进。这一过程呼应了社会和市场对企业社会责任的更高期望,促使企业更加积极地参与可持续性经营,并在投资者和政府的监督下实现更高水平的信息披露。

从 CSR 到 ESG，世界各国的企业在履行企业社会责任方面的主动性共识正在掀起整个社会领域的系统性变革，各国的相关政策和实践都在努力完善与更新。可以预见的是，在如今"双碳"的背景下，企业社会责任的履行正不断从企业的"加分项"转变为"必须项"，未来或许将成为考核一个企业是否值得投资的重要标准。而身为当今社会构成的重要组成部分，如何兼顾经济发展与社会责任，将成为每一个企业必须面对的课题。

2.2 企业社会责任思想的起源与演变

2.2.1 企业社会责任思想的起源

企业社会责任思想发端久远，西方的企业社会责任思想源于传统的商人社会责任观，可以追溯到两千多年前的古希腊。当时的商业伦理强调社区精神，具有趋利秉性的商人一直处于被压制的状态，其牟利行为被严加排斥。在这样的商业伦理文化之下，商人需要开展社会服务性活动以改善低下的社会地位，遵循社会精神以获得开展商业活动的许可。

进入中世纪后，商人的社会地位仍未得到改善，崛起的教会力量否定商人的盈利动机和逐利行为。商业被定位为只为社会公共利益而存在，商人必须诚信经营，履行好社会责任。因此，当时的商人为了提高社会地位，积极投身于社会公益事业，如建设乡村教堂、医院、救济所等公共设施。在教会价值观的深刻影响下，商人本身存在的价值与意义已经趋于社会化和公益化。在这个阶段，教会对商人的社会责任要求极为具体且广泛，商人的社会责任行为在一定程度上带有自发性和浓烈的宗教色彩。

在我国，企业社会责任思想也有着深厚的渊源。商朝是中国历史上第一个有文字记载的朝代，也是一个商业繁荣的朝代。在这段时期，商人们便对商业道德和社会责任问题展开了探索，他们在追求物质财富的同时也注重道德修养，认为只有合理合法的经商行为才能获得真正的财富。商人之间的交易基于信任，他们不仅仅依靠文字来确保交易的安全，更重要的是注重诚信和守约。随着儒家思想的不断发展，我国传统社会责任思想也逐渐形成，"仁义礼智信"成了中国古代商人修身治业的精神信条。古代商人致富之后，多热心公益、财为义用，如修路、放赈、办学堂、建庙宇、助丧葬等。如春秋时期,商人"犒师救国",汉代商人捐金抗击匈奴,明清时期晋商、徽商在抵御外侮中亦多有义举。古代商人之所以热心博施济民,一是思想文化中的"家国天下"信念根深蒂固,二是乐善好施的美誉能够带来更多的利润,三是古时候对于私人财产的保护并没有明文制度,商人捐赠便是想要摆脱"为富不仁"的骂名,从而实现事业的世代延续。

事实上,在中国古代以及中世纪的欧洲,尚不存在真正意义上的企业,因此商人的社会责任观可以说是企业社会责任观的雏形。就其核心要义而言,这个时期商人的社会责任观始终强调要将社会公益放在首位,商人不能为了逐利而伤害社会公共的利益。这种维护社会利益的思想对后期企业社会责任思想的产生和发展起到了深远的影响。

2.2.2 企业社会责任思想的发展

随着现代公司的产生,企业的社会问题频现,越来越多的学者开始关注企业应该承担的社会责任。1924年,英国学者奥利弗·谢尔顿(Oliver Sheldon)首次在他的著作《管理哲学》中从学术角度引入了企业社会责任的概念。他的观点强调了企业在谋求商品生产和利润的同时,应该关注所处产业和行业在内外部环境中的利益相关者诉求,并将道德准则纳入经营考量之中。这标志着对企业在社会层面责任的重新思考,呼吁企业在经济活动中更广泛地考虑社会利益,为后来企业社会责任的理论和实践奠定了基础。自此,企业社会责任作为学术问题正式登上历史舞台。进入20世纪50和60年代,企业社会责任开始起到更加积极的作用,具体表现为企业投入更多的资源,在各个领域开展环保、公益事业和对员工的人性化管理,企业对股东、员工、顾客和社会等利益相关者负有更多的责任。企业社会责任理论和实践进入了快速发展时期。

1. 20世纪50—60年代:商人的社会责任思想

企业社会责任是一个相对现代的概念,1953年霍华德·鲍恩(Howard R. Bowen)在《商人的社会责任》一书中将企业与社会的关系提升到理论高度,提出了"商人具有按照社会的目标和价值观去确定政策、作出决策和采取行动的义务"的商人社会责任思想。他分析了经济生活与精神生活、道德伦理之间的关系,指出企业社会责任虽然不是包治百病的灵丹妙药,但是履行社会责任是改善经济问题和更好地实现经济目标的方法[19]。因此,需要鼓励企业履行社会责任。鲍恩还阐述了商人社会责任的三个重要内容:一是明确区分了企业社会责任和管理者的社会责任,指出公司是社会责任的主体;二是管理者是企业的受托人,是企业社会责任的实施者;三是公司社会责任的自愿性原则。继鲍恩之后,戴维斯(Davis)强调"责任铁律",即"商人的社会责任必须与他们的社会权力相称",社会责任是指"企业考虑或回应超出狭窄的经济、技术和立法要求之外的议题,实现企业追求的传统经济目标和社会利益"[20]。

企业社会责任思想作为一股全新的思潮挑战了传统的利益至上的企业理论,改变了人们对公司和管理者受托责任的认识,并对法律产生了影响。它动摇了利润最大化的自由资本主义的根基,让它在当时遭受了许多批评和质疑。弗里德曼便认为鲍恩的思想是一种"颠覆性的学说"。他对企业社会责任持完全的否定态度,认为企业管理者唯一的社会责任就是最大限度地赚取利润。随着企业和股东投资不断多元化,开明利己主义思想应运而生,对企业社会责任反对者的批判做出了有力的回应。

2. 20世纪70年代:开明的利己主义思想

1970年,美国经济发展委员会(Committee for Economic Development, CED)的一项研究成果——《新企业社会政策基本原理》极大地推动了企业社会责任的发展。作者沃里克(Wallich)和麦高恩(McGowan)提出了一个"和解社会与企业经济利益"的新范式。[21]他们指出,如果企业社会责任不能符合股东的利益,关于企业社会责任的争论就会一直持续下去。[22]在一个企业范围内股东利益最大化的假设条件下,弗里德曼的"经济人"观点是正确的。然而,在现代企业股权控制模式已经变化的情况下,很多股东为了分散风险,不只在一家公司持股,如果仅仅只追求一家企业的利益最大化,那么有可能损害其他企业的利益,也就是说,多样化投资组合的股东要实现联合利润的最大化就要履行社会责任,这种"获利必行善"的思想或者通过利他来实现自利的思想被称为"开明的利己主义"。1971年,CED在《工商企业的社会责任》报告中提出了"三个同心圆"的社会责任理论,指出企业社会责任行为符合开明的利己主义原则。戴维斯(Davis)也认为,如果周围的社会环境趋于恶化,企业就将失去关键的支持结构和客户基础。按照开明的利己主义观点,利润是对企业履行社会责任的酬劳,"奖励企业不断地为消费者提供价值,帮助员工成长,以及作为一个企业公民负责任地行动"[23]。

这一时期,关于企业社会责任尽管仍存争议,但是研究的焦点已经从企业是否应该履行社会责任,转变为关注企业社会责任的内容和实施过程。这种开明的利己主义模式虽然试图将社会利益和企业经济利益联系起来,但是并没有建立起企业社会责任和企业财务绩效因果关系的明确规范机制。20世纪80年代的企业社会绩效理论解决了这一问题。

3. 20世纪80年代:企业社会绩效理论

1979年,卡罗尔(Carroll)在《管理学评论》发表《企业社会绩效的三维概念模型》一文,提出了企业社会责任、社会问题管理和企业社会回应等三个部分构成企业社会绩效的三维空间思想。[6]他认为企业的经济和社会目标是相容的,并且两个目标都集成在企业社会责任的框架之下,企业社会责任包括经济、法律、伦理和自行裁量四个方面的责任内容,虽然每种责任的分量不同,但都是不可或缺的。从企业考虑的先后次序及重要性而言,卡罗尔认为这是"金字塔形结构",经济责任是基础,也占最大比例,法律的、伦理的以及自行裁量的责任依次向上递减。尽管卡罗尔为研究者提供了分析社会责任的综合框架,为管理者提供了系统思考和企业面临的主要社会问题的解决方法,但他的研究并没有讨论如何推进企业社会责任的实施。针对这一问题,1985年,沃迪科(Wartick)和科克伦(Cochran)改进了卡罗尔的模型,除了识别问题,他们还提出了履行企业社会责任的政策[24]。1991年,伍德(Wood)将企业社会绩效模型与组织制度、利益相关者理论和社会问题管理等联系起来,使企业社会责任的理论在社会实践中更加实用[25]。

虽然企业社会绩效理论比之前的研究更加深入,但由于在企业社会责任和由企业社会责任而产生的绩效都不能够被测量,所以模型难以被实证检验,不同企业的社会责任绩效也难以进行比较,因而这一理论并未得到广泛应用。许多实证研究结果表明,企业社会责任与企业绩效两者之间的关系是正相关的。然而,为了进一步证明两者之间是紧密联系的,必须要解决方法论层面的问题,必须要有客观的评价标准和更清晰的理论机制,这催生了企业社会责任战略管理理论。

4. 20世纪90年代至今:企业社会责任战略管理理论

这一时期,企业社会责任的研究内容趋于多元化,企业社会责任的观念也因此得到不断完善。企业的经营目标被赋予了更多的伦理内容,认为企业应当承担有利于社会长远发展的责任。战略管理研究和利益相关者分析逐渐在企业社会责任问题上得到应用。利益相关者概念研究始于20世纪50年代,到了20世纪90年代利益相关者理论逐渐被引入企业社会责任研究领域,并在此"开花结果"。1995年,克拉克森(Clarkson)和琼斯(Jones)在《美国管理学会评论》刊发文章,对企业利益相关者责任展开了研究。克拉克森将利益相关者分析运用到社会责任研究之中,区分了社会问题和利益相关者问题,并且从制度、组织和个人层面测量、评价企业社会绩效和管理者的社会绩效。琼斯在他的研究中,将经济学中的委托——代理理论、团队生产理论和交易成本理论与企业社会责任的利益相关者模型相结合,试图建立一个具有预测能力的工具性利益相关者理论。自克拉克森和琼斯开始,运用利益相关者理论研究商业与社会关系产生了大量的成果[26]。罗利(Rowley)结合社会网络理论,提出了基于网络的社会责任模型预测企业对利益相关者影响的反应[27]。

利益相关者理论不但推动了企业社会责任的应用,同时也扩展了企业社会责任的内涵,战略管理学者将其提升到了企业战略管理层面。企业利益相关者对企业处于一种共同治理状态,不同利益相关者关系模式对企业战略产生不同影响。芬曼(Fineman)和克拉克(Clarke)指出,企业正式战略中关于企业外部利益相关者的评价包含了企业社会责任中对自然环境负责的内容;企业对内部利益相关者的分析也包含了企业要对员工负责的内容[28]。迈尔斯(Miles)等认为,企业社会责任是多方面的,企业正式战略规划能整合企业对各个利益相关者的社会责任,为企业健康运营提供必要的知识和行动指南。企业战略规划也提供了确保企业履行社会责任必需的金融资源(金钱的投入)、有形资源(办公空间)和无形资源(组织成员的智力资本)等基本保障[29]。兰托斯(Lantos)更直接地在理论中直接将企业战略作为一项基本责任,提出了由道德性责任、慈善性责任和战略性责任组成的企业社会责任"三分类"模型[30]。在企业社会责任战略中,企业的经济和社会功能整合为一,社会责任的理念延伸到企业所有活动中,社会责任为企业提供创新机会、打开新的市场、提高企业声誉、获得竞争优势。

从20世纪50年代至今,学术界关于企业社会责任的理论研究取得了相当丰富的成果,企业社会责任理论涵盖内容非常丰富,正如沃陶(Votaw)所说,"不同的人赋予企业社会责任不同的含义,对于一些人来讲它是法律责任和义务;对于其他人来说它带有伦理意义;对有一些人,它是'负责'的因果模式;很多人将其等同为企业的慈善贡献,一些人把它当作企业的社会意识,一些人看成是一种受托责任……"[31]。从企业社会责任演进的路径来看,它已经变得更加实用和理性化。企业社会责任不再是管理者眼中让社会变好的道德责任,不再是增加企业成本、破坏企业赢利能力的因素,而是已经成为提高企业的财务绩效的一种战略资源。在进入21世纪后,企业社会责任被进一步具体化,企业在谋求利润的同时,必须重道德、讲诚信,不能损害相关群体的利益,要承担起环境保护与治理的责任和社会可持续发展的责任等。

2.3 企业社会责任理论

随着资本不断扩张,各种不道德行为也在市场上频发,产品质量问题、环境污染乃至社会矛盾给经济社会的平稳发展带来了挑战。企业社会责任概念便是在这样的背景下被提出。追求利润已经不再是企业唯一的目标,它们还需要承担相关的社会责任并对环境负责。如今,企业社会责任理论已经逐渐形成一种管理理念,企业需要为自己带来的外部性负责,需要将社会的综合利益纳入自身的发展规划中。本章主要介绍了企业社会责任的三种重要的理论基础,并以此论证企业社会责任的必要性和可行性。

2.3.1 利益相关者理论

利益相关者理论主要研究社会各相关群体与企业的关系,最早形成于20世纪60年代的西方国家,在进入20世纪80年代以后其影响迅速扩大,并开始影响英美等国公司治理模式的选择,促进了企业管理方式的转变。利益相关者理论的提出是对传统"股东至上"观点的挑战,它阐述了一种全新的公司治理模式和企业管理方式。与股东至上理论相比较,利益相关者理论认为"企业是所有的利益相关者之间的一系列多边契约",即任何一个企业的生存和发展都离不开各个利益者的投入和参与,因此企业在进行决策时必须考虑各个利益相关方的利益。利益相关者理论立足的关键之处在于,它认为随着时代的发展,物质资本所有者在公司中的地位呈逐渐弱化的趋势,对"公司是由持有该公司普通股的个人和机构所持有"的传统核心概念提出了强烈的质疑。

卡罗尔认为:"对利益相关者管理的探讨需要考虑的因素包括社会、伦理以及经济方面的,且必须涉及对规范性及工具性的目标和看法的讨论和坚持。我们必须回答好如下五个重要问题:谁是我们的利益相关者?这些利益相关者拥有哪些权益?他们给企业带来了哪些机会和提出了哪些挑战?企业对利益相关者负有哪些责任?企业应该采取什么样的战略或举措以最好地应对利益相关者方面的挑战与机会?"[32]综合而言,利益相关者理论探讨的问题主要包括两个方面:谁是利益相关者,以及利益相关者和企业的互动是什么。

1. 利益相关者的内涵

美国斯坦福大学相关"研究团队"在1963年最早对利益相关者作出了定义,他们认为"利益相关者是这样一些团体,没有其支持,组织就不可能生存"。这个定义在今天看来是不全面的,它只考虑到利益相关者对企业单方面的影响,并且利益相关者的范围仅限于影响企业生存的一小部分。但这个概念的提出让人们意识到除了股东以外,企业周围还存在着其他的一些影响其生存的群体。此后,学者们从不同角度对利益相关者进行了定义,其中弗里曼(R. E. Freeman)的观点最具代表性,他在《战略管理:一种利益相关者的方法》一书中将利益相关者解释为"能够影响一个组织的目标的实现,或者受到一个组织实现其目标的过程影响的所有个体和群体"[33]。他进一步解释说利益相关者指的是那些在公司中有利益或者具备索取权的个人或团体,供应商、客户、雇员、股东、所在的社区,处于代理人地位的管理者也包括在内。弗里曼的定义大大丰富了利益相关者的内容,但很显然他是从广义的视角出发对利益相关者进行了界定。卡罗尔从狭义的角度阐述了他对利益相关者的理解。他认为,利益相关者是"那些企业与之互动并在企业里具有利益和权利的个人和群体"[34]。中国学者陈宏辉则更具体地从企业和利益相关者之间的互动关系角度出发,提出"利益相关者是指那些在企业中进行了一定专用性投资,并承担了一定风险的个体和群体,其活动能够影响企业目标的实现,或者在企业实现目标的过程中受到影响"[35]。陈宏辉的定义明确了利益相关者对于企业的意义。根据以上学者的相关定义,本书将利益相关者理解为组织外部环境中受组织决策和行动影响的任何相关者。

除了对利益相关者的定义众说纷纭之外,学术界对利益相关者的分类也意见众多。弗里曼和克拉克森等试图从定量的角度来对利益相关者进行分类,他们将利益相关者分成两个层级:第一个层级的利益相关者指公司生存和持续发展不可缺少的人,通常有股东、投资者、供应商、员工、客户、政府和社区等;第二层级的利益相关者指能影响企业或受到企业影响的人,包括了媒体等在企业具有利益的人[33][26]。这种划分方式主要依据了利益相关者与企业关系的亲密程度。前者对企业的生存发展至关重要,后者也会对企业产生影响,但这种影响是间接的而非攸关存亡的。除此之外,詹姆斯·波斯特(James E. Post)、安妮·劳伦斯(Anne T. Lawrence)和詹姆斯·韦伯(James Weber)将利益相关者分为首要和次要两类[36]。首要利益相关者主要包括了股东、债权人、员工、供应商、批发商和零售商等；次要利益相关者是指社会中受到企业基本行为和重要决定直接或间接影响的个人及群体，涵盖了社会公众、各级政府、社会团体及其他人群。（见图2.1）

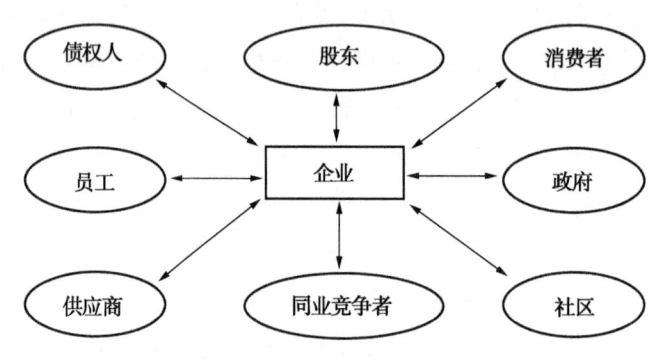

图 2.1 企业利益相关者

我们可以简单地将利益相关者划分为两类：直接利益相关者和间接利益相关者。直接利益相关者就是直接与企业发生市场交易关系的利益相关者，主要包括股东、企业员工、债权人、供应商、零售商、消费者、竞争者等；间接利益相关者就是与企业发生非市场关系的利益相关者，包括各级政府、社会活动团体、一般公众等。值得注意的是，直接利益相关者和间接利益相关者在很多情况下存在交叉，并且在不同的情境下，对于不同的企业主体而言直接利益相关者和间接利益相关者的划分会有所不同。

2. 利益相关者理论的内容

特雷维诺（Trevino）和韦弗（Weaver）曾经提到："利益相关者理论最好被描绘成利益相关者研究传统，这一研究传统包括一些共享的概念以及对组织和利益相关者之间关系的一种共同和规范的关切。"[37]也就是说我们不能单单研究企业的利益相关者有哪些，更要理顺利益相关者与企业的关系是什么，即利益相关者对企业投入了什么专用资产或者承担了什么风险，还必须了解利益相关者对他们的付出要求什么样的补偿和报酬，或者说企业采取怎么样的措施才能鼓励利益相关者为企业付出。

虽然企业所有的利益相关者对企业的发展都有至关重要的作用，都是企业正常运行不可忽视的关键环节，但是我们一般认为直接利益相关者对企业的影响更加显著。企业的直接利益相关者与企业的关系如何会直接影响企业的绩效。举例来说,供应商为企业提供各种生产和管理所必需的原材料、生产办公工具等,同时他们也为企业承担了被企业拖欠货款甚至是无法收到货款等风险;批发商和零售商是企业提供产品和服务的通道,他们可能会因为企业不及时供货或者产品低质而使自身品牌形象受到损害;客户的购买行为最终实现了企业产品和服务的交换价值,与此同时他们也承担了诸如人身财产风险、声誉风险等各种风险;竞争对手可能因为企业的不当竞争而承受经营亏损;股东、债权人向企业提供了资金支持,他们可能因为企业的不良经营而蒙受损失。

间接利益相关者也会对企业产生不同程度的影响。社区是企业运营的社会环境,同样社区的经济、环境、社会建设也需要企业的配合;政府的法律规章是对企业行为的约束,但是政府的社会治理也会受到企业的影响;媒体是企业向社会公众传递信息的主要渠道;社会团体是企业各种专业性免费社会服务的提供者。

利益相关者为企业付出,相应的也会对企业有所要求,例如员工要求合理的报酬、良好的工作环境;顾客要求企业提供优质的产品和服务;政府要求企业遵守规章制度;公众要求企业改善他们的生活环境等。企业只有通过提升自己的管理水平,更好地满足利益相关者的需求,才能获得更大的市场机会与更强的危机应对能力。为了达到这些目标,企业可以采取多边参与决策的治理模式,与利益相关者建立和谐关系。(见表 2.1)

表 2.1　利益相关者与企业的关系

企业利益相关者	对企业的要求
股东	股价的上涨;股利的分配
员工	合理的收入水平;工作的稳定性;良好的工作环境;个人的发展
政府	遵守规章制度;对政府号召和政策的支持
供应商	保证付款的时间
债权人	对合同条款的遵守
消费者	保证产品服务的价值;产品或服务的便利程度
社区	对环境保护的贡献;对社会发展的贡献
竞争者	公平的竞争;在产品、技术和服务上的创新
社会团体	对城市建设的支持;对慈善组织的支持

企业社会责任理论与利益相关者理论最初是两个各自独立的研究领域,企业社会责任的研究重点是企业对社会应承担的责任,而利益相关者理论探讨企

业与社会利益群体的关系。伍德是第一个正式从理论研究上将利益相关者理论纳入广义企业社会责任里的学者,并提出相关利益者不仅需根据自身的利益,并且基于他们对公司社会责任原则的理解与可接受度以及与企业社会表现的关系来对企业社会表现做出不同的评价。他认为:"利益相关者在企业社会责任中发挥着四个作用:第一,利益相关者是企业社会表现的源泉;第二,利益相关者承受着企业社会行为的影响;第三,利益相关者评价企业社会行为对利益相关者和企业所处环境的影响及企业是否满足利益相关者的预期;第四,利益相关者根据他们的利益、预期、承受程度来采取行动。[38]"

利益相关者理论认为企业社会责任的内涵在于:企业应当对利益相关者承担责任。利益相关者不仅包括那些能够影响企业目标实现的个人和群体,也包括能够被企业实现目标的过程影响的任何个人和群体。主张企业对顾客、员工、股东和社区等所有利益相关者都应承担责任。较之于其他理论,该理论把企业社会责任与企业的日常经营活动有机结合起来,使企业社会责任落实到企业与其利益相关者的关系中,落实到企业的具体经营活动中。因此,利益相关者理论是学者们引用最多、发展最为成熟的理论。

2.3.2 社会契约理论

社会契约是一个抽象的概念,但它说明了人们对于政府和社会组织合法行使权力、履行与社会达成协议的期望。我们应当根据什么标准来评判企业?企业对受其决策影响的个人或团体负有责任吗?人们对企业期望的变化说明了什么?20 世纪 80 年代以来,不断有学者将社会契约理论运用于现代企业问题的研究,尝试论证企业社会责任的合理性。

唐纳森(Thomas Donaldson)和邓菲(Thomas W. Dunfee)援引此理论分析企业社会责任,提出在企业与利益相关者之间存在一系列的"综合性社会契约",企业自成立起就与社会之间形成了契约,以规范双方的权利和义务,这个契约包含一个社会固有的假定和期望,如果企业忽视其社会责任,就会影响到其长期的可持续发展[39]。

1. 社会契约的概念

社会契约主张个人融入政治社会是通过一个相互同意的过程,当中,个人同意遵守共同的规则,并接受相应的义务,以保护自己和他人不受暴力和其他种类的伤害。典型的社会契约理论蕴含着三个原则:(1)社会契约的自由性。社会契约是缔约人自由选择的结果，包括自由参与缔约、自由选择缔约方、自由决定缔约内容和自由选择缔约方式。(2)社会契约的平等性。社会契约隐含着缔约各方的地位平等的要求。这一原则是与自由原则相辅相成的，没有双方地位的平等，就不可能有自由的意志表达。因此，契约双方地位平等是契约发生的一个重要理论假定，是缔约存在的基础条件。(3)社会契约的功利性。社会契约的缔约人在立约时都认为契约对自己是有利的，而不是一方受损，另一方获利。换言之，这是一种"帕累托改进"，即这种契约至少会使一方的利益有所改善。这是契约发生的前提条件。当然，这种对双方有利只是在缔约发生前双方的理性预期，而不必是缔约的实际后果。

社会契约有别于法律契约。法律契约是根据一个特定国家或地区的法律所订立的书面契约，是一种正式的、有法律约束力的规范，契约的订立者必须遵守契约的条文，违反者会受到契约中所明示的规则的制裁。这种法律的约束力使得参与契约的人都自觉地遵守契约条文。社会契约既包括法律契约，也包括那些隐性契约，这些隐性契约主要涉及一个国家、社群等彼此同意的价值、基本信念、目的、行为规范及期望等。就企业的社会契约来说，一方面，它要求企业必须在社会制定的法律和法规框架内进行活动；另一方面，企业与社会之间共同达成的协议反映了双方相互对角色、责任和伦理方面的期望，这些期望有时并没有向对方言明，是非正式的、隐性的契约，是由社会规范、习俗和信念所规定的。

随着社会经济的发展，学者们开始将社会契约论与现代企业的研究相结合。1937 年，新制度经济学创始人罗纳德 H·科斯（Ronald H. Coase）在其著作《企业的性质》中将社会契约理论引入企业领域，企业社会契约理论随之产生[40]。科斯之后，越来越多的学者把企业理解为一个由物质资本所有者、人力资本所有者以及债权人等利益相关者间一系列契约的组合，具有不同资本的各利益相关者通过谈判来分配各自的责任、权益，确定彼此间的合作方式，形成一份有约束力的企业契约。从这个意义上说，企业并不只是股东的企业，债权人、员工、经营管理者、顾客和社区等都对企业做了投入。作为企业的签约人，他们对于自己投入的要素也拥有利益索取权，企业理应考虑对他们的责任。

2. 社会契约理论的内容

随着企业的出现，学者们开始将社会契约理论应用于企业领域，从而使其更具实用价值。科斯将社会契约理论引入企业经济学理论研究，其中，他所提出的

"企业是一系列契约的有机组合"更是成为现代企业理论的一个核心观点。在科斯的奠基之后,20世纪80年代,社会契约理论被广泛运用于企业领域的研究,成果日益丰富。1982年,唐纳森开辟了运用社会契约理论来解释公司社会责任问题的先河,指出了企业与社会之间的契约——企业应该对为其存在提供条件的社会承担责任,而社会应该对企业的发展承担责任[41]。在这种观点下,企业社会契约的主体是企业和社会,双方通过协调方式解决利益冲突,从而形成了一个双方达成共识的企业社会契约,且这种契约关系是动态变化的。另外,邓菲(Dunfee)提出了实际社会契约论,主张将人与人之间实际存在的契约关系纳入分析框架中。实际社会契约论的主体是人和人[42]。对比而言,唐纳森的观点主要考虑宏观层面,而邓菲对企业社会契约理论的考量则更加侧重微观层面。

1994年,唐纳森和邓菲将彼此的理论进行融合,提出了旨在解决全球商业中伦理冲突问题的综合社会契约理论(Integrative Social Contracts Theory, ISCT)[39]。综合社会契约理论不再单一地讨论宏观或微观层面的企业社会契约,而是综合性地提出了一种广义的社会契约。他们指出,广义的社会契约包括企业在生产活动中的每个环节与社会建立的契约关系主要以两种方式存在:一为宏观层面的契约(假设的),反映一个共同体内所有理性成员之间广泛存在的假设协议;二为微观层面的契约(现存的),指行业、企业、同业公会等组织内部或相互之间存在的非假设的、现实的协议,这一层面的契约是企业道德规范的重要组成部分。不同于传统的企业社会契约理论的观点,即社会发展的动力来源于企业追求利润的最大化,经济责任是企业承担的主要责任,唐纳森和邓菲提出的综合社会契约理论将企业社会责任和企业利益相关者的利益要求统一起来,他们认为,企业对利益相关者的利益要求必须做出反应,这是因为"企业是社会系统中不可分割的一部分,是利益相关者显性契约和隐性契约的载体",如果企业忽视社会责任,不慎重考虑并尽量满足其利益相关者的合理利益要求的话,那么企业就难以实现长期生存与发展。

从契约的角度理解企业的社会责任,至少包括这样几层含义:第一,企业的社会责任具体由一系列的契约所规定,所有这些契约可以划分为显性契约和隐性契约两大类。显性契约主要指社会的政治制度、法律等。隐性契约包括习惯、风俗、承诺、信任等,对契约的参与人同样具有约束力。第二,企业与社会之间的契约关系,规定了企业有义务遵守其与社会达成的契约,履行企业与社会的契约义务是企业的社会责任。简而言之,社会契约要求企业的行为必须符合社会的期望,要求企业为社会和经济的改善尽自己的义务。第三,企业与社会的契约不是一成不变的,而是不断变化发展的,企业社会契约发生变化的原因在于社会环境的变化,环境变化改变了契约参与人的行为策略,通过重复博弈重新形成新的契约条款。我国学者林军认为,企业社会责任的出现与发展是企业与社会之间不断变化的社会契约关系[43]。

企业社会契约理论是在古典社会契约理论的基础上发展而来的,它从合约的角度出发,阐明了企业社会行为要符合社会道德的要求。综合社会契约理论克服了早期企业社会契约理论中企业追求经济利益最大化的缺陷,实现了企业的社会责任和利益相关者利益的统一。

2.3.3 企业公民理论

随着企业社会责任的对象和内容越来越广泛,一些学者认为,企业社会责任并不能全面表达企业对利益相关者的应尽义务,应该用"企业公民"的概念代替企业社会责任。企业公民(Corporate Citizenship,CC)是一种隐喻,它强调企业是社会的一个成员,是企业社会责任思想在新时期的发展和突破。

企业作为联结众多社会主体利益的纽带,对社会的和谐发展具有举足轻重的作用。企业既是追求经济利益的经济组织,也是推动社会发展的社会组织。利润是企业生存发展的基础,同样,社会也是企业开花结果的土壤。因此,企业在追逐自身利益的同时也应该谋求社会价值的实现,努力建设成为一个优秀的企业公民。企业公民不仅把自己视为社会的细胞,而且把自身视为像个体公民一样具有民事行为能力、独立行使民事权利并可以承担民事义务的法人。在当今世界范围内,企业公民建设作为推动企业与社会环境和谐发展的时代潮流,已经得到政府、社会和企业的高度关注和支持,成为构建和谐世界的重要力量。

企业公民的观点体现了一个更为系统的眼光,即承认企业是社会的一部分,企业存在于社会之中。企业公民观要求把企业当作社会公民来对待,企业在进行核心业务运作为社会创造价值的同时,也要向社会各方履行其应该承担的社会责任。企业是市场经济的主要参与者,也是每个国家的公民,企业既有权利也有责任。作为独立的经济实体,企业应享有社会对企业基本权利的尊重和价值的追求;作为社会成员,企业也有责任为建设一个和谐稳定的社会作出应有贡献。

1. 企业公民的内涵

20 世纪 70 年代,英国"公民社会"首先提出了企业公民这一概念,他们将企业看作是一个社会公民,认为企业在创造利润的同时,也要承担对环境、对社会的责任。其实,在此之前企业公民已经出现在企业实践中,例如1979年强生(Johnson & Johnson)公司、1982年麦克唐纳·道格拉斯(McDonnell-Douglas)公司以及1983年美国第五大杂货零售商戴顿·休斯顿(Dayton-Huston)公司等,都在他们的企业经营理念中提出了"做好一个企业公民"的表述。1989年,美国加州大学伯克利分校的爱泼斯坦(E. M. Epstein)在《企业伦理学刊》上发表了《企业伦理、企业好公民和企业社会政策过程:美国的观点》一文。爱泼斯坦是较早研究企业公民的学者[44]。

企业公民的主要理念是将企业当作社会公民来看待,企业除了追求经济利益之外,也要向社会各方承担起相关责任。美国波士顿学院企业公民研究中心对企业公民的定义是"企业公民是指一个公司将社会基本价值与日常实践、运作和政策相整合的行为方式。一个企业公民认为公司成功与社会的健康和福利密切相关,因此,它会全面考虑对所有利益相关者的影响,包括雇员、客户、社区、供应商和自然环境"。

企业公民的核心和本质是"公民权"。但是就企业是否像个人公民一样具有公民权的问题,学术界给出了三种不同的观点。第一种观点是"企业是公民"。该观点借用了政治学的公民权理论,将公民权扩展到企业,认为企业可以成为一个公民,因为企业是独立于拥有它和受雇于它的个人的,企业具有保持它在社会中的身份和边界所必需的权利和义务。第二种观点是"企业像公民"。该观点认为从法律地位看企业并不是公民,但是企业像公民一样参与社会和治理,所以企业像公民。第三种观点是"企业管理公民权"。该观点认为企业公民具有描述企业管理公民权利的作用。

2. 企业公民理论的内容

企业公民是一个两面概念,是权利与责任的统一体。没有社会责任的履行,企业的权利便会受到诸多限制。忽视对企业权利的尊重,也会使企业丧失履行社会责任的动力。企业公民是对企业社会地位的再认识,既强调了企业对社会必须承担社会责任,也提出了要关注社会对企业基本权利的保护与引导企业的社会行为。

正如沃德尔(Waddell)所说,公民意识强调的是社区中所有互相联系和互相依赖的成员的权利和义务[45]。瓦洛(Valor)将企业公民与传统的企业社会责任进行了比较,他认为企业公民与企业社会责任存在一定的差别[46]。瓦洛指出,提出企业公民概念的实践者将企业公民看作一个比企业社会责任更为积极的理念。企业公民通过在企业社会表现的框架内将企业社会责任与利益相关者管理糅合在一起，从而克服了企业社会责任在运作和实施中的困难。所以，企业公民是对"企业——社会关系"的重新界定，它借助公民意识明晰其含义，企业可以从个人公民的表现中明白社会对公民的要求。沃多克（Waddock）认为，企业公民概念第一次将利益相关者理论付诸行动，从而将企业与社会领域中的两大主流，即利益相关者和企业社会责任思想融合在一起[47]。同时，由于企业公民强调企业行为的社会影响，它又将企业表现与利益相关者和自然环境结合在一起。企业公民理论从人性假设出发，把企业看成是社会的一部分，认为企业同个体公民一样，是"经济人""社会人""道德人"，在拥有社会公民权益的同时，必须承担对社会的责任，符合"责任铁律"。同时企业公民假设本身体现了层次性，即企业公民首先是"经济人"，然后是"社会人"，最后才是"道德人"。企业公民理论给企业履行不同责任的先后顺序提供了依据。同时我们认为企业公民是一种平衡各个利益相关者关系的身份，企业要自觉地把自己归类到社会共同体的体系之中，将社会基本价值与企业自身商业运作和内部管理相协调。企业是社会的公民，就应该承担起对社会各方的责任和义务。企业公民理论将企业社会责任内化为企业的本质需求，而非给企业增加负担。可以说，企业公民理论从人性假设出发，继承和发展了企业社会责任理论，是基于利益相关者理论、社会契约理论等理论之上的，能够很好地解释和说明企业社会责任的基本内容和主要对象。

从企业的长远发展来看，企业不仅要追求自身利润的最大化，而且还要保存长远发展的潜力，即要尽可能地使企业长期资本收益率达到最大化。而要获得这样的潜力，企业必须通过承担社会责任来付出社会成本，因为社会才是企业利润的真正来源，企业只有扮演好自己公民的角色，才可以得到社会声誉和社会认同。

2.3.4 可续管理理论

在全面绿色转型与全力推进"可持续发展目标"的新征程中，相关管理理论与心理学理论及方法不断发展。王重鸣提出创业五力理论（EFC），把人环模块与创业生态力作为其核心特征[1]。创业生态力是人与组织及环境之间持续适配和可续创业发展的能力。在"五力管理模型"中，生态力管理位于其他四力管理的交汇原点，从而影响着文化力建设、团队力开发、创新力设计和行动力发展等各项策略的竞合效应。可续管理是指"以组织可续力为目标，在个体、组织和社会多层面适应可续理念、协同绿色决策与实施可续行动的管理过程"。个体可续管理涉及个人担责敬业、节能环保与可续成长的决策与行为；组织可续管理关系到全公司的战略、经营、财务、生产、运营、市场等活动中的绿创组织决策与行动；而社会可续管理则涉及社区、区域乃至国家范围的生态环保和绿色社会决策与发展行动。

基于王重鸣的可续管理模型[1]，本书进一步把可续管理中人与组织之间适配看成一个多维、并行、分布、生态的可续发展模式，认为可续管理强调通过激励担责敬业管理张力、优化可续适应力、协同决策力和续航发展力来实现队伍、业务和组织的可持续发展，形成新的"深淘滩，低作堰"可续管理模型，其包括担责敬业管理、可续适应管理、协同决策管理和续航发展管理四项基本维度，如图2.2所示。"深淘滩，低作堰"可续管理以双链综合激励（Dual Chain Motivation，简称DCM，策略—机制—效能）、三维创业社会责任（Entrepreneurial Social Responsibility，简称ESR，价值—动能—参与）、三元效能评价（Environment，Social，Governance，简称ESG，环境—社会—治理）和可续发展目标（Sustainable Development Goals，简称SDG，绿色—创新—共享）为四项策略依据，发挥责任领导力、弹韧领导力和赋能领导力，通过激励策略激发担责敬业管理张力，蓄能策略激发可续适应力，以聚能策略定位协同决策要点，采用势能策略推进续航发展，并将"深淘滩，低作堰"的责任管理智慧贯穿整个过程，进而强化组织可续力与可续管理水平，实现可续管理的目标。

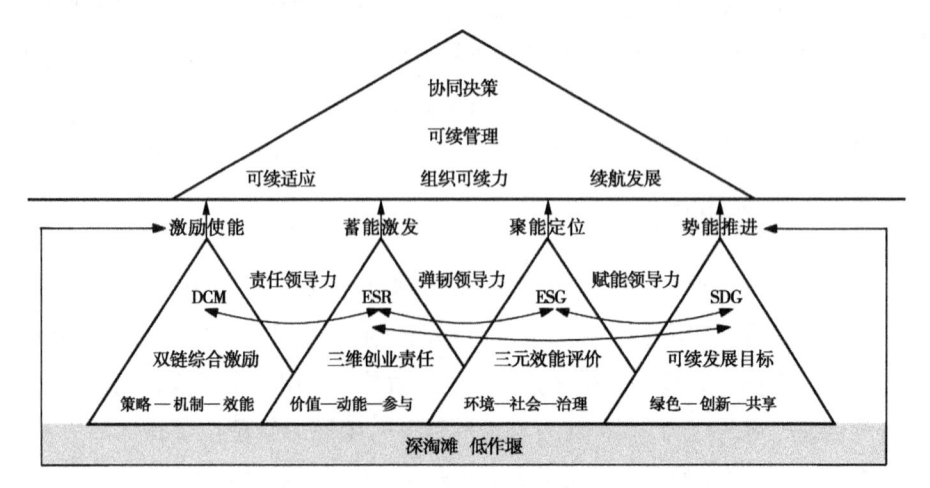

图2.2 "深淘滩,低作堰"可续管理模型

2.4 企业社会责任与企业伦理

2.4.1 企业社会责任与企业伦理相互关联、相互影响

企业伦理是指企业在经营过程中所遵循的道德准则和价值观，这些准则和价值观涉及企业与各种利益相关者之间的关系。企业伦理是企业社会责任的基础。在现代社会中，企业的经济活动不仅仅是为了追求利润最大化，也要承担对社会和环境的责任。企业的道德准则和价值观将决定企业在经营过程中如何与社会和环境相互作用。如果企业的伦理标准高，企业将更加关注社会责任和环境保护，从而使其在经济、社会和环境三个方面取得平衡发展。企业伦理对企业长期发展具有重要意义。企业长期发展不仅取决于其经济实力和管理水平，还取决于其在社会中的地位和声誉。如果企业在经营过程中没有遵循良好的道德准则和价值观，将很难获得公众的信任和支持。这将使企业在竞争中处于劣势地位，从而影响其长期发展。因此，企业必须遵循良好的伦理标准，承担社会责任，才能在市场中获得更大的成功。此外，企业伦理还对企业内部管理和文化具有重要意义。企业伦理的建立需要企业内部的一系列制度和文化的支持。只有在企业内部形成了良好的伦理文化，才能确保企业在经营过程中遵循良好的伦理标准。同时，企业伦理的建立还需要各个层级的员工参与和支持。只有当企业内部的员工也认同企业的伦理标准，才能够形成企业的良好伦理文化。首先，企业社会责任和企业伦理都强调企业在经营活动中应该遵循道德规范和法律法规。企业伦理要求企业遵循诚信、公正、诚实守信等基本道德规范，在商业活动中不仅要追求经济效益，还要关注道德价值观。而企业社会责任要求企业在经营活动中应该承担起社会责任，不仅要满足利益相关方的需求，还要对社会和环境负责。因此，企业社会责任和企业伦理在道德规范方面有很多共同点，它们相互促进，共同推动企业道德规范的建立和落实。

其次，企业社会责任和企业伦理在企业管理方面也有很大的联系。企业伦理要求企业建立健全的内部管理机制，加强对员工的职业道德教育，防范腐败行为的发生。而企业社会责任则要求企业建立完善的风险管理和内部控制机制，确保经营活动不会对社会和环境造成负面影响。因此，企业伦理和企业社会责

任都要求企业建立规范的管理体系，保障企业的长期发展和社会责任的履行。

最后，企业社会责任和企业伦理在企业形象和品牌价值方面也有着密切关系。企业伦理要求企业在经营活动中要遵循道德规范，尊重消费者权益，维护企业信誉和品牌价值。而企业社会责任要求企业承担起社会责任，对社会和环境负责，为企业树立良好的社会形象。因此，企业伦理和企业社会责任都能够提高企业形象和品牌价值，增强企业的社会认同感和公信力。

2.4.2 企业社会责任和企业伦理的目标

企业社会责任和企业伦理都是企业在经营活动中应该遵循的重要准则。企业社会责任指企业不仅要关注自身利益，还要考虑社会利益。但是，企业在实现社会责任的同时也需要保证自身经济基础的稳固。企业伦理则是指企业及其成员在与利益相关者的关系中应该遵循的道德规范和准则。企业伦理的实施不仅有助于提高员工的道德水平和企业凝聚力，也有助于企业文化的建设和绩效提升。

首先，企业伦理和社会责任的缺失可能导致企业声誉和信誉受损。企业的行为和决策会影响到其利益相关者，如果企业没有考虑到社会、环境和经济的影响，或者违反了道德规范和价值观，将会受到舆论谴责和抨击，进而损害企业声誉和信誉。

其次，企业伦理和社会责任的缺失可能导致法律风险和经济风险的增加。如果企业违反法律规定或社会道德标准，将面临法律诉讼、罚款、损害赔偿等风险，可能会对企业的经济利益产生重大影响。

最后，企业伦理和社会责任的缺失可能导致可持续性发展受到威胁。企业的决策和行为会对环境和社会产生影响，如果企业没有考虑到可持续性因素，将可能导致资源的浪费、环境的污染和生态系统的破坏，从而威胁到企业和社会的可持续性发展。

虽然企业社会责任和企业伦理都包含满足利益相关者期望的原则和价值观，但二者仍然存在差异。企业社会责任可以被视为企业与社会之间的一种"契约"，而企业伦理则是在遵循企业行为准则的前提下，为决策提供指导。企业伦理的目标是确保企业在其业务运作中始终遵守道德和社会责任标准。它强调了企业应该以诚信、公正和透明的方式开展业务，并承担起对员工、客户、供应商、社会和环境的责任。

2.4.3 企业伦理责任

什么是企业伦理责任？所谓企业伦理责任，就是指企业在管理有关企业的各项事务，从事企业相关的各种活动中，不再单纯地追求自身的经济利益，在遵守伦理原则的前提下，考虑对利益相关者和社会的影响，并且积极主动地承担未达到伦理要求而产生的各种后果。这个含义包括以下几个内容：一、企业伦理责任的主体是企业；二、企业遵循法律的要求还不足够，还需要遵守伦理责任，并考虑对利益相关者和社会的影响；三、企业若未遵守伦理责任而引起后果，企业必须承担相应惩罚，积极承担责任。

2.4.4 企业遵守履行伦理和社会责任的意义和必要性

企业遵守履行伦理和社会责任意味着企业必须首先承担起它们的核心经济责任，并自愿超越法律规定的最低限度，使它们在所有的活动中都符合道德规范，并考虑到它们的行为对社会利益相关者的影响，同时为全球可持续性作出贡献。随着全球化的发展和社会对企业期望的不断提高，企业遵守履行伦理和社会责任（CSR）的重要性和必要性越来越凸显。企业履行CSR的意义在于，通过为社会创造价值，提高自身品牌形象、声誉和竞争力，实现企业可持续发展。

企业遵守履行伦理和CSR可以为社会创造价值。企业不仅仅是为了追求自身的利润而存在，它们也要承担社会责任，为社会创造价值。在社会经济发展过程中，企业所生产的产品和服务对社会产生着深远影响，包括影响社会环境、人民健康和经济发展等方面。因此，企业需要为社会创造价值，这不仅是企业应尽的责任，也是企业生存和发展的必要条件。

企业遵守履行伦理和CSR可以提高自身的品牌形象、声誉和竞争力。消费者在购买产品和服务时不仅仅会考虑价格和质量，还会考虑企业的社会责任。一家履行社会责任的企业往往能够赢得消费者的信任和支持，提高自身的品牌形象和声誉。此外，政府和投资者也越来越关注企业的社会责任表现，企业如果能够良好地履行社会责任，也将会受到政府和投资者的青睐，从而提高企业的竞争力。

企业遵守履行伦理和CSR可以实现企业可持续发展。企业的长期生存和发展离不开社会和环境的支持。如果企业只关注短期利益，而忽视社会和环境的长远利益，最终可能会面临无法持续发展的危机。因此，企业需要认识到自身的社会责任，通过履行社会责任来实现企业的可持续发展。企业遵守履行伦理和社会责任是一项重要的任务。只有通过为社会创造价值、提高自身的品牌形象和声誉、实现企业可持续发展等方面的努力，企业才能在激烈的市场竞争中立于不败之地，取得长期成功。

在当今社会，仍然有一部分人持有如"企业的最大目的就是追求利润""企业经营中只要不触犯法律就行""企业遵守履行伦理和社会责任都是做表面功夫"等观点，在这些观念背后所隐藏的假设是：企业没必要遵守履行伦理和CSR，即使企业在通过遵守履行伦理和CSR的过程中收获了利益，但这是一个难以坚持的长期实践。所以，我们需要阐述企业遵守履行伦理和CSR的必要性。

从企业存在来看，企业并不是单独存在的客体，作为社会组织的一部分，企业承担着双重责任。一方面，它是社会组织生存和发展的工具，应当为整个社会系统提供服务；另一方面，作为一个相对独立的系统，企业必须追求自身发展。所以，鉴于企业并非属于所有者的私人财产，而是社会的一部分，故而，企业的使命和职责应该决定其目标不得基于所有者的利益要求，更不能以管理者或普通员工的利益为依据。作为企业，其在社会中肩负着特定的责任，主要职责是为社会提供有益的产品和服务，最终对人类的生存和发展作出贡献。

从企业所承担的责任来看，为什么企业需要承担特定的责任？这是因为企业享有一定的社会权利，拥有权利的同时必定要履行相应的义务。企业所享有的权利来源于强大的影响力。企业对人类和社会具有深远影响，就宏观角度而言，企业的影响力不仅仅限于经济范畴，还牵涉到社会、文化、技术、环境和政治等各个领域。企业组织大大改善了人类生活质量。人类的生存总的来说离不开衣、食、住、行这四个方面，也正是因为现代企业的存在，才使人类在这些方面取得了质的飞跃。

企业的行为会对社会产生双重影响，可能引发社会变革。在显而易见的层面上，无论企业的影响力大小，都可能成为直接导致当前社会变化的显著原因。企业的扩张、用工、雇佣或解雇，以及市场引导、新产品的推出、工厂搬迁等，均带来一定程度的社会变化。而在更深层面上，企业通过行业持续增长来改变社会。在这一层面上，企业的影响造成了诸多间接且隐晦的不为人所知的影响。在这个层面上，由于企业的影响并非经过精心策划，因此更加难以控制和觉察，但却更为重要：如文化影响力、技术影响力、环境影响力等。鉴于企业拥有如此深远的影响力，它们应当承担社会责任，遵守企业伦理，使得企业对社会的影响是积极而非消极的，为创造更美好的社会贡献自己的力量。

2.4.5 企业伦理和企业社会责任的实现途径

想要企业遵守伦理以及实现企业的社会责任，可以从以下几个方面入手。

1. 加强企业外部的监督力量

目前，社会责任源自自我强化，没有外部力量的制约也就没有强制力。同时，企业的社会义务也没有清晰的界定，社会义务的不明确导致企业只通过自愿性举措来履行义务性的责任[48]，这会进一步加剧企业的"利益性"，即如果企业认为某些举措没有好处或者不能带来有益于公司的一些合作，又或者不能只纳入有利于公司的方面，企业将会轻易地回避社会责任。通过监管将企业社会责任与公司责任联系起来，可以成为一个有意义的企业社会责任的系统方法。

2. 建立健全法律制度以及规范上市企业的企业社会责任披露

规模大、盈利能力强和高知名度的公司通常容易受到来自媒体、非政府组织和监管机构的各种压力，这些压力要求社会知名度高的公司将这些问题纳入其信息披露决策中[49]。企业社会责任披露是上市企业必须履行的重要义务之一，为保障投资者利益、促进企业可持续发展，需要规范企业社会责任披露。

政府可以颁布相关法规和标准，要求上市企业披露其社会责任信息，并明确披露范围、内容和时间等要求。同时，也应当制定相关标准，以确保企业社会责任信息的可比性和可信度。政府还可以督促上市企业积极制定完善的信息披露制度，明确披露内容、形式和时间等要求，确保披露信息的全面性、真实性和及时性。总之，规范上市企业的企业社会责任披露需要政府、企业、投资者和社会共同努力，建立起完善的制度和机制，促进企业可持续发展和社会进步。

3. 提高企业自身的社会责任的履行水平

就目前来说，我国的企业社会责任的认识范围逐渐扩大，但总体还是处在较低的水平，企业履行社会责任的困境有待进一步突破，主要可以从以下两个方面进行：一是要增强企业对社会的全面认识。二是要将企业社会责任融入企业长期导向文化建设中去。企业社会责任的实施对企业绩效有积极影响，因为绩效得到了良好的社会声誉的支持，但为了建立良好的社会声誉，公司需要建立长期导向型的企业文化，考虑到利益相关参与者的重要性，分析每个商业决策对员工及其他利益相关者的影响，尽可能地将企业社会责任标准纳入企业文化建设，政府和社会也应当引导企业积极履行社会责任，加强对企业社会责任的监督和评价。企业应当根据自身特点和社会环境,制定适合的社会责任战略,提高社会责任履行的质量和效率[50]。

案例 1

水风光一体化新探索:柯拉一期光伏电站

2023年6月25日,全球最大、海拔最高的水光互补项目——柯拉一期光伏电站正式投产发电。电站坐落于四川甘孜州雅江县海拔4600米的扎拉托桑山上,是雅砻江流域清洁能源示范基地标志性新能源项目。其光伏装机规模达1 GW,场址面积约16平方公里,由212万块光伏组件、5 276台逆变器、312台箱式变压器组成,相当于在高海拔地区建设一座"鸟巢"体育馆,创下了大型光伏项目在高海拔地区冬季连续大规模施工的先例。它可以满足70万户家庭的用电需求,每年可节约标准煤超60万吨,减少二氧化碳排放超160万吨。光伏、风电出力特性与水电天然互补,辅以雅砻江流域梯级水电站巨大的储能能力,可实现新能源大规模集中高效开发。这是首次将全球"水光互补"规模提升到百万千瓦级,为全世界水风光一体化开发探索出了一条新的道路[51]。

为助力我国能源结构转型,国家开发投资集团有限公司和四川省投资集团有限责任公司共同出资,国投集团控股的雅砻江流域水电开发有限公司加快推进雅砻江流域水风光互补绿色清洁可再生能源示范基地建设。柯拉一期光伏电站便是雅砻江流域清洁能源基地的重要组成部分。其巨大的规模也意味着施工面临着巨大的挑战。光伏电站施工属于劳动密集型产业,工期短,工程量大,施工人数众多,对管理提出了很高的要求。柯拉地区海拔高,气候恶劣,冬季气温夜间可达到零下25摄氏度,施工工区昼夜温差达到30摄氏度,让施工效率大大降低。在施工期间,施工组克服了许多困难,攻克了诸多技术难关。工期紧迫,施工困难,在这里,施工进度要以分钟为单位。冬歇期和环境让施工的黄金时间与合同工期相比近乎减半,施工组需要与时间赛跑。工作强度大,又遇上"高反"和极寒的天气,工人们顶着巨大压力坚持施工,最终按时完成了项目的交付。

柯拉光伏电站的建设也给当地居民的生活带来了很大的影响。项目建设所在区域是经济欠发达的民族地区。据悉,光伏电站的建设为当地村民提供了多个就业岗位,带动当地居民在家门口就业。施工项目组在建设的同时积极履行社会责任,注重当地基础设施建设提升以及就业发展,带动周边地区农牧、旅游、交通等产业的发展,实现以一带多的效应。在项目施工之处,施工人员就对村内的道路进行了改扩建，解决了村民的出行难题。此外，项目组充分考虑居民的饮水安全问题，为他们铺设管道，让村民可以在家中喝到干净的自来水。电站的建设也为实现牧光互补增加了资金投入，与当地畜牧业实现了有机结合，项目过程中开展的高原草甸剥离、养护、修复科研探索也取得了实效，为我国开展此类建设项目提供了宝贵的生态管理经验。

突破技术瓶颈，克服重重困难，融入当地居民生活，柯拉光伏电站的建设铸造了高海拔建设的奇迹，助力我国能源绿色低碳转型，并产生了"光伏＋N"的效益，进一步推动了民族地区乡村振兴。

【思考与讨论】

1. 结合案例谈谈你对企业社会责任的认识。
2. 柯拉光伏电站的建设如何实现"光伏＋N"的效益？

案例 2

亿滋国际的可持续发展

亿滋国际是全球领先的饼干、巧克力、口香糖和固体饮料制造商，旗下拥有奥利奥、趣多多、闲趣、太平等多个知名品牌，年收益约 350 亿美元，业务遍及全球 165 个国家及地区。

作为一家全球休闲零食头部企业，亿滋国际正在加速可持续发展，向健康福祉目标迈进，希望通过自身的影响力实现对人类和地球友好并推动创新和增长。其于 2023 年 5 月 18 日发布的《2022 享受好零食报告》中，我们能够看到亿滋国际在建立一个可持续发展的零食企业过程中所取得的成就和进展。该报告介绍了亿滋在全球的特色项目和方案，分享了亿滋国际相关 ESG 目标及策略，并承诺以不断加速的可持续发展，创造一个人与地球共同繁荣的未来。去年，亿滋国际将"可持续发展"提升为公司长期发展战略的四大核心支柱之一，支持公司实现创新与长足的发展。亿滋国际董事长兼首席执行官 Dirk Van de Put 表示："作为一家负责任、高增长、专注的全球零食公司，我们满怀信心地进入了第二个十年的发展，我们设定了'享受真正好零食'战略的关键领域，通过对人类社会和地球环境更为合理友好的方式，推动创新及更可持续的增长。"

报告主要涵盖以下三个方面，即专注于关键原料的可持续采购、减少对环境的影响以及增加设计可回收包装；打造多元化人才储备，在员工、文化和社区中着力践行"多元、公平和包容"(DE&I)承诺；持续优化产品组合，满足消费者的营养和健康选择，并倡导包装正面可视化分量与健康的生活方式。

例如亿滋国际实施的"Cocoa Life"项目，该项目旨在帮助可可种植者及其社会面临气候变化、森林砍伐等挑战。2022年是项目实施的第十年，亿滋表示将进一步增加对项目的资金支持，该项目已经惠及2 900个社区的23万农民，亿滋国际的巧克力品牌从中获得的可可量达到了80%。

值得一提的是，在企业可持续发展领域，亿滋国际在中国市场表现亮眼。在《2022享受好零食报告》中，亿滋国际着重介绍了一些在中国市场取得的成就，包括低碳环保和绿色能源、多元平等与包容等方面。

2023年初，亿滋苏州正式晋升"灯塔工厂"，成为全球零食饼干行业首家"端到端灯塔工厂"。"灯塔工厂"被誉为世界上最先进的工厂，代表了制造业领域智能制造和数字化的最高水平，截至2023年年初，全球"灯塔工厂"共计132家，其中中国拥有50家。在亿滋全球140余家饼干工厂中，亿滋苏州是第一家零食行业"端到端灯塔工厂"，意味着亿滋苏州在上游采购、下游物流和总部供应链计划执行等方面成为行业标杆。可以看出，亿滋以绿色环保、可持续的方式采购、生产、运输产品，努力在中国打造一个智能化、数字化、可持续的本土供应链。通过新型技术及各项节能减排措施，与2018基准年相比，亿滋中国2022年产量增长约20%，二氧化碳排放量降低43%。

2022年，亿滋国际将可持续发展提升为长期增长战略的第四大支柱，并不断加强对增长、执行、文化和可持续发展等四大战略发展支柱的承诺，不难发现其对可持续发展的重视程度。

亿滋国际作为一家休闲零食企业，其业务发展依赖于稳定、高质量的可可、小麦和许多其他农作物供应，但是全球粮食系统正面临挑战，需要政府、行业和专家的协调努力来解决。基于此，亿滋国际利用自身的影响力，进一步推进可持续发展策略，以正确的方式为消费者创造零食，通过减少能源的浪费，使零食生产更具可持续性。不仅有利于企业未来的成长和发展，也对环境、农民等更加友好。

针对可持续发展战略，亿滋国际也制定了到2025年要实现的目标。比如巧克力品牌所有的可可原料全部通过Cocoa Life项目采购、端到端二氧化碳排放量减少10%、产品包装全部可回收并在包装上注明可回收信息等。目前来看，亿滋国际的可持续目标正在稳步推进中。

现在的消费者越来越关注零食对环境的影响，具备可持续发展优势的企业可能也会成为更多消费者的选择。对于亿滋国际来说,除了在零食品类上满足多元化需求之外,也在可持续领域扮演重要角色,有望助力其进一步发展。

【思考与讨论】

1. 结合案例谈谈企业如何实现可持续发展。

2. 亿滋国际为什么要致力于推动 ESG 实践?具体是通过那些措施实现的?

课后思考题

1. 什么是企业社会责任?企业社会责任的特征是什么?
2. 企业社会责任思想经历了什么样的发展阶段?
3. 利益相关者理论是什么?和企业社会责任有怎样的关系?
4. 责任管理和企业社会责任有怎样的联系和区别?
5. 企业伦理责任和企业社会责任的关系是什么?
6. 企业可以从哪些方面更好地践行企业社会责任?

参考文献

[1] 王重鸣. 管理心理学[M]. 上海:华东师范大学出版社,2021.

[2] 周祖城. 企业伦理学[M]. 北京:清华大学出版社,2020:34-40.

[3] Friedman M. The Social Responsibility of Business is to Increase its Profits[N]. The New York Times, 1970.

[4] Blomstrom R L, Davis K. Business and society: Environment and responsibility[J]. 1975.

[5] Ackerman R W, Bauer R A. Corporate social responsiveness: The modern dilemma [sic] [M]. Reston Publishing Company, 1976.

[6] Carroll A B. A three-dimensional conceptual model of corporate performance[J]. Academy of Management Review, 1979, 4(4):497-505.

[7] Carroll A B. The pyramid of corporate social responsibility: Toward the moral management of organizational stakeholders[J]. Business Horizons, 1991, 34(4):39-48.

[8] Freeman R E, Reed D L. Stockholders and stakeholders: A new perspective on corporate governance[J]. California Management Review, 1983, 25(3):88-106.

[9] Elkington J. Partnerships from cannibals with forks: The triple bottom line of 21st-

century business[J]. Environmental Quality Management, 1998, 8(1): 37-51.

[10] Kramer M R, Porter M. Creating shared value[M]. Boston, MA, USA: FSG, 2011.

[11] Kotler P, Lee N. Corporate social responsibility: Doing the most good for your company and your cause[M]. John Wiley & Sons, 2005.

[12] 国务院国有资产监督管理委员会. 国资委负责人就《关于中央企业履行社会责任的指导意见》答记者问[EB/OL]. http://www.sasac.gov.cn/n2588035/n2588320/c4426930/content.html. 2008.01.04.

[13] WTO/FTA 咨询网. 国际社会对企业社会责任内涵的释解与误解——协力"一带一路"倡议的企业社会责任问题[EB/OL]. http://chinawto.mofcom.gov.cn/article/br/bs/201508/20150801077482.shtml. 2015:07.10

[14] 田虹. 企业伦理学[M]. 北京:清华大学出版社, 2018.31-40.

[15] 卢代富. 企业社会责任的经济学与法学分析[M]. 北京:法律出版社, 2002:50-60.

[16] 周祖城. 企业社会责任与企业伦理关系分析[J]. 管理学报, 2022, 19(2):235-244.

[17] Tamvada M. Corporate social responsibility and accountability: a new theoretical foundation for regulating CSR [J]. International Journal of Corporate Social Responsibility, 2020, 5(1): 1-14.

[18] Carroll A B. Carroll's pyramid of CSR: taking another look[J]. International Journal of Corporate Social Responsibility, 2016, 1(1): 1-8.

[19] 霍华德·R. 鲍恩. 商人的社会责任[M]. 肖红军等, 译. 北京:经济管理出版社, 2015.

[20] Davis K. Can Business Afford to Ignore Social Responsibilities? [J]. California Management Review, 1960, 2(3): 70-76.

[21] Wallich H C, McGowan J J. Stockholder interest and the corporation's role in social policy [J]. A new rationale for corporate social policy, 1970: 39-59.

[22] Davis K. The case for and against business assumption of social responsibilities[J]. Academy of Management Journal, 1973, 16(2): 312-322.

[23] Carroll A B. A three-dimensional conceptual model of corporate performance [J]. Academy of Management Review, 1979, 4(4): 497-505.

[24] Wartick, S., & Cochran, P. The evolution of the corporate social performance model[J]. Academy of Management Review, 1985, 10(4): 758-769.

[25] Wood D J. Corporate social performance revisited[J]. Academy of Management Review, 1991, 16(4): 691-718.

[26] Clarkson M E. A stakeholder framework for analyzing and evaluating corporate social performance[J]. Academy of Management Review, 1995, 20(1): 92-117.

[27] Rowley T J. Moving beyond dyadic ties: A network theory of stakeholder influences[J]. Academy of Management Review, 1997, 22(4): 887-910.

[28] Fineman S, Clarke K. Green stakeholders: Industry interpretations and response[J]. Journal of Management Studies, 1996, 33(6): 715-730.

[29] Friedman A L, Miles S. Stakeholders: Theory and Practice[M]. OUP oxford, 2006.

[30] Lantos G P. The boundaries of strategic corporate social responsibility[J]. Journal of Consumer Marketing, 2001, 18(7): 595-632.

[31] Votaw D. Genius Became Rare: A Comment on the Doctrine of Social Responsibility Pt1[J]. California Management Review, 1973, 15(2): 25-31.

[32] 阿奇·B. 卡罗尔, 安·K. 巴克霍尔茨. 企业与社会伦理与利益相关者管理[M]. 黄煜平等, 译. 北京: 机械工业出版社, 2004: 51-52.

[33] Freeman R E. Strategic Management: A Stakeholder Approach[M]. Boston: Pitman, 1984.

[34] Carroll B. Business and Society: Ethics and Stakeholder Management. Cininnati, Ohio: South-Western College Pub., 1993: 2.

[35] 陈宏辉. 企业利益相关者的利益要求: 理论与实证研究[M]. 北京: 经济管理出版社, 2004: 106-107.

[36] 詹姆斯·波斯, 安妮·劳伦斯, 詹姆斯·韦伯. 企业与社会: 公司战略、公共政策和伦理[M]. 张志强等, 译. 北京: 中国人民出版社, 2005: 15-16.

[37] Trevino L K, Weaver G R. The stakeholder research tradition: Converging theorists — not convergent theory[J]. Academy of Management Review, 1999, 24(2): 222-227.

[38] Wood D J, Jones R E. Stakeholder Mismatching: A Theoretical Problem in Empirical Research on Corporate Social Performance[J]. The International Journal of Organization Analysis, 1995, 3: 229-267.

[39] Donaldson T, Dunfee T W. Toward a unified conception of business ethics: integrative social contracts theory[J]. Academy of Management Review, 1994, 19(2).

[40] Coase R H. The nature of the firm[M]. Macmillan Education UK, 1995.

[41] Donaldson T. Corporations and morality[M]. Englewood Cliffs, NJ: Prentice-Hall, 1982.

[42] Dunfee T W. Business ethics and extant social contracts[J]. Business Ethics Quarterly, 1991: 23-51.

[43] 林军. 美国企业的社会责任及对我国的启示[J]. 经济管理, 2004(1): 85-88.

[44] Epstein E M. Business ethics, corporate good citizenship and the corporate social policy process: A view from the United States[J]. Journal of Business Ethics, 1989, 8: 583-595.

[45] Waddell S. New institutions for the practice of corporate citizenship: Historical, intersectoral, and developmental perspectives[J]. Business and Society Review, 2000, 105(1): 107-126.

[46] Valor C. Corporate social responsibility and corporate citizenship: Towards corporate accountability[J]. Business and Society Review, 2005.

[47] Waddock S. Making a difference? Corporate responsibility as a social movement[J]. Journal of Corporate Citizenship, 2009 (33): 35-46.

[48] Barnett M L. The business case for corporate social responsibility: A critique and an indirect path forward[J]. CSR & Management Practice Journal, 2016, 58(1): 167-190.

[49] Ali W, Frynas J G, Mahmood Z. Determinants of corporate social responsibility (CSR) disclosure in developed and developing countries: A literature review[J]. Corporate Social Responsibility and Environmental Management, 2017, 24(4): 273-294.

[50] Kucharska W, Kowalczyk R. How to achieve sustainability?—Employee's point of view on company's culture and CSR practice[J]. Corporate Social Responsibility and Environmental Management, 2019, 26(2): 453-467.

[51] 中国新闻网. 全球首个百万千瓦级"水光互补"电站在四川投产[EB/OL]. https://www.chinanews.com.cn/cj/2023/06-25/10030795.shtml. 2023.06.25.

第三章 伦理学原理

3.1 功利主义

3.1.1 功利主义的定义

"正义"和"善恶"是最主要的两个概念。对二者关系的正确认识,是区别二者的重要标志。功利主义认为,幸福是最根本的好处,而且认为,好的东西比合理的东西更重要;而以权利为基础的自由主义则认为正义指的是正当或者权利,并且主张"正义"优先于"善恶"。"正义"的产生,仿佛是将"正义"和"邪恶"置于"功利"之间,以"正义"和"邪恶"来作为"正义"和"邪恶"的终极判决。这既符合人类非理性存在的一面,又为人们提供了一个相对都能认可的标准。正如麦金太尔(Alasdair C. Macintyre)所说"功利主义能支配我们的原因是它为我们提供了政治和道德问题上唯一的公共标准。"[1] 18 世纪末英国哲学家和经济学家边沁(Jeremy Bentham)首先提出了功利主义伦理学说,后经英国著名哲学家和经济学家穆勒(John Stuart Mill)加以完善,使得功利主义思想真正成为一种系统的、有严格论证的伦理思想体系。20 世纪,科技的飞速发展创造出了令人眼花缭乱的物质世界,让人们对功利主义产生了浓厚的兴趣,并将其推广到社会的方方面面[2]。

3.1.2 功利主义的代表人物和观点

1. 行为功利主义

"行为功利主义"是一种传统的功利主义,认为只有结果才是判断一件事情的正确与否的唯一标准,而一件事情的道德正确性就是那件事情可以带来最大的幸福。从定义上看,行为功利主义坚持效果论的一元论,与只注重行为是否遵守规则,而不关注行为后果的"为准则而准则"的道义论直接对立。边沁、穆勒等人是作为行为效用论的经典效用论的主要代表人物。边沁,这位功利主义的创立者,主张行为的正确与它增进幸福的倾向成比例,行为的错误与它产出不幸的倾向成比例;幸福意味着喜悦,或者痛苦的解除,而不幸意味着痛苦,或者喜悦的失去。从这个角度来看,功利主义提倡一种"极大的幸福原则",认为追求欢乐、逃避苦难是行动的唯一目标,而其他的一切不过是实现这个目标的手段。行为的价值就在于它所产生的快乐的数量,人选择什么行为之前必须进行功利的衡量。把趋乐避苦看作行为的唯一目的,在伦理学上属于目的论。用功利来衡量行为的价值,在伦理学上属于后果论。

但以边沁为代表的古典功利主义存在很多问题。首先,边沁认为快乐只有数量大小的区别,人们永远都趋向能产生更大快乐的东西。这显然不对,因为很多人对自己的人生并不太在乎,而有些人却刻意地去过着简朴的生活。其次,经典的功利主义强调个体追求最大的快乐,将快乐以"功利"为标准,从而造成了个体化、利己化、集体化、社会化等问题。最后,为了克服个人主义与自我中心,需要将"最大幸福"理解为全人类,而不是某一个体的幸福,那么,功利主义在道德上的约束作用就会变成一个问题,那就是,人们怎样才能将帮助他人的幸福作为自己的道德责任来看待。

于是,穆勒提出了一个修正版本的"行为效用论",以弥补上述缺陷。穆勒继承了行为效用论的基本原理,认为"喜"是好,"苦"是坏,"喜"是避"苦"的终极目标。然而,在边沁关于"幸福"只有"量"与"量"之分的观点下,穆勒又指出"幸福"既有"量",又有"质"之分。穆勒将愉悦划分为高层次的愉悦与低层次的愉悦,其中,感官愉悦是低层次的愉悦,情感愉悦、理性愉悦和心灵愉悦是高层次的愉悦。高层次的愉悦比低层次的愉悦更长久、更珍贵,即愉悦的质量要比数量重要得多。

20世纪70年代左右,约翰·博德利·罗尔斯(John Bordley Rawls)等一批学者对功利主义提出了激烈的批判,并对其进行了有力的反击。他们摒弃了传统意义上的"行动效用论",而采用了"规则效用论""双重效用论"等更为细致的效用论。

2. 规则功利主义

规则功利主义认为,遵循伦理规范往往会带来效用最大化。最近几年,大多数的效用论者都是这样的规律效用论者。规则效用论由两部分组成：一是效用论，以效用最大化为目标；另外一个是道德规则，它要求人们按照某种道德体系的规则行事，而这种道德体系相比其他的道德体系而言能够使功利达到最大化。规则功利主义者的观点还可分成两种：一种认为行为的正确性意为我们应该按照社会上实际流行的道德规则行事；另外一种主张行为的正确性应当遵循社会之理想道德规则，也就是说，我们应该按照理想的道德规则行事，后者的观点也被称为"理想的规则功利主义"。后者试图对道德规则进行区别：一些道德规则是理想的，即我们应该按照它们行事；一些道德规则是不理想的，所以我们不应该按照它们行事。这种"理想的规则功利主义"主张，一种行为在道德上是正确的（或者做某一事情属于道德上的义务），就是按照理想的道德规则行事，而非按照社会上实际通行的道德规则行事[3]。

3. 双层功利主义

行为功利主义的优点是能够为行为及其规则提供最终的解释，其主要缺点是违反人们的道德直觉以及没有可应用性，而规则功利主义的优点是符合人们的道德直觉并且具有可应用性，其缺点是不能为行为及其规则提供最终的功利主义解释。有些功利主义者尝试着提供一种既能发挥行为功利与规则功利之长处，又能避开他们所经常遭受批判的功利主义。黑尔（R. M. Hare）就是这样的功利主义者，他试图对行为功利主义和规则功利主义进行综合，而这种综合的结果就是"双层功利主义"[3]。具体而言，黑尔的功利主义在内容上具有明显的双层特点。首先是个人层面的双层，即个人的直觉和理性的统一，将偏好强度与功利大小关联，使之能够进行个人层面的计算。其次是个人层面与社会层面的统一，能够将社会总体功利通过个人功利来加总计算。最后是理论层面与实践层面的一致，普通的功利评价与计算体系终将要落到现实的可操作层面。

4. 准则功利主义

美国伦理学家布兰特（Richard B. Brandt）提出了一种融合功利主义和道义论的理论框架，被称为准则功利主义理论。该理论旨在通过从共性行为类型出发构建规范合理行为的准则系统来调和两大伦理观。

布兰特的准则功利主义将"最大幸福原则"视为终极原则，然而，他超越了单一原则的简单应用，认为不同层次的社会群体应当避免仅接受一个单一原则以获得幸福，而应当建立一个多元的道德法规体系。在功利主义的行为评价中，布兰特主张必须赋予道德规范更高的权重。基于这一观点,他指出判断一个行为是否道德就需要进行两阶判断。

首先是一阶判断,即评价行为是否符合某一行为规范。这一步骤仅仅涉及行为本身是否合乎特定的道德规范。其次是二阶判断,即评价行为规范是否能够将社会福利最大化。这一层次的判断涉及对道德规范的整体社会影响的考量。具体而言,布兰特强调,在判断一个行为是否道德时,首先需要从功利主义的"最大幸福原则"角度选择适用的行为规范,然后才能进一步评价个体行为是否符合所选规范。这两阶判断的结合使得布兰特的准则功利主义理论更为复杂而全面,超越了简单的功利主义观念,为伦理学提供了更为深刻的分析框架。

3.1.3 功利主义在商业伦理中的应用

在西方工商管理理论发展过程中,伦理道德和利益的关系有三种观点:第一种观点认为在商业活动中,利益的重要性胜过伦理道德,在法律允许的情况下,为了利益,商业组织可以不管伦理道德。第二种观点认为商业活动和利益没有直接关系,人们只是在不得已的情况下,才会考虑道德与利益的关系。第三种观点是商业活动本身必须在一定的伦理道德标准下才能正常进行,伦理道德内含于各种商业活动中,必须考虑伦理道德才能使商业利益得到长期保证。

尽管功利主义和利益有着紧密的联系,但是,它并不是一种"利"的哲学,而是一种"道"的哲学。正如边沁在论述功利原理时指出,"利益有关者既可以是具体的个人,也可以是一般的共同体。当利害关系人为特定个体时,利害关系即为个体利害关系;当利害关系人为一个整体时,这个利害关系即为社会利害关系,而社会利害关系又是个体利害关系的总和。当个人的利益达到最大时,社会的利益也会达到最大。"

但是,在商业伦理中,经常存在着冲突,往往在于难以辨别个人利益与社会利益的界限,还在于个人利益与社会利益并非完全一致。对于私利与社会利益之间的关系,有三种不同的观点:一是将私利视为私利的总和;二是社会福利高于个体福利的总和;三是个体和群体之间虽然存在着差异,但是它们之间还是有某种程度上的交叉。最大限度地追求个体的利益,并不一定能达到社会的最大利益。"囚徒困境"和"公共的悲剧"强烈地展示了个体对自身利益的追求非但不能使社会利益达到最大,反而会在一定程度上削弱其本身的价值。因为每一个人都有自己的利益,所以当他们在追求自己利益最大化的时候,就不可避免地会与其他人发生冲突,进而对社会利益最大化产生影响。穆勒在处理个人利益和社会利益之间的矛盾和冲突时,提出了自己的回答,尽管人类的天性是自私自利的,趋利避害是人们行为选择的唯一目的;但是,一个人必须抑制他那无穷无尽的欲望。"己所不欲,勿施于人""爱邻如爱己",这两条原则便可构成理想的功利主义道德圆满状态[4]。

3.1.4 功利主义的优缺点

1. 功利主义的优点

首先,从理论上讲,功利分配是一种"平均主义"。功利主义以最大效用为目标,而要达到最大效用,就必须考虑边际效用问题。我们知道,货币、货物、服务的边际效用是递减的。因此,从效用论的角度来看,由于效用最大的需要,以及收益的边际效用递减,最佳分配在原则上是一种均等化。

其次,功利主义在政策制定方面重视效率。按照功利主义的原则,一种分配制度只有使社会福利(总额或人均)达到最大化,它才能够是正义的。这种福利最大化的分配制度一般也拥有最高的效率。因为在其他条件相等的情况下,最高效率的制度能够为社会提供更多的商品和服务,从而带来更大的福利[5]。

最后,功利主义是一种"冒险"的原则。在选择社会政策的时候,我们通常可以遵循两种规则,一种是"最大化规则",一种是"最大最小化规则"。两者的区别在于:"最大化规则"是在各种选项的各种预计最好结果中,选择一种能带来最好结果的选项;"最大最小化规则"则是在各种选项的各种预计最坏结果中,选择一种相对而言能带来最好结果的选项。

2. 功利主义的缺点

功利主义可以作为道德原则以指导个人的行为,也可以作为正义原则用来指导社会制度和政策的制定。然而从制定社会制度和政策的角度看,功利主义虽其有一些明显的优点,但也存在一些同样明显的问题。

首先,功利主义违反人们的道德直觉。按照功利主义主张来说,道德上正确的行为是能够产生最大幸福的行为,所以,选择能够产生最大幸福的行为,这是我们的道德义务。但是,在我们每个人的内心深处都存在着这样的道德直觉,即道德意味着按照道德规则行事。根据我们的道德直觉,我们也不应该把追求功利最大化看作我们的道德义务,而且,当我们的利益与道德规则发生冲突时,按照道德规则行事才是正确的。也就是说,只有按照道德规则行事才是我们的道德义务。在这种意义上,行为功利主义是反直觉的。

其次,"最大幸福"的意义是含糊的,带有强烈的主观含义。功利主义要求人们按照"最大幸福原理"行事。但是,什么是幸福?行为功利主义主张,所谓幸福是指快乐或免除痛苦。一方面,快乐因人而异,另一方面,快乐是一种个人的、异质的心理感觉,没有可比性,正是因为作为"最大幸福"的快乐之定义过于主观,功利主义者才后来把"幸福"定义为"欲望的满足"或者"福利"。

再次,行为功利主义无法解决人际比较的困难。功利主义者追求功利的最大化,要求人们在各种行为中选择能够带来"最大幸福"的行为。在各种行为中判断哪一种行为的结果能够带来最大幸福,这涉及不同行为的人际比较。由于人们的行为目的是各种各样的,即使是同样的行为目的,在不同的人那里也会产生不同的快乐,所以要进行这种功利的人际比较是极为困难的。

最后,行为功利主义的更大困难在于它的实用性。按照行为功利主义的定义来说,一个人的道德义务就是永远做使预期功利最大化的事情。由于行为功利主义把道德与行为结果的功利直接挂钩,那么人们在面对不同的行为选择时,就需要计算行为结果的功利大小。一方面,计算不同行为的功利大小很困难;另一方面,在面临行为选择时,由于时间紧迫,人们根本就没有时间来进行功利的计算。而且,很多人没有受到很好的教育,根本就没有能力精确预测不同行为的结果。这意味着在现实生活中按照行为功利主义行事是不可能的[3]。

3.2 义务论

3.2.1 义务论的定义

义务论是以行为为中心的一种规范伦理学说。它关心的是人们"行为"的规范和"应该做什么";它要求人们的行为必须按照普遍道德原则或某种正当性去行动,强调行为动机的纯洁性、道德义务和责任的神圣性;它主张只有人们出于道德原则或义务的行为,才具有道德价值。人们行为道德与否,只需看行为是否符合普遍的道德规则、动机是否善良,与行为结果无关[4]。总之,义务论要求人们的行为是"出于道德"而不是单纯"合乎道德"。义务论主张正当优先于善,认为正当独立于、优先于善,善依赖于正当。依据对义务的不同理解,义务论可区分为规则义务论、行为义务论等类型，其中伊曼努尔·康德（Immanuel Kant）的规则义务论是典型的义务论。

3.2.2 义务论的代表人物和观点

义务论的主要代表人物是康德。他在《道德形而上学原理》中，以自由规律为根据，从义务的性质层面出发提出了完全的义务、不完全的义务，从义务的对象层面出发提出了为他人的义务和为自己的义务。按照"道德形而上学"的层次，他将义务整理为：对自己的完全的义务、对他人的完全的义务、对自己的不完全的义务、对他人的不完全的义务。他把完全义务具体规定为法权义务，把不完全的义务具体规定为德性义务[5]。法权义务和德性义务之间的不同在于：法权义务是与权利密切相关的一种外部强制，履行了责任，也就享受了相应的权利；德性义务是一种与生俱来的强制，它与权利没有密切联系，人们履行了自己的责任，但却不能因此而要求享受某种权利。康德将道德责任分为两类：直接责任与间接责任。直接责任是合乎道义的，是绝对的。"间接责任"指的是一种外部责任，这种外部责任是一种抵御和防止把一个人引向罪恶的巨大诱惑的外部责任。没有了直接责任，间接责任也就没有了道义上的价值；如果不履行间接责任，那么，就会出现倾向于罪恶的巨大诱惑，从而对道德造成损害[6]。

具体而言康德的义务论可归结为对如下三个核心问题的回答：为什么选择义务论？什么是义务论的义务？义务论是如何对待它自身和目的论的关系？[5]。

康德认为，责任，也就是善良意志的体现，是"出于对法律的尊重，而不得不为之的行为"。康德就是根据这种理解，以自由意志为依据，将义务分为三个基本层次：

第一，法权义务和德性义务。法权义务是一种与权利紧密联系在一起的外在义务，人承担义务，享有权利；德性义务是一种内在的强迫，一种与权利无关的强迫，你对别人尽了责任，但是你不能因此要求别人享受某些权利，这是一种狭义的德性责任。

其二，狭义的德性义务，包括完全义务和不完全义务。"完全义务"就是绝对没有例外的义务，如：不要自杀、不要骗人等。违背了完全义务就会陷入完全的自相矛盾和自我取消，"不完全义务"则允许有例外，如：要发展自己的才能、要帮助别人等。违背不完全义务则不一定是自我取消，不遵守义务者只不过是希望自己一个人例外而已。

其三，广义的德性义务，包括间接义务和直接义务。康德试图把目的论的追求也包括进来，为此，他对目的论做出了有条件的让步：提出并区分了直接义务和间接义务，把德性义务的领域扩大为间接义务和直接义务。间接义务是假言命令，是为了抵制并避免使人趋向邪恶的极大诱惑的痛苦、贫困、不幸等而追求健康、福祉或财富等外在目的的行为[7]。

3.2.3　义务论在商业伦理中的应用

履行道德责任既是一种义务，也是一种善良意志的表现。主体在做出道德选择时，不能被经验偏好所左右，必须遵循理性自由，也就是按照绝对命令来行事。黑格尔对康德"为义务而义务"的纯义务理论进行了批判，而把义务和现实结合在一起，也就是承认主体有一种可以冲破主观意志力和客观感情的桎梏，以"尽到道德义务，负起道德责任"的人。美国经济伦理学家乔治·恩德勒（Georges Enderle）将康德的义务论延伸至企业责任之中，企业作为实体性的道德主体，企业行为必然存在着道德与价值关涉，因此其行为不能看成是完全理性化的，企业在某个领域享有有限的经济自主权，与之对应的则是企业在这个领域所承担的义务与责任。

如果仅仅从经济动机出发，忽视社会责任，则公司的实践将会脱离现实，成为一种机械主义。因此以义务论为视角的企业伦理行为发生论倾向于关注社会责任的基本道德义务，应遵循两个基本道德原则：其一，企业行为不可把对象当成实现目的的手段，无论是合作者还是竞争者都应相互尊重并互为目的。其二，公司应遵守社会准则和法律，加强自我约束，尽最大努力履行自己的社会义务。康德的义务理论认为，公司的道德行为是公司的道德自我约束的结果，也就是公司内部的、自愿的和积极的道德责任的抉择。

3.2.4　义务论的特点

黑格尔认为伦理义务是指作为一个国家的成员所需要行使的普遍义务，是指在一个有着完善组织的国家之内所存在或制定的法律法规和习惯规定，这些法律法规以及习惯规定构成义务的具体内容。它的内涵包括了道德义务，但是黑格尔的国家前提是该国家是一个已经充分理性化的国家，是作为一个国家理念的存在而行使和发挥作用。

其中，对自己的义务中最重要的义务之一是理论上与实践上的训练或锻炼。

理论训练包括鉴别事物的能力、区分事物的知识、判断概念的普遍性、不带偏见的客观知识；实践训练则包括节俭与适度。换言之，就是个体需要摆脱其动物性欲望限制，从而受自己的理性指引；同时专注于自己的职业，为更高的义务而牺牲某种东西。个体进行义务就是将作为伦理秩序的原则作为个体的原则予以施行，或者说，个体认识到需要遵守作为普遍客观的伦理秩序和社会秩序是主观的要求，是主观的意识符合客观的理性从而达到的主客观的统一。因此，义务论依靠的是个体的德性和良知。

3.3 公正论

3.3.1 公正论的定义

正义是人类社会普遍认为的崇高价值，是指具有公正性、合理性的观点、行为、活动、思想和制度等。汉语中的"正义"一词，最早见于《荀子》："不学问，无正义，以富利为隆，是俗人者也。"正义在伦理学中，通常指人们按一定道德标准所应当做的事，也指一种道德评价，即公正。按照正义论进行道德判断的准则为：一个行为在道德层面上是正确或正当的，当且仅当它符合正义或公平的原则。正义论最有影响力的代表人物莫过于古希腊著名思想家亚里士多德（Aristotle）及美国当代政治哲学家约翰·罗尔斯（John Rawls）。

3.3.2 公正论的代表人物和观点

1. 亚里士多德的公正论

古希腊著名思想家亚里士多德（Aristotle）在关于伦理学和政治学的表述中，系统阐述了公正的本质、原理、分类，特别是关于分配公正的准则和实现途径等基本问题的阐述，达到了古希腊公正思想的巅峰。亚里士多德将公正分为普遍公正和特殊公正，前者着眼于社会成员与全社会的关系，要求人的行为合乎法律（含道德法典），故称法律公正；后者着眼于社会成员之间的利益关系调整，包括分配公正和矫正公正，其核心是分配公正。

亚里士多德的伦理学将公正定义为介乎两种恶之间的中道。他认为自然公正引导法律公正，也是最佳城邦所追求的公正；自然公正、法律公正和衡平法共同支撑着城邦公正。他将分配公正的"完整思想"表述为"对同等者平等,对不同者不平等",即"让各人得其应得",由此引出"比例平等""算术公正""几何公正"等重要概念。他所主张的贵族民主政治的公正,要求公民轮流管理,即轮流统治与被统治。为此,他特别重视对公民的公正美德教育,因而强调公正教育必须包含权利和义务两方面的道德教育。亚里士多德的公正思想具有无与伦比的历史影响,也为当代社会的公正文化建设提供了丰富的理论资源[8]。他认为,公正是生活于国家之中的人为实现国家的正义而达成的一种契约,其目的是实现国家的公正,从而确定其所处的政治和社会秩序是否具有公正性和合理性。亚里士多德曾说:"人一脱离了法律与公正,就会变成最恶劣的禽兽。"

2. 罗尔斯的公正论

罗尔斯(John Bordley Rawls)《公正论》提出了"公正是社会制度的首要价值"的论断,构建了基于"原初状态"假说的社会契约公正论,达到了20世纪西方社会公正思想的巅峰。罗尔斯力图既保持康德形而上学的道德说服力,又坚守经验主义理论的底线,吸收功利主义的合理因素。他的契约公正论实质上是一种以义务论方法求得目的论结果的混合理论,既尊重个人自由,又注重社会财富的公正分配,倡导有条件的平等主义。

罗尔斯所谓的基本欲望对象,指的是言论自由、良心自由、免遭任意拘捕的自由,拥有自己的财产权,参加政治活动的自由(投票权、竞选公职权等),即普通民众所能获得的权利与自由、权力与机会。

这些都是每个理性人都会期盼获得的东西,因为无论一个人的理性生活规划如何,他总得使用这些东西。所以,在罗尔斯看来,社会公正就是按照一套合理的公正原则,在所有社会成员中分配"基本欲求对象"。在这一意义层面上,公正概念指的是对于"基本欲求对象"的"相互竞争之权利主张的适当平衡",而公正的构成就是确保制度公正的"一整套阐明这种平衡的决定性考虑因素的相关原则"[9]。

3.3.3 公正论在商业伦理中的应用

在中国社会主义市场经济条件下,商业活动的公正指坚持"按劳分配"前提下,使劳动者的报酬和贡献相匹配。劳动者有权进行自由选择,有权在机会均等、平等竞争的前提下,根据所创造的效益或贡献,获得相应报酬。

而社会的正义,正是集体主义的目标,即消除剥削,避免两极分化,使一些人和一些地区先富起来,从而实现共同富裕。社会不同,正义的内涵和价值取向也不尽相同。在中国市场经济条件下,要实现社会正义,就必须依靠集体主义的价值取向,只有发扬这种精神,才能为社会正义的实现提供动力。

在社会主义市场经济条件下,这是一项特殊美德,它着眼于社会成员之间的利益关系调整,包括分配公正和矫正公正,其根本特性是对某种平等的尊重,关注人们获取应得的合理份额。在社会生活中,根据客观的平等考虑,在物品的交换或分配等经济关系上公平待人,是作为特殊美德的特殊公正的实质。

3.3.4 公正论的特点

公正是一个永恒的伦理问题。在理论层面,历史的公正理论将公正概括为三个层次:

第一,平等原则,可以表达为"相同的情形,一视同仁",或"相平等的应当平等地对待,不平等的应当不平等地对待",这是公正的最小要求,也就是所谓的"形式正义"。第二,人各有志,人各有所得,人与人之间的关系是平等的,因此拉法格(Paul Lafargue)将正义的概念定义为"不能打破平衡",罗尔斯将正义定义为"一种基于平衡的道德判断"。第三是"补之",也就是我们通常所说的"亏多补少"。

很明显,分配公正的这三个层次的要求,都只是形式上的,可以包容多种公正观,不同社会、不同阶级或集团的人,都可以对其赋予自己的含义,作出自己的理解和把握。这表明,公正是一个古老的、最普遍的价值范畴,因为其自身的形式性和普遍性,必须有其他的具体的、实践的价值来加以规范,才能使其获得具体性和实践性的意义,这也是为何会有平均主义公正观、等级主义公正观、功利主义公正观、自由主义公正观等多种公正观的原因[9]。

3.4 美德论

3.4.1 美德论的定义

美德论又称德性论或品德论,它主要研究作为人所应该具备的品德、品格等。具体地说,美德论探讨什么是道德上的完人,即道德完人所具备的品格以及告诉人们如何成为道德上的完人。西方伦理学家一般认为美德论起源于亚里士多德的著作《尼各马可伦理学》。该书对美德内涵的阐释是，"一个具有美德的人，经常会做出有道德的事情，因为他的内在品格方面具有相关的特质，使得他能够自律地去遵守伦理道德规范，这种内在的特质就是美德。"与制度、规范相比较，美德论是以行为者为中心的一种伦理学说。它关注人之所"在"（being）的状态和"应该成为哪种人"；它注重人的道德品质、道德人格和道德情操，而非行为原则和行为后果。美德论强调道德是因自身而被追求，并非因为有用才被需要，体现为人的一种优良品质与道德智慧。美德论与义务论相比，强调道德的本质不在于遵循某种基本规范与原则，而在于人们的德性养成，在于人一贯的道德表现和行为习惯[9]。

3.4.2 美德论的代表人物和观点

美德论是古代伦理思想的一种，它把人看作是道德行动的主体，把人的品德修养作为其指向与核心。它以人的自身修养为准则，以立德为目标，强调成为高尚的、优秀的人，从而显示出人的道德主体地位，并显示出行善与立德之间的因果关系，这对于历代的道德建设都有很大的影响。但是，美德论也面临一个巨大挑战，它激励君子自我完善，却对小人软弱无力。对于那些不在乎名声，又没有道德追求的人来说，美德论会助长他毫无顾忌地行事的倾向，这样，也就真应了那句话："卑鄙是卑鄙者的通行证，高尚是高尚者的墓志铭。"

在西方社会，柏拉图较早提出了人应该具备的四大美德：勇敢、智慧、公正和节制。亚里士多德撰写了第一本伦理学书籍《尼各马可伦理学》，创建了比较系统的德性伦理学理论。此后，西方众多伦理学家就此展开激烈的对话和交锋，至今仍热议不断。中国古代伦理，特别是儒家伦理，也是一种以德行论为主的经典学说，它重视个人修养，以求达到"圣贤""君子"的境界。它认为，道德应有助于人的全面发展，使人在生命的各个领域都变得更好，实现至善，特别是在人的道义方面和个性的完美方面，美德论是一种以人为本的道德理论，其核心问题是"我该变成怎样的人"和"怎样变成那样的人"。对"德性"或"德行"的正确认识，是开启并通向"美德论"之门的关键。

在更大的社会层面上，美德论需要结合道义论和功利论才能更好地发挥作用。其中，美德论和道义论之间，更有一种互为表里的关联性。诸多道义规则是基于美德追求而提出的；而道义规则的内化又最终沉淀为人的美德。例如，正义、仁爱既是道义规则，又是美德纲目。道义规则的有效执行，需要美德作为内在支撑；而辩证执行道义规则，更是美德修养的有力表征。因而，道义论逻辑和美德论逻辑虽然处理问题的出发点不同，但内在的精神特性却一脉相通，可以相资为用。

亚里士多德对"德性""快乐""道德情感"和"实践智慧"的关注，都是从"道德主体"的应然状态以及实现该状态的品格特质两个方面展开的；然而，品德教育在强调个人行为准则培养的同时，也十分重视对人的心灵世界的观察。德性是指人们按照人类本性，合理地进行行为的品质和能力[11]。在历史与现实中，有许多"德纲"，如"忠""义""善""勇"等，这些"德纲"在处理各种事务时都有其各自的重要作用。它强调的是人的道德品质，是人的人格，是人的道德情感。

3.4.3 美德论在商业伦理中的应用

美德论与义务论相比，强调道德的本质不在于遵循某种基本的规范与原则，而在于人们的德性养成，以及人一贯的道德表现和行为习惯、践行。一方面，通过制度安排，形成"道德应得"的利益获取机制。"道德应得"体现的是社会公正，无论是法律约束还是政府监管，都要对那些遵法守德的交易主体给予利益保护，对违法背德的交易者及时给予法律惩治或行政处罚。社会构建的"道德应得"制度体系所形成的"德福一致"现实逻辑，会使人们在社会生活中不断感受到道德的力量，其传播的道德能量对社会成员的道德欲望、道德追求、道德信念会产生强烈的正强化作用，进而坚定交易主体以义谋利的信念和意志，形成见利思义、以义导利的行为习惯。另一方面，通过道德评价，形成"道德应得"的社会舆论环境，对交易经济活动的善恶性质及时进行正确的道德评价，强化交易主体守德获利的道德意识，尤其是具有道德人格的交易主体，在社会中不仅会因为守德而获利，而且还会得到精神满足，在生意场上得到他人的尊重与青睐，更会触动交易主体的羞耻心，形成"由义为荣，背义为辱"的荣辱观，激励他们形成向往受人尊重的道德人格。

3.4.4 美德论的特点

美德（论）具有以下几个特征：第一，内在性。美德内在于个体自身，一个有德性的人，就是内在具有某些"被称赞的或可贵的品质"的人。第二，自律性。个体自身具有什么样的内在美德，就会表现出什么样的外在行为。第三，超越性。

美德是个人所具有的一种积极的素质，它使个人有能力作出自己的选择和行动。即使没有外部的具体规范、制度的约束，当既有的规范、制度不再适应、不够用的时候，美德也会指引个体去寻找并实现自己的道德价值。

3.5 关怀论

3.5.1 关怀论的定义

关怀论又称"女性伦理学"，以卡罗尔·吉利根（Carol Gilligan）为代表，提出了男性和女性在道德判断上存在差异的观点[12]。在人类发展的过程中，人们一直强调理性的核心位置，认为是理性帮助人类建立了过往的一切，而这种理性却不包含一些被认为是女性所拥有的特质，比如感性、热情，等等。正是这种被长期忽略具有强烈女性色彩特质的哲学思考，造成了女性的从属地位。现代女性主义哲学希望能从根本上改变这一不合理的传统，重塑女性在社会中的角色和定位，因此提出了一个在学术层面上非常明确的、具有颠覆性的关于女性发展的理论，即关怀论。

3.5.2 关怀论的代表人物和观点

美国女性主义道德心理学家卡罗尔·吉利根在伦理学研究中，首次引入了性别差异，以现象学的方法来研究男女两性在道德情境中的差异并由此阐述了其女性主义关怀伦理思想的核心内涵，奠定了关怀伦理的主要基础，在西方学术界和社会领域产生了广泛而深远的影响。

吉利根的"关爱伦理学"是女性主义心理学和女性主义伦理学在 20 世纪 60 年代兴起的"女性主义"运动中的一项重大成就。它实质上是对传统男权社会价值观念的批判与反省，以及对女性价值观念的重建。从思想发展脉络来说，关怀伦理是对西格蒙德·弗洛伊德（Sigmund Freud）、埃里克森（E. H. Erikson）、让·皮亚杰（Jean Piaget）和柯尔伯格（L. Kohlberg）关于道德发生发展等传统心理学理论的批判继承。一方面，吉利根接受并承认以上研究所凸显出来的男女在道德价值取向与道德发展阶段上所体现出来的明显差异，但另一方面拒绝承认以上研究所体现出来的对女性价值取向差异的歧视和偏见，而给予女性价值取向在解决道德困境与社会问题方面所具有的积极意义。作为柯尔伯格的助手,吉利根的研究大多在柯尔伯格的基础上展开[13]。

3.5.3 关怀论在商业伦理中的应用

关怀论伦理观对一个行为进行道德评价的原则大体上可以概括为:在处理人与人之间关系的行动中,如果一个行动能够激发或者唤醒行动者的道德情感,即使这个行动与个人利益、群体利益或者与某些义务、权利相悖,仍然可以认为这个行动在道德上是正确的或者是正当的。

从这个角度来看,关怀论不能算是一个单独的伦理道德理论,它并不反对其他伦理观点,而是认为在某些具体的情境下,如果仅仅依靠目的论或者义务论进行道德判断,反而可能导致人们道德情感的损伤,从而影响人们的道德判断和道德践行,因此,需要关怀论来帮助判断。故而,关怀论可以被视为其他伦理观点的一种补充。

3.5.4 关怀论的特点

关怀论的一个非常突出的特点就是不关心抽象的和普遍的原则,也不强调对个人或群体利益的计算。它注重对人的欲望、需求和情感的体察和关怀,以慈悲为怀,以同情的态度对待人,也就是注重对人情感的体察和激励。道德情感普遍存在于人们的生活中,对人们的认知与行为具有积极影响。

案 例

玻璃大王——曹德旺

福耀集团创始人、董事长曹德旺在央视《对话·开年说》提及,"我正在捐100亿(元)去建一所大学。首先因为我们的投资会拉动旁边企业的生产。第二,我们服从中央共同富裕的号召,自我调节,我把我多余的钱拿出来还给国家。我要办这所大学,我要去找大师来当校长,请来大师教我的学生,要把它变成世界一流的名校,这才是我的志向。因此这可能是很漫长的事情。"曹德旺所指的福耀科技大学,是由其创办的河仁慈善基金会首期捐资 100 亿元,以民办公助的形式与福州市政府合作创办的一所新工科、高科技、应用研究型大学。按照规划,福耀科技大学的办学层次为本科和研究生学历,办学规模为全日制在校学生 12 000 人至 13 000 人。其目标为"瞄向制造业高端技术短板,服务国家解决'卡脖子'问题,培养具有国际化视野、国际化企业管理能力、创新精神和家国情怀的高素质应用综合型人才,对标国际名校"。

"我们这个大学要真正针对社会短缺来培养人才。"曹德旺在《对话》节目上说,"我认为经济发展首先需要发展教育,教育发展的时候,首先要有一个正确的办法来实现大学的目标。因此我们倡导用慈善基金会的方式来办大学,因为它是普适的手段,不是(为了)盈利的,那么就会做出最好的效果。"

在此前举行的中国教育三十人论坛第八届年会上,曹德旺还曾表示,"有需要我还会凑出100亿元作为学校的奖励基金。"

"全球性的经济冬天即将来临。"曹德旺提醒说,"在冬天你去种东西的时候就要小心了,寒冬要预防烂种,可能事倍功半,投得多收得少。因此我想跟企业家们分享的一点是,在寒冬季节,谨慎对待任何一笔投资和做出投资的决定。"

【思考与讨论】

请简要说明上述案例体现出的商业伦理问题?以及其做法对当代企业发展有哪些启发?

课后思考题

1. 探究功利主义在"囚徒困境"的应用。(囚徒困境指的是,囚犯的两难困境,是处于信息不对称条件下的一种博弈。最先是由社会心理学家梅里尔·弗勒德(Merrill Flood)和经济学家梅尔文·德雷希尔(Melvin Dresher)提出来的,后来由阿尔伯特·塔克(Albert W. Turker)明确地叙述了这种困境。)

2. 义务论在电车难题的应用。(在一个电车轨道的交叉口的前方,一个疯子把五个无辜的人绑在了电车正要驶向的轨道上,恰在此时一辆失控的电车已经快速驶过来,很快就要碾压这些不能动弹的人;而在这千钧一发之际,作为幸运观众的你,发现可以轻易拉起一个拉杆,就能让电车开到另一条轨道上。就在你站在正义制高点要英勇行动时,忽然发现另一条轨道上也被疯子绑了一个人。)

3. 社会主义市场经济条件下,分析探究公正论在商业活动下的应用。

4. 分析商业活动中,功利主义与美德论之间的关系。

5. 小区里的阿姨们经常在小区空地上进行广场舞活动,有居民表示受到了噪声污染。(广场舞是在比较空旷的室外环境进行的,这就涉及城市公共空间的使用问题,而这也就造成了广场舞权利与不受噪声污染的权利之间的对抗)。请运用本章所涉及的理论进行分析如何平衡二者。

参考文献

[1] 阿拉斯戴尔·麦金太尔.谁之正义?何种合理性?[M].万俊人,等译.北京:当代中国出版社,1996.

[2] 姜涌.德性与德行统一的可能性和现实性[J].东岳论丛,2019,40(9):112-118+191-192.

[3] 姚大志.规则功利主义[J].南开学报(哲学社会科学版),2021(2):1-7.

[4] 李宏图.密尔《论自由》精读[M].上海:复旦大学出版社,2009.

[5] 李欣隆.交易伦理视阈下公民道德责任强化研究——契约论、义务论、美德论的视阈[J].道德与文明,2022,2:170-176.

[6] 任丑.目的论还是义务论——伦理学的困境与出路[J].武汉大学学报(人文科学版),2008,4:401-406.

[7] 刘爱军,钟尉,等.商业伦理学[M].北京:机械工业出版社,2016.

[8] 任丑.康德的义务论辩正——兼论马克思主义伦理学的自由本质[J].哲学动态,2007,5:66-71.

[9] 张彦,胡俊.品格教育中榜样示范的问题与回应——以亚里士多德美德论为考量视角[J].道德与文明,2020,3:103-108.

[10] 王泽应.伦理学原理[M].北京:中国人民大学出版社,2021.

[11] 沈清松.伦理学理论与专业伦理教育[J].湖南大学学报(社会科学版),1996,4:83-89.

[12] 王海明.伦理学导论[M].上海:复旦大学出版社,2009.

[13] 陈真.当代西方规范伦理学[M].南京:南京师范大学出版社,2006.

第四章
中华优秀传统文化与商业伦理

中国改革开放所创造的经济奇迹全球瞩目,中国企业家功不可没。而这一切商业成就的背后,有一个广博而精深的思想宝库,即中华优秀传统文化。中华优秀传统文化根植于商业行为背后,它的商业哲学和伦理价值助推当前中国的经济腾飞。因此,本章将聚焦探讨儒商精神、阳明心学及其他优秀传统文化与商业伦理之间的关联。

4.1 儒商精神与商业伦理

传统文化对商业伦理的影响无处不在,中国社会要建立一种为人们普遍接受、积极向上的商业伦理规范就离不开中华优秀传统文化的支撑。中国作为"文明古国"和"礼仪之邦",拥有丰富的伦理思想遗产。中华传统文化的核心内容涵盖政治伦理和个人道德,具体表现为"修身"、"齐家"、"治国"和"平天下"。在"修身"方面,重点探讨如何提升个人道德水平,追求更高境界的道德人格。"齐家"和"治国"则着眼于建立内部和谐的组织伦理秩序,推动组织不断发展。"平天下"旨在塑造社会的伦理秩序,达到"修身"和"齐家"的目标,致力于实现更大范围的"治国"和"平天下"。在这两个基本目标中,着重强调了扭转动荡时局、恢复社会的仪轨秩序,旨在推崇道德、仁爱、礼貌等美德,最终实现理想中的"大同"社会[1]。

中华传统文化与商业伦理有着密切联系和影响。中华传统文化包括儒家文化、道家文化、佛教文化等,其中儒家文化对商业伦理的影响最为广泛和深远。儒家思想中强调"仁义礼智信"等核心价值观念,这些价值观念在商业伦理中也有广泛应用。比如"仁"指的是人道主义,商人要讲究良心经营,尊重他人的利益和尊严;"义"指的是道义,商人要遵守承诺,讲信用,不欺诈行骗;"礼"指的是仪式和规矩,商人要遵循商业规范和道德准则,不做出违法乱纪的行为;"智"指的是智慧和见识,商人要具备商业头脑和洞察力,善于分析市场和商机;"信"指的是诚信,商人要守信用,保证交易公平、公正和透明。此外,中国传统文化中还有"以诚待人,以信取胜"的思想,鼓励商人讲诚信,取信于人,赢得市场和客户的信任和支持。同时,在中国传统文化中,也强调了家庭、家族和社会的责任和义务,商人要积极承担社会责任,回馈社会。

4.1.1 儒商精神的形成

儒商被视为一种独具中国特色的商业与文化理念。尽管该概念的确切起源在古代典籍中难以考证,但普遍观点认为中华儒商的奠基人可以追溯到孔子的门徒子贡。《国语》云:"义以生利,利以丰民",这句话揭示了儒家义利观的核心内涵——义是为了获得利益,而利则是为了造福百姓,可谓是儒家经商哲学的精髓所在[2]。

儒商的出现不仅是商业现象,更是深刻的文化和哲学现象。早在古代,中国的商业文明便有雏形,然而受到儒家文化对义理的强调与对利益的相对淡漠,以及封建时代重农抑商的观念的影响,商业的发展相对而言较为缓慢。中国的商业文化从"重义轻利"向"义利整合"转变,以及从"重农抑商"到"农商兼顾"的演变过程中持续进行着创新与发展[3]。然而,随着资本主义的出现,中国独特的商业文化发展道路遭到阻断。资本主义"唯利是图"和追求利润最大化的本质,与中国文化的发展方向背道而驰,使得中国商业模式的生存空间受到压缩。虽然历史上有许多儒商的个体故事,但遗憾的是,儒商的概念和形态并未得到广泛认同,缺乏理念和理论的支持。

"儒商"一词集合了"儒"和"商"的特质,儒商既拥有儒家的道德和才智,也具备商人的财富和成功,他们不仅是儒学的典范,同时也是商界的杰出人物。儒商追求的目标超越了功利,怀抱着对社会发展的崇高责任感,怀揣着挽救世界、造福人民的远大志向和忧患意识,追求的是造福全球的理想情怀。在中国历史长河中,儒商独树一帜,他们对文化和社会的关切深刻地影响了中华文明的进程。"当代儒商"指的是现代中国优秀企业家,他们践行着儒家商道。儒商并非仅是外部赋予企业家的美誉,同样是企业家的自觉抉择;儒商不仅仅是一种身份,更是一种行为准则;儒商不只是荣誉,更是一种责任;儒商不仅是境界,也是担当。儒商精神在企业家对企业、社会、员工和各利益相关者的关怀和责任上得以展现,彰显了企业家对多方利益的呵护和承担。

可以说,儒商精神是中国传统文化与商业伦理相结合的产物,主要源于儒家文化中的商人思想和商人道德观念[4]。在儒家文化中,商人曾经一度被贬低为不道德的人,被认为是"利令智昏"的代表,但随着社会经济的发展和商业活动的繁荣,人们开始重新审视商人的价值和作用,逐渐形成了儒商精神。儒商精神的核心是以仁爱和诚信为基础的商业道德。在儒家文化中,"仁"是最高的道德准则,"诚"则是人与人之间交往的基本原则,这些思想被商人们应用到商业活动中,逐渐形成了商业道德的基础。儒家文化中还强调孝顺、忠诚、勤劳等美德,这些美德在商业活动中也得到了应用。例如,商人要尽孝道,关心家人的生活,不能为了牟取暴利而忽视家庭责任;商人要忠诚于自己的客户,重视信誉,不能欺骗客户;商人要勤劳刻苦,不怕艰辛,不断提高自己的业务水平。这些思想和价值观念相结合,形成了中国传统文化中的商业伦理,激发了商人们的社会责任感和商业道德观念,同时也为中国商业文化的发展提供了重要的思想支撑。

4.1.2 儒商精神的理解

从理论上讲,人与人之间的相处关系被称为"伦理",而将伦理实践于行动之中则被称为"道德"。道德表现在个人的品德上,高尚的品德使一个人成为君子。儒家文化期待每个人都能成为君子,通过修身来使他人得到安抚,然后安抚天下百姓,从奉献社会中获得个人幸福。然而,单凭个人修养是不够的,社会制度的支持和约束也是必要的,这就是孔子时代所提到的"礼"。儒家重视义务和责任,而非权利;注重仁义,而非财富,但并不排斥财富。实际上,在春秋战国时期,中国的工商业已经相当发达。因此,儒家思想在现代的发展中并不排斥对财富的追求,而是通过"儒商"的概念来实现义利统一,在创造价值的过程中获得适度回报。

多年来,世界主要国家长期采用扩张性货币政策,导致金融业异常膨胀,从价值创造转向以追求纯利润为目标。突如其来,似乎所有事物都可以被证券化,全球资金从实体生产的投资转向金融投机。与此同时,财富分配不均、能源枯竭、环境污染和气候变暖等问题接踵而至,这些富裕带来的"副产品"显然是早期经济学家亚当·斯密所未曾预见到的。回归以儒家伦理为核心的中国传统文化,抑制物欲,将道德凌驾于个人利益之上,将责任放在权益之前,或许才能达到可持续发展的目标。采纳长期策略,埋下成功的种子,然后"L"型的经济发展曲线才能转向"U"型。唯有弘扬儒商伦理，才能够治本解困于世界经济之中。历史上，司马谈曾言："夫阴阳、儒、墨、名、法、道德，此务为治者也。"民间也有"半部《论语》治天下"的说法。然而，宋明以后，人们常常将目光集中于儒家的伦理价值，遗忘了儒家所强调的管理智慧，忽视了儒家在治理方面的重要作用[5]。

儒家思想强调人的全面发展，注重个体身心的协调，人与社会的良性互动，以及人与自然和谐相处，同时关注人与天道是否相辅相成[6]。儒商则是践行儒家人文精神的企业家。事实上，新中国早期的企业家主要是下海干部和下岗工人，大多没有接受过系统的现代管理教育。然而，中国传统文化中家庭重视的观念、注重对子女道德教育等观念，以及"不听老人言吃亏在眼前"等俗语所传承了很多避免吃亏的小传统。这些小传统承载着大传统，"老人言"传承了圣人的教导：孔子强调"人而无信，不知其可也"；王阳明说"古者四民异业而同道，其尽心焉，一也"；张载提出"为天地立心，为万民立命，为往圣继绝学，为万世开太平"。孟子主张"穷则独善其身，达则兼济天下"。无不体现了中国人的责任与担当。有了责任与担当，不论在个人生活、工作还是经商中，都能找到合适的方向，自然而然地做到本分。

总体而言，儒商精神是一种结合了商业实践和儒家伦理观念的商业道德理念。它强调商业行为应当以道德为基准，并注重个人品德的修养和社会责任的担当，主要可以从以下几个方面进行理解。

1. 诚信和诚实

儒商注重诚信和诚实，以诚实守信的态度对待商业交往。他们坚守承诺，诚实宣传产品和服务，并与客户、合作伙伴建立长期的信任关系。

2. 仁爱和关怀

儒商追求以仁爱之心对待员工、顾客和社会大众。他们关注员工的福祉，提供良好的工作环境和公平的待遇；关心顾客的需求，提供优质产品和服务；关心社会问题，积极参与公益事业。

3. 社会责任

儒商秉持着对社会的责任感，追求共同利益和社会发展。他们关注社会问题，努力解决环境、教育、贫困等挑战，并通过创新和可持续经营来履行社会责任。

4. 和谐发展

儒商追求商业与社会的和谐发展。他们致力于建立良好的商业生态系统，促进供应链伙伴关系的公平和谐,以及与社区和谐共处。儒商注重企业的可持续性和长远发展,追求利润与社会效益的双赢。

5. 学习和成长

儒商持续学习和成长,不断提升自己的商业智慧和领导能力。他们重视思考、反思和经验分享,以不断完善自身,推动企业的创新和发展。

今天,中国企业家已经创造性地把仁、义、礼、智、信,细化为一条条具体的、可行的标准,将儒家的仁义道德观念与商业活动有机结合,强调商业行为应该以道德为根基,通过诚信、关怀、社会责任和和谐发展来实现商业成功与社会价值的统一,在现代商业伦理中具有重要的借鉴意义,提醒着企业家和商业从业者在追求利润的同时,要始终注重以道德和社会责任推动商业和社会的可持续发展[7]。

4.1.3 儒商精神的传承及现代价值

中国已崛起为世界经济、文化、思想发展的重要力量,中国哲学的兴起势在必行。作为世界第二大经济体,中国肩负着分享自身哲学和商业智慧的责任。因此,我们不应忽视商业文化、企业管理文化以及中国企业家群体的整体觉悟和修养。

中国的儒商文化是一种与西方商业文化平行而又独特的文化。它不仅弥补了西方资本主义商业文化的不足,而且与商业的普遍原则并不相悖,因此成为具有中国特色的商业文化[8]。在中国的企业家中,许多人有意识地以儒家文化为指导,引领自己的商业行为和企业管理,有些人甚至以成为儒商为荣。中国经济的崛起必然伴随着文化的崛起,而文化崛起的前提是文化的自觉和自信。历史已经从否定的辩证过程走向今天的肯定,这代表着中国伟大实践的成熟,中华民族的文化反思进入了新的历史阶段,这是自我意识重要的反思阶段。从十一届三中全会开始,我们迈入了通向现代化和现代性发展的重要历史征程。改革开放40多年的经验告诉我们,我们必须反思单一追求物质资源、不断开发和再开发的发展模式和哲学,因为人与自然的紧张关系势必会破坏甚至失去原有的平衡。中国发展之路必须充分配置精神资源、文化资源、思想资源和理论资源,正如"一带一路"倡议的实施不仅关乎物质产品,更关乎精神和文化。

1. 丝绸文化具象化传播

中国优秀传统丝绸文化,作为中华优秀传统文化的代表,肩负着引领中华传统文化走出去的重要使命。在"一带一路"背景下,南京肯葳国际深耕中国传统丝绸文化二十年,在跨文化传播中探索中华优秀传统文化国际传播与交流的新模式。以中国丝绸文化为载体,通过丝绸文化的具象化传播,将丝绸文化融入丝制品当中,更有助于构建全方位、多层次、宽领域的中华文化传播格局。

在跨文化交际中,人们不仅需要了解语言使用者国家的文化和习俗,还需要注意礼仪问题,这样才能在实际交互中获得更多有益的信息。肯葳国际通过直接在海外设立销售部门、聘请当地本土设计师,更加迅速地响应海外市场需求以及为消费者提供更为优质的定制化服务。同时,肯葳国际主动加强与海外市场的联系,减少在跨文化丝绸文化传播中的文化冲突,为中国传统文化走出国门提供了新方式。

另外,跨文化交际可以分为两种,一种是言语交际,另一种是非言语交际。就言语交际而言,跨文化交际是指不同母语的人进行互动、交流。虽然交流时使用的是同一种语言,但是由于交际双方的生活背景不同,文化也存在一定的差异性,主要体现在文化传统、风俗习惯和价值观等方面。而且,上述因素会影响跨文化交际的效果,甚至还会诱发矛盾与冲突。不同于依靠传统的口头传播、书写传播和新媒体传播的文化传播,肯葳国际凭借丝绸制品特有优势让中国传统丝绸文化在海外传播中有了具体的传播载体,让海外消费者在使用丝绸制品的同时,感受中国丝绸文化的魅力。具体如下:其一,由蛋白纤维组成的丝绸带来的舒适感相对较强;其二,因其表面光滑,所以对人体的摩擦刺激少;其三,真丝制品存在空隙率,具有很好的吸音性与吸气性,能够让消费者直观地感受到丝绸制品的美感,丝绸布料再设计也常被用于室内的家居装饰之中,比如真丝地毯、挂毯、窗帘、墙布等。此外,文化传播也可以理解为信息的对外传递,其能帮助各国家、民族与个人之间进行高效沟通。受文化环境差异的影响,不同国家、地区的人们的行为规范与"三观"不同,这会对个体的发展产生深远影响。随着经济一体化进程的不断推进,企业需要引进不同国家、地区的人才,以实现企业的发展目标。在此过程中,肯葳国际在海外设立设计部门,与其他国家的人才进行交流,在一定程度上促进文化交融,从而推动中国丝绸文化对外传播。

肯葳国际二十年坚守"肯为天下先"的信念,从单一的外贸模式到制造与外贸一体化,再到响应国家号召积极加入国内大循环,拓展国内市场,创立服装品牌、家具品牌、设计品牌以及职业培训机构,将传统丝绸文化赋予新的表现形式与传播方式。一路走来,肯葳国际肩负传播中华传统文化的企业社会责任,将传统丝绸文化创新性具象化到企业的经营活动中,同时在国内国际市场上积极传播传统丝绸文化,将中国传统文化带向更广阔的世界。

2. 都江堰"深淘滩,低作堰"的治水名言

都江堰灌溉系统是全球最古老、最伟大的工程之一,主要包括鱼嘴分水坝、飞沙堰溢洪道和宝瓶口进水口三大部分,这些元素相互协调,相互制衡,既实现了水利灌溉,又具备了防洪减灾的功能。该工程坐落于中国四川省成都市都江堰市西部,位于成都平原的岷江边。数千年后的今天,它依然在发挥着极其重要的作用,被列为世界文化遗产和世界自然遗产的重要组成部分。

作为历史悠久的大型水利工程,都江堰以其无坝引水的独特特点而著名。它充分利用了当地地理条件,即西北高、东南低的地势,以河道出山口的特殊地形、水流和水势为依据,巧妙地实行了无坝引水,借助自然重力进行灌溉。这个工程将堤防、引水、泄洪、排沙、调流有机结合,形成一个协同运作的系统,确保了防洪、灌溉、输水、社会用水等多种综合效益的充分发挥。

都江堰的治水名言"深淘滩,低作堰"蕴含着深刻的治水智慧。其中,"低作堰"为"深淘滩"提供前提,而"深淘滩"则是"低作堰"的保障。这六个字的治水原则不仅展示了古代智者卓越的治水思想,也对现代企业管理提供了重要的借鉴意义。

(1) 深挖市场,开拓潜力

企业需要不断深入了解市场需求和竞争环境,通过市场调研和分析,找到潜在的增长点和机会。只有深入了解市场,才能更好地满足客户需求,提供有竞争力的产品或服务。亚马逊公司在其初创阶段就选择了在线图书销售这个相对小众但有潜力的市场。随着市场的深入研究和发展,亚马逊逐渐扩大了产品线,进军电子产品、家居用品等领域,最终成为全球最大的电子商务公司之一。

(2) 低成本运营,提高效益

企业应该在运营过程中寻求降低成本的方法,并注重效率提升。通过优化流程、减少浪费和降低不必要的开支,企业可以提高运营效率,实现更好的经济效益。例如,日本汽车制造商丰田在生产过程中采用了"精益生产"的理念,致力于消除浪费、提高生产效率。通过精确的生产计划、精细的库存管理和员工参与的质量控制,丰田能够以较低的成本生产高质量的汽车,并提供更具竞争力的价格。

(3) 合作共赢,共生发展

高科技企业的传统商业模式是"高投入,高回报",这一观念早已广泛传播。

当科技企业持续进行"高投入"以实现研发上的优势时,形成一定的成本效益,企业便能够光明正大地获得"高回报"。华为一直秉持着"低作堰"的理念,与运营商形成了共生关系,通过低价的方式减轻运营商的成本压力,为运营商提供利益,从而赢得了长期的信任和合作,最终将会得到合理回报。

(4)坚守自我,服务客户

"深淘滩"即企业需确保加强核心竞争力的投资,坚持对未来的投入,即使企业当前面临暂时的经营困境,也不能动摇这一基石。同时,需持续挖掘内部潜力,降低运营成本,以提供更有价值的客户服务为目标。"低作堰"则意味着要抑制对利润的过分渴望,甘愿自身保留较低的利润水平,将更多利益回馈给客户,并善待上游供应商。不能为了追求更高的利润率而牺牲市场的培养和客户的回报,不能为了短期目标而损害长远目标的实现。

4.2 阳明心学与商业伦理

4.2.1 阳明心学的定义

"知之非艰,行之惟艰",这一点早在《尚书》一书中就有论述。在先秦时代,《论语》就对"知"与"行"之间的关系有过论述,其中对"知"与"行"之间的关系进行了这样的阐述:"生而知之者上也;学而知之者次也;困而学之,又其次也;困而不学,民斯为下矣。"《论语》中的"行"比"知"更重要。从那以后,中国思想家就没有停止过对"知"和"行"的探索。

等到中国哲学史发展到宋明理学时期,二程和朱熹又对"知行关系"问题的阐述增添了许多解释和说明。例如:在程颐看来,"知"的地位是远高于"行"的,也就是说"知"决定"行",而"行"是由"知"所决定的,"知"可以分为"闻见之知"和"德性所知","行"之所以能行,是建立在"知"的基础之上的,倘若没有"知"的存在,那"行"自然也就不存在了。一直到王阳明"知行合一"思想的提出才算是为在中国社会讨论了几千年的"知""行"关系问题画上了终止符。

面对"知"与"行"关系的问题,王阳明并没有简单地按照前人的路走,而是创造性地走出了一条新路,在合理吸收了程朱对"知行关系"问题的看法的基础上,王阳明认为不应该简单地把"知"和"行"割裂开来看待,而是应当"知行合一",唯有"知行合一"才能够合理地认识"知行关系"问题,正确地对待"知"与"行"。

王阳明的"知行合一"思想在一定程度上继承了程朱对于"知行关系"问题的看法和理解,是对以往哲学家关于"知""行"关系认识的扬弃,也是中国哲学史上"知行关系"探讨的一大突破。在论述"知"与"行"关系问题的时候,王阳明认为程朱理学的"格物说"是不符合道理的,一定要让人们践行"知行合一"的思想观念。

4.2.2 阳明心学与商业伦理

伴随着社会主义市场经济的发展,中华优秀传统文化的复兴,阳明心学受到了学术界、企业界以及其他社会各界的高度重视。近几年,有关阳明心学的学术论坛不断出现,并在一定程度上影响了人们对其的认识。运用阳明心学,也逐步成为企业家群体修养人格和提高企业经营和管理能力的一门必要课程,在企业界引起极大的重视。它对现代创业精神的影响,实质上是多种文化在现代商业实践中的碰撞和融合,这种时代现象需要从哲学的角度来进行更深层次的研究。

阳明心学之所以为商界所重视,并对现代创业精神的形成起着重要作用,有其内在机制。"人文思想"与"商业道德"具有内在的互动联系,这是"商业道德"得以汇通的理论基础。阳明心学曾参与中国传统商业伦理学和日本商业伦理学的形成,并对中国近代商业伦理学的转变起着举足轻重的作用,是其与近代创业汇通的现实依据。中国近代创业所要求的"实践""创新""主体性"等精神,与阳明心学本源的精神不谋而合,形成了"创业"的思想结合点,两者在思想上汇通。

作为"阳明心学"的创立者,王阳明常常以立功、立德、立言的"三不朽"圣人形象出现在大众眼前,而他的"知行合一"思想更是被无数人称道,被认为是当代社会的思想指引。在李永鑫先生的《心灵导师:王阳明》一书中,著者在完整、详细地阐述了阳明思想的同时,更将人物经历、思想历程与传记故事结合起来,既让读者明晰了阳明心学在每一阶段的发展状况,也让王阳明的人物形象更加鲜活立体,深入到每一位读者心中。研究了解阳明心学,有利于个人的道德提升,并促进当代社会的道德之风建设。

以日本为例,随着日本实业的近代化,阳明心学也深深地影响着日本商人的商业行为与管理理念。阳明心学中"致良知"和"知行合一"的思想,对日本德川时期的商学哲人石田梅岩产生了直接的影响。石田梅岩所创立的"石门心学",提倡"知心""知性"的观念,把"诚信"与"节俭"的精神贯穿于其经商全过程,对日本后续工商业的发展与商业道德的形成产生了深远影响。此外,稻盛和夫又是一位深受阳明心学影响的代表性人物。他的同胞西乡隆盛崇尚阳明心学,主张"知行合一",故受西乡隆盛影响,稻盛和夫也成为阳明心学的信徒。

可见,人文思想对工商伦理的塑造有着重要作用。商业实践的主体终究是人,不同的人文理念必然会对不同时期和地域的商业伦理产生不同的影响。中国近代商业道德的形成,离不开传统的人本主义精神,中华传统人本主义精神在商业道德形成过程中,阳明心学则是一个不可忽视的因素。阳明心学在明清时期曾对徽商的道德观、商业道德的形成和商业文化的建设产生过巨大的影响。由此可见,创业与阳明心学汇通有其深刻的历史渊源。因此,在当今中国,阳明心学对现代商业伦理和创业精神的塑造,则是传统和现代的有机结合。阳明心学是商业伦理形成过程中的重要一环,是一种历史的必然。

"知行合一"的思想是王阳明对"知行关系"问题的一大总结,也是王阳明对历史上"知行关系"研究的集大成思想。至此,中国哲学史关于"知行关系"的理解正式走向"知行合一"的途径。王阳明"知行合一"思想在当今时代具有一定的理论价值,然而,其中也包括不符合现实社会的弊处。王阳明的"知行合一"思想是基于当时的历史现状而做出的关于"知行关系"的解答和阐释,这是具有特殊的历史语境存在的,而随着这一语境在当代社会的转变,"知行合一"其原初的理论效率和实践能力范围就难免要转化为当代语言,才能够被合理地吸收和接纳,要看到王阳明"知行合一"思想其中具有的局限性,正确地把握其思想内涵,才能够对创新和发展传统文化、坚定文化自信产生有利影响,只有对其思想进行吸收,才能真正学习理解,并以身体力行之[9]。

4.2.3 阳明心学在现代生活中的变革

在经历了第一次工业革命的蒸汽时代,第二次工业革命的电气时代,第三次工业革命的信息时代之后,21 世纪的人类已经开始进入第四次工业革命的绿色工业时代。随着工业和商业的不断发展,全球都在不断形成自己的现代商业文明。在这个世界文明的发展过程中,中华文明从以农业为中心向以商业为中心逐渐转变,同时也在形成具有中国特色的现代商业文明[10]。随着全球近代商业文明的演化和近代商业道德的重构,具有中华文化特质的商业文明日益成为中国近代商业文明的一个重要标志。

第一,深入理解和践行王阳明"知行合一"思想,有助于增强文化自信。首先,加强创新性发展,这也就要求既要在认识理解传统文化的同时合理吸收其精华,又要立足于现代社会做出不同于往常的新诠释。而王阳明"知行合一"的思想在一定程度上可以提供前进的方向,其注重经世致用、致知力行的方式方法对社会道德建设等方面具有明显作用,也可在一定程度上净化社会风气、加强社会公德,并进一步营造良好的社会环境。其次,对王阳明"知行合一"思想进行合理扬弃,忽略其主观唯心主义部分,关注其面对社会现实问题提出的合理性观点"知行相互统一",然后对其进行创造性发展,扩充"知"和"行"的内涵,以求增强文化自信。

第二,王阳明关于"知行关系"的思考有助于加强人们的思想道德建设。例如在学习先进思想的过程中,可以借用王阳明对"知行关系"的思考结论,一方面对所学思想的内容和内涵进行理解和认识,同时还要在内化于心的基础上外化于行,将其通过自己的行动展现出来,换言之,要做到理论和实践相结合。正如同王阳明对"知行关系"的认识,如果只是单纯地去学习了解所学思想的内容、知识,但是不实地行动、实践,这样无法真正了解这一思想内涵,只有在认识理解其内容的基础上切实实践,才能够真正把握、提升道德修为,强化实践能力,让自身在"知"与"行"合一的基础上,推动其更高层次的内化于心。同理,在日常生活和学习过程中,也可借助王阳明"知行合一"的思想时常对自身进行反思,检查自己是否真正做到了理论和实践相结合,而不是纸上谈兵、夸夸其谈,在日常生活中联系"知行合一",从"知"中去实践"行",再反过来从"行"中去思考"知",最后使"知行合一",在反思中进步和发展。

在浙江学派中,以"以人为本"为核心的商业道德观的建构,以"阳明心学"为代表。阳明心学属于浙江学派,在浙江学派中具有较强的经世致用特色。阳明心学从其渊源上讲,是王阳明通过政治、军事等实践而形成的一种学术体系,它带有很强的实践性。阳明心学提倡"致良知"于"万物之本",其中当然也包括了"商业"的实践性。因此,阳明心学在中国传统企业道德建设中起到了很大的思想导向作用。

从王阳明开始,就有一句俗话:"圣人遍地走"。对此的解释众说纷纭,但万变不离其宗,儒家入世后,所要承担的道德责任,已不再是文人专属,而是已经普及到了普通民众的身上,即所谓"匹夫有责"。前文所提及的徽商便是典型。"阳明心学"对徽商们的性格形成有很大的影响。徐国利指出,"阳明心学"所倡导的"世俗伦理学",为"明清徽商"的转型与建设提供了思想源泉,如"良心说""理欲""公私""唯我""新四民观""贾服儒行"等,不但对明清徽商的转型与建设产生了影响,更对中国实业伦理学的发展与完善产生了深远影响。另外,就其与商业道德的关系而言,两者之间存在着一种互动关系。在每个时代、每个类别的商业道德成熟后,商业伦理学都会成为其自身的一部分。从传统工商伦理到现代工商伦理的发展中,都可以看出这一点[10]。从这一点来看,阳明心学在中国现代企业家精神形成的过程本身,也是对传统企业家精神的继承和发展。

4.3 其他优秀传统文化与商业伦理

4.3.1 晋商精神与商业伦理

晋商,起源于山西省,经历了数百年的商业实践。从历史上讲,山西商人的经商活动可追溯到春秋战国。从隋唐到明清,经过了多个世纪的发展晋商达到"资本之雄厚,经营项目之多,活动区域之广,活跃时间之长,首创票号,雄踞国内十大商帮之首"的鼎盛场面。他们在商业经营中形成了独特的商业伦理,为中国商业史上留下了浓墨重彩的一页。晋商的兴起与发展与山西丰富的资源、地理位置、区域文化以及社会环境密切相关。他们以商与儒的和衷共济,打破了中国封建社会重儒轻商的传统习惯,将商业文化与儒家道德人格诉求完美结合,通过自己的实际行动践行这一伦理道德。

晋商精神是中国历史上一股令人瞩目的商业文化。在商业伦理层面,晋商在"义利合一"与"和衷为贵"的基本经营理念指导下生成一系列基本道德规范,其内涵包括诚实守信、勤奋敬业、开拓创新和爱国济民等。这些精神不仅影响了晋商的商业实践,也对今天的商业环境具有深远的启示。

1. 诚实守信

晋商奠定了"一诺千金"的信用准则,将诚实、守信视为立身之本。晋商创立的商号以诚制胜,以诚取利,赢得了顾客的青睐。晋商以诚实守信为准则,他们在面对信誉和利润的矛盾时,始终坚守内心的道德准则,不断自我反思,自我规范,将被动的诚信理念转化为主动的诚信理念,始终遵循诚实守信的伦理规范。

2. 勤奋敬业

这种精神源自儒家哲学,也是中华民族的传统美德。历史上,封建政府往往昏庸无道,重农轻商。然而,山西的商人们却在这样的环境中,承担起为后代谋福利的重任,他们不畏艰难险阻,甚至不惜生命,远离家乡,投身于商业活动。他们将经商视为实现人生价值的职业,他们的坚韧不拔和勤奋努力,使得晋商的商业活动达到了空前的繁荣。

3. 开拓创新

有多大的视野,就有多大的胸怀,晋商的开放精神使他们纵横欧亚,成为"一带一路"大商圈的重要组成部分。晋商之所以能够取得辉煌的成就,位列中国十大商帮之首,与他们的创新精神密不可分。他们勇于开拓,不畏艰险,他们冒险走西口、下南洋,甚至首创票号汇兑业务,最终实现汇通天下,成为商业创新的先驱之一。

4. 爱国济民

虽然商人通常被视为追求利润的人,但晋商并非只是追求名利,他们并不将所有的金钱都为自己所用。许多山西商人热心公益,积极救助孤寡、关心国家社稷,有人甚至为了国家利益做出了巨大的自我牺牲,他们在民族利益面前,提升了传统的商业伦理,将晋商精神提升到了一个更高的道德境界[11]。

晋商精神的现代价值在于启迪我们不断增强开放意识,提升开放素质和能力,推动经济转型发展。正如晋商一代代传承的精神所示,商业成功不仅仅是追求利润,更要追求社会责任,承担起人类进步的使命。

4.3.2 徽商精神与商业伦理

徽商起源于徽州,兴盛于明清时期。徽州地处"吴头楚尾",山高林密、地形多变,虽然风景优美,但由于地处贫瘠山区,俗称"七山一水一分田,一分道路和庄园",徽州人可以说是在石头缝里种庄稼。因此,当地才有"前世不修,生在徽州,十三四岁,往外一丢"的哀叹。徽商精神是中国传统商业文化的重要组成部分,其中商业伦理观念尤为突出。徽商,即徽州商人,旧徽州府籍的商人或商人集团的总称,又称"新安商人",俗称"徽帮"。他们以资本雄厚、活动范围广、经营项目多、兴盛时间长且崇尚文化为特点,成为中国历史上最大、最有影响的商帮之一。徽商重文化,提倡以诚待人,以信接物,以义为利,岁月中不动声色,自藏底蕴。其中,"以义为利"是其根本。徽商的"义",其实就是一种利他精神,既有商人之间的"义",也有致富不忘回馈社会的善行。徽商精神中的商业伦理主要体现在以下几个方面:

1. 诚信

徽商在经商活动中,始终坚持诚信为本,公平对待每一位客户,不求暴利,而是追求合理利润。徽商强调严格把控商品质量,坚决不做假冒伪劣商品,始终坚持质量第一,信誉第一。

2. 礼义

徽商非常重视礼义,他们认为,只有遵守礼义,才能赢得客户的尊重和信任。在商业活动中,始终遵循"以诚待人,以信接物,以义取利"的原则。

3. 尚学

徽商非常重视教育和学习,他们认为,只有不断学习,才能适应商业环境的变化,才能在激烈的商业竞争中立于不败之地。

4. 敬业

徽商对商业的执着和专注,在中国商业史上尤为罕见。许多人背井离乡,一年到头奔波于外。对于自己主持的商务如此,对于代他人主持的商务亦如此。

5. 和谐

徽商经商的目的并非单一为了致富,能够"致和"才是其追求的更高境界。在徽州大户人家的厅堂上,有的牌匾就是"和合"二字。徽商非常注重和谐与合作,他们认为,只有通过和谐与合作,才能实现商业活动的长期稳定发展,才能实现商业利润的最大化。他们在商业活动中,始终坚持"和谐"和"合作"的原则,这种原则在很大程度上体现了他们的商业伦理观念。

6. 社会责任与公益

徽商在追求商业利润的同时,也积极承担社会责任,参与公益事业,他们的"以义为利"的价值观,体现了商业活动与社会公益的紧密联系,对于推动社会公益事业的发展,促进社会和谐,具有重要的推动作用。

4.3.3 浙商精神与商业伦理

浙商指的是浙江籍企业家的集合。作为中国古代四大商帮之一,浙商在发展过程中,不断创造出巨大的物质财富和精神财富,从浙商远祖范蠡、到龙游商帮的崛起和衰落,再到近代的宁波商帮等,无不体现了浙江商人成长发展过程中勇于面对艰难险阻,直面风险挑战的优秀品质。浙商精神是在浙江本土成长发展的,受浙江自然、人口、生态环境等方面影响而形成的具有浙江特色的商业精神,是浙江省宝贵的精神文化资源。

1. 义利合一的义利观

"君子爱财,取之有道"是浙商所信奉的理念,经商中要求做到讲义守信,诚信对企业来说至关重要。以龙游纸商的经营之道为例：所有的纸张都要求一样的白净、且厚度均匀，为了让顾客买到货真价实的纸张，统一加盖企业制造的字样。诚信和良好的信誉是企业在市场上的金字招牌，很多浙商把信誉看得比金钱更重要，他们不会为了蝇头小利而丢失诚信。

浙商主张义利并举，既能做到诚信经营，又结合了西方商业文化关于市场的影响。在贸易中公平公正、诚信不欺、重量上不缺斤少两、严格把控产品质量，一直以来都是浙商的经营之道。很多浙商企业都把诚信作为企业的第一信条，恪守诚信，不欺骗消费者，也认为只有做到诚信，企业才能做大做强。浙商在中国经济的发展中最先醒悟过来，认真做事，严守质量，诚信经营，这才能提高企业的核心竞争力[12]。

2. 知行合一的知行观

浙商不唯上、不唯书、只唯实，立足实际，具有敢于创新的品质。但浙商不会急于冒进，会根据客观情况做出符合实际情况的判断。养家糊口是很多浙商创办企业时最初的目标，在外部金融和法治环境不佳，或者是资本和技术无法满足企业发展时，会蛰伏等待发展时机，或是由小规模经营过渡，或是进行模仿学习。浙商注重知行合一的观念，不空谈义理，把所学知识和经商经验应用到商业实践中。

3. 以和为贵的和合观

浙商具有以和为贵的和合观主要有两方面原因。首先，浙商的文化传统有很强的包容性，具有开放合作的特点。浙商内部商人之间的归属感较强，容易相互信任，主要表现形式就是浙江企业间的互相合作。然后，由于企业创办初期资金来源、人力资本等方面处于紧缺状况，企业间的抱团有助于资源的整合和提高防范风险的能力。典型的浙商式抱团组织包括：专业市场、产业集群和全国星罗棋布的各级浙商商会组织[13]。

案例 1

让丝绸之美飞入寻常百姓家
——隐形销售冠军肯蔵的国际之旅

1　借力展会，顺利出海

1.1　出海尝试，问题初现

三月份伦敦的天气还有一点微凉，M经理望向窗外的落日才意识到最后一天的展销会也已经进入末时,转头看向展台前的客户依旧络绎不绝,团队的成员也在展销台前热情似火地为世界各国的顾客介绍着公司产品,希望能好好利用这次来之不易的展会,不仅仅是为了新一年欧美市场的业绩,更是为了能让更多的客户了解到中国的丝绸文化。

这已经是 M 经理第五次带领团队来伦敦参展,结束了为期两天的展销会,M 经理开始对这两天的订单进行整理,虽然受到疫情的影响,但看着手中的订单量,M 经理心中仍是充满希望。M 经理让负责前台销售的小王整理了今年各个款式的销售情况,尤其是展销会主推款中没有被下订单的丝绸布料。新加入团队的小王一边整理一边思考"整理展会订单是为了及时跟进服务,那整理没有销量的款式又是为了什么?"在向 M 经理提交报告时,小王向 M 经理表达了疑惑。M 经理笑着说道:

"五六年前,我们刚来到欧洲开拓市场,把伦敦纺织面料展览会作为我们最重要的宣传阵地。当时我们几乎带来了我们在国内所有的主推款式,在展销结束复盘时,我们发现在国内卖得最好的款式,并且极具有中国特色的丝绸布料几乎都没有订单,尤其是在中国代表祥瑞之兆的仙鹤元素的布料竟然一条也没有卖出去,这便引起了我们的注意。"

于是 M 经理立即带领设计团队开始对外国的客户进行访谈,结果发现在中华民族传统文化中一贯象征着幸福、吉祥、长寿和忠贞,有着强烈的美学和道德意义的仙鹤,在法国却有着带来死亡的含义。国外的客户受到其本土文化以及传统宗教的影响,对于一些丝绸设计元素的感知与中国消费者完全不同。

1.2 海外联手,走出困境

这让刚带领团队走出国门的 M 经理既紧张又开心,M 经理意识到这个发现将会是推动肯葳国际走向欧洲的关键一步。M 经理迅速与中国总部取得联系说明情况,在与中国设计团队进行三方会谈后,决定迅速布局海外设计师团队。只有在尊重当地文化的前提下,才能更好地为中国丝绸的海外之旅铺好前进的道路。一方面,通过本土设计师对当地文化习俗的敏感性,避免发生类似的情况,中外设计师积极交流,做好设计上的借鉴与融合;另一方面,以当地设计师作为国外资源的核心,搭建起国外营销中心,将顾客的需求紧密地与产品设计联系在一起。

M 经理迅速带领团队与法国当地的小众设计师 Elisa 取得联系,Elisa 说道:"在法国,仙鹤象征死亡,因为去世的人会乘着仙鹤离开人世。"M 经理解释道

"你们只是看到了表面的现象,并没有理解到背后的故事,"设计师 Elisa 向 M 经理投来了疑惑的眼光,"并不是仙鹤带来了死亡,而是虔诚的基督徒召唤来的仙鹤,它们是人间和天堂之间摆渡的神灵,每当一个信徒的真诚打动了上天,上天便会派仙鹤来迎接他们。"Elisa 听完 M 经理的讲述,对仙鹤也有了新的认识与理解,激起了 Elisa 对中国传统设计元素的好奇心,很希望能够加入肯葳,在文化碰撞与融合中将中国丝绸带给更多的顾客。就这样,一次商业复盘、一只无人问津的鹤、一次跨文化的谈话,造就了今日肯葳国际的全球化商业布局。

1.3 转变观念,文化和解

中国人民和西方人民在各种观念上都存在着巨大差异,而应对文化冲突的第一步便是转变"唯我独尊"式的旧式观念。正如肯葳国际所做的,虽然一开始法国人对中国的一些设计元素有一些理念上的不同,法国人认为仙鹤意味着死亡,而中国文化中仙鹤则是象征自由和长生的生灵。最后中法双方不但接受了对方国家对于"仙鹤"的理解,更是通过了解对方国家的文化,让自己对仙鹤有了更加深入的了解。

文化冲突,贵在和解。因此,在面对中西方文化冲突时,首先必须学会的是以善意的眼光看待他国的文化,用平等的态度理解外国文化。其次,在与外国进行商业往来时,熟悉对方的价值观念,了解彼此之间的差异所在,正如中国经典著作《易经》中早以"变"为理论契机,"变"中求"通",以发挥人的主观能动性作为促进和谐的思维方式,为中国传统文化走出国门指明道路。

2 倾力品牌营销,实现冠军之梦

2.1 国家文化软实力的不断加强

一个国家的软实力由多种因素构成,其核心实力是文化生产力。品牌是服装创意产业发展的核心,肯葳国际深知品牌文化宣传能够满足消费者体现个人文化品位、张扬个性、显示个人的经济实力和社会地位等心理需求,二十年坚守"肯为天下先"的信念,弘扬区域民族色彩,致力于现代艺术文化和丝绸文化的融合创新,从单一的外贸模式到制造与外贸一体化,再到响应国家号召积极加入国内大循环,拓展国内市场,创立服装品牌、家具品牌、设计品牌以及职业培训机构,将传统丝绸文化赋予新的表现形式与传播方式,开启全球化之路。

2.2 国内国际的市场定位

"肯为天下先"是肯葳人坚守的信念,肯葳国际秉承以人为本、重质量创品牌、诚信发展的理念,向国内外客户提供更优质的服务。肯葳国际肩负传播中华传统文化的企业社会责任,将传统丝绸文化创新性融入企业的经营活动中,同时在国内国际市场上积极传播传统丝绸文化,通过文化输出将中国传统文化带向更广的世界。

肯葳国际采用"双轨并行"的盈利模式,同步拓展国内和国际市场,国内主营业务立足于桑蚕丝产品生产研发,深入拓展至东方美学传播、丝绸文化创新、推广和设计人才孵化等文化领域,将上下游之间的合作销售打造成链条化的趋势。公司主张改变人们对丝绸的固化思想,将大众也能穿得起丝绸作为传播理念推广至国内消费群体,其产品主要包括休闲服装、家居睡衣、床上用品、家具装饰等,涉及生活的方方面面,目的就是为了给人们一种高奢品也能以合理的价格打入寻常百姓家的体验感。

在国际市场领域,公司聘请米兰国际服装设计师 Mariana Redaelli、日本国际顶尖造型设计大师 Suzuka Gyokurei、美籍设计执行顾问 Yu Chin Mao、销售营销执行部长,打造了一支国际顶尖团队,将中国元素与国际市场的消费趋势进行结合,让原创设计赋予丝绸产业更多灵动的生命,追求诠释更加完美和精彩的丝绸生活美学。基于相似的宗教信仰和丝绸文化的消费品位,公司产品目前已在美国、欧洲和澳洲市场普及,分别拥有不同的市场定位。在美国,由于美国人倡导快节奏消费文化,结合当前的网络经济,跨国购物等新型电子消费模式在美国盛行,跨境电商模式的推广在美国市场得到积极响应。不同于直接消费的美国市场,在欧洲和澳洲,由于人们更青睐于高端定制的产品,品牌定位侧重私人定制的小众产品,当地设计顾问的参与设计能够带来更高品位的产品定位和设计成果,回到国内利用国内人力和资源的优势进行定制化代工制作,最终以贸易销售模式进行两大市场的拓展。

2.3 数字化营销

肯葳集团综合原创方这一文化创意与设计品牌、吾裳这一时尚丝绸品牌、楦棉这一东西方文化融合品牌,打造独具匠心的国际推广的品牌艾莉麦琪,立足于文化创意,集文旅产品设计与开发,品牌与视觉设计,空间与装饰设计,策展服务品牌输出与咨询管理,智慧文旅解决方案,产品供应链整合,以互联网运营为本,注重用户体验,以此弘扬国粹、打造国际舞台。积极发挥互联网平台优势,以创新驱动产品研发,传播东方美学,推进业务拓展,营造线上线下融合消费新体验推动企业管理范式变革,让中华文化瑰宝搭上数字经济顺风车,汇聚源源不断的内生力量。公司重视数字化技术在供应链体系中的应用,拓展线上营销渠道,利用现代信息技术手段提高适销产品的设计开发能力,利用跨境电商平台进行销售,并打开国际市场,以"线上+线下"的销售方式,实现"商品展示+市场需求发掘+优质服务"于一体的组合式营销。

3 国内布局,助力双循环

3.1 国内市场,初露头角

2020年突如其来的新冠疫情,给整个全球经济市场都按下了暂停键,全球各种国际性展览均因为疫情而被迫取消或者延期举行。对于一直专注于国外丝绸市场的肯葳来说,公司的国外线下宣传和推广都受到了很大的阻碍,销售业绩也随之出现了一定程度的下滑。

正当企业高层绞尽脑汁地为肯葳寻找新出路时,中共第十九届五中全会的召开给肯葳国际带来了新的思路。党中央提出了"构建国内国际双循环相互促进的新发展格局",近年来,国内经济规模越来越大,国际服务业比重越来越高,巨量的生产要素优势等都给了肯葳国际新的发展机会。

肯葳国际迅速召集各个部门举行会议,对肯葳未来布局展开了讨论。董事长W总说道:"目前,全球疫情形势严重,我们的国外线下宣传品牌推广活动受到了很大的阻碍,一方面,现存的海外客户无法做到及时的维护;另一方面,新客户的挖掘也由于海外门店无法正常营业以及海外展销会无法顺利举行而受到影响。如何减少疫情的负面影响,寻找新的市场是我们急需考虑的关键问题。两会的召开给我们提供了新的机遇,我们应积极响应国家政策,着手布局国内市场。"

品牌中心经理点头说道:"我赞同!此前,我们一直专注于海外品牌建设,在美国、英国、法国、澳洲等国家和地区都有我们的独立品牌,并且也得到了国外市场的认可。但在国内至今还没有建立自己的品牌,如果这次要开拓国内市场,我们首先要做的就是尽快建立我们的品牌,打造全新的品牌形象。发挥多年来在海外市场品牌塑造的经验,我们一定会渡过难关,并且创造出新的奇迹。"

经过各个部门积极讨论,董事长W总心里对疫情下国内市场的品牌布局有了明晰的方向。会议确定了开拓国内市场,创立国内品牌"艾莉麦琪"女装品牌以及"橙锦HOME"一站式家居品牌,借力双循环发展格局积极稳生产、拓市场,在内销产品的研发设计、品牌建设、渠道推广等方面下功夫。更好地利用国内国际两个市场,将国内、国外两个市场和两种要素创新性融合发展,把原本"默默无闻"的"肯葳制造",打造成为"名声在外"的"肯葳品牌"。

肯葳国际利用优越的地理位置，在国内总部搭建起国内品牌的首个沉浸式丝绸生活方式体验基地，消费者通过实地体验丝绸魅力，可以一站式获得全面的丝绸制品选择和搭配服务，形成一种"新线下"自营零售模式。面对数字化浪潮带来的新机遇，数字赋能丝绸产品研发，同时搭建数字化供应链营销平台，打通线上线下，连通国内国外，满足国内外消费者对高端生活方式的追求。截至今日，肯葳国际旗下的"艾莉麦琪"女装品牌以及"橙锦HOME"一站式家居品牌的营业额已经占到总销售额的40%左右，国内线下直营店，线上网店月销售额稳步增长。

3.2 肩负企业社会责任，弘扬传统优秀文化

肯葳国际从一开始便以"肯为天下先"作为企业愿景，怀揣着极强的爱国主义情怀，踔厉奋发，带领中国传统丝绸文化走向世界，同时在国内也积极履行企业社会责任，积极构建拥有"肯葳特色"的公共责任、社会公益、道德行为三位一体的社会责任体系，在自身践行社会责任的同时，也引导更多的社会力量参与公益慈善事业，实现"授人以渔"的价值目标。

在捐赠活动和产品设计方面体现出其强大的社会责任感。公司利用手工活来创造岗位、帮扶人群，设计裁剪活动带动周边高龄人士及残障人士动手体验，让人们感受到自己的价值，通过给予一定的资金补助，让闲置的劳动价值得到再体现，2022年9月9日，集团参与腾讯平台举办的九·九公益日，捐赠人民币6.6万元扶贫助困。在产品原料利用方面，公司产品通过国际认证质量检测，取得国际认证，通过商品的标识让顾客买得安心、穿得舒心。公司特有的边角料再生利用搭建的产品线是其创新责任点的突出体现，秉持着不让非法商家非法回收废旧物料进行再加工制作的宗旨，集团将其用于婚纱设计、电脑包的设计等，打造年轻化、时尚化的创意产品。

4 尾声

自2003年成立以来，肯葳国际通过深入洞察欧美澳等国家和地区的丝绸制品行业市场特点，依赖海外子团队和国际化人才优势，实现了卓越的海外销售成绩。不同于一般自主品牌的"先易后难"策略，肯葳国际大胆选择了"先难后易"的国际化进入战略，积累了在发达国家和地区开拓市场的宝贵经验。其通过精心布局海外设计团队以及营销团队，积极利用当地优秀设计师的优势，更加深入地了解了欧美澳等发达国家和地区的消费者特点，为MORDERN STAR品牌进入欧美澳等发达国家和地区打下了较为坚实的基础。通过多年的国际化经营和

拓展，肯葳国际在美国、欧洲和澳洲等国家和地区取得了十分亮眼的销售成绩，可见肯葳国际这二十年取得了不小的成就。

在肯葳国际的国际化征程中，也依托在国外学习到的优秀设计理念以及面料制作工艺，积极响应国家"构建国内国际双循环相互促进的新发展格局"的战略，在国内创建新的一站式家具品牌——樘锦以及江苏丝宝莉丝绸科技有限公司，为国内丝绸行业发展注入新的动力。此外，肯葳国际积极承担企业社会责任，积极参与新型纺织丝绸纤维、面料的研发与生产，同时也心系公益事业，为南京残疾人提供就业岗位，青海省西宁山洪灾害发生后，集团捐赠了2611件服装支援灾区……在公益事业中，肯葳国际一直在路上。

作为一个有二十年发展历史的品牌，肯葳国际显示出强大的品牌生命力和极具潜力的全球发展前景。但是，董事长W总清楚，随着肯葳国际的进一步国际化发展，公司仍需要继续维护肯葳国际具有中国特色的品牌形象。持续关注消费者价值取向，完善设计定制化服务与售后体验，提升客户复购价值，进一步扩大品牌的客户基数。为了达到以上目标，肯葳国际目前所做到的只是"冰山一角"。依托中国传统优秀文化复兴，肯葳国际作为海外丝绸制品行业的隐形销售冠军，如何平衡海外和国内市场、专业级和消费级市场关系，成了肯葳国际下一步亟待解决的问题。

【思考与讨论】

请结合案例谈谈肯葳国际为什么开始涉足文化创意领域并推进产品与现代科技因素相融合？

案例 2

方太：儒学治企的实践与创新

创建于1996年的方太集团（以下简称"方太"）始终专注于高端厨电领域，致力于为追求高品质生活的人们提供优质的产品和服务，打造健康环保有品位有文化的生活方式，让千万家庭享受更加幸福安心的生活。2017年，方太厨电销售收入（不含税）突破100亿元。从50亿元到100亿元，方太仅仅用了3年。截至2018年，方太以独特的创新模式、优越的品牌价值，连续五年荣登亚洲品牌500强。

"方太是一家以使命、愿景、价值观驱动的独特企业。"董事长兼总裁茅忠群这样定义方太。他认为，"把办企业的目的想清楚了，企业办起来才会轻松，否则每天都很纠结。"做企业要有自己的"三观"：即企业的使命、愿景和价值观。使命回答为什么创办这家企业，愿景回答企业要成为什么，价值观回答企业信奉什么。方太的使命是"为了亿万家庭的幸福"，愿景是"成为一家伟大的企业（具有四个特征：顾客得安心，员工得成长，社会得幸福，经营可持续）"，核心价值观是"人品、企品、产品三品合一"。

2003年前后，方太就提出了"让家的感觉更好"的企业使命。这一使命包含两层意思：一是通过高品质的产品让顾客家的感觉更好；二是让方太这个企业大家庭的感觉更好，让全体方太人追求物质和精神的幸福。当很多企业追求股东利益最大化时，茅忠群追求的是员工和顾客利益第一，"只有员工和顾客满意了，股东自然能有收益。"

在2018年的年度发布会上，茅忠群提出了新的企业使命——为了亿万家庭的幸福。他认为，企业有两种：一般的企业只是把产品的创新做好，满足并创造消费者需求，从而获得销售与利润增长；而伟大的企业不仅要做好产品，还要引导人向善。同时，方太提出了"家庭幸福观"——衣食无忧、身心康宁、相处和睦、传家有道。"衣食无忧"靠劳动、靠奋斗；"身心康宁"靠饮食有节（洁）、睡眠充足、锻炼适度、心情平和、福德厚积；"相处和睦"强调处理好夫妻关系、父子关系、兄弟关系；"传家有道"的核心是行善积福，"有益于人则为善"。

方太创立以后的前10年一直在学习和应用西方的管理模式，但后来发现，世界上任何一个强国的管理模式都是根植于本土文化基础上的，中国的管理模式也应当如此。为了探索适合中国企业的管理之道，茅忠群从2004年起学习中国传统文化，四年之后，方太开始全面导入基于中国传统文化的管理理念，逐渐形成了"中学明道，西学优术，中西合璧，以道御术"的经营哲学，信奉"品德领导（为政以德，譬如北辰，居其所而众星拱之）"、"德礼管理（道之以政，齐之以刑，民免而无耻；道之以德，齐之以礼，有耻且格）"、"仁道经营（修己以安人）"。

举一个例子。在实行儒道管理之前，方太把员工的工作失误分为ABC三等，C类错误最轻但也最普遍，占员工违纪违规数量的绝大部分。当时公司对于C类错误的处罚措施是罚款20元，结果闹出笑话，有人交完罚款后说"这次交你100元，把后面4次包了。"

儒家文化认为"不教而杀谓之虐"，推演开来，作为企业管理者，对员工首先要尽到教育的责任，然后再配合制度进行管理。因此，方太针对此类错误推出了一套新的规定：取消20元的罚款，员工犯错后，直接主管要去找员工谈一次话，谈话时间不太长,点到而止;直接主管也不要马上训斥,而是从仁义的角度出发,询问员工犯错的原因。这样一来,员工内心也会愧疚,改正的内驱力便由此发生。大家一开始还担心,不罚款还不得闹上天?但事实是,方太之后连续监测了四年的C类错误,发现此类错误出现的数量每年下降50%。

方太把员工管理归纳为"一者五感"。"一者"是指"倡导全体方太人成为快乐的奋斗者"。"五感"分别是安全感、归属感、使命感、成长感、成就感。安全感来自员工的待遇和劳动的安全;归属感来源于信任、授权以及文化的认同;使命感有三个层面,一是企业的使命,二是本身工作岗位的意义,三是个人的梦想;成长感来自能力的提升,人格的完善;成就感来源于企业、同事、客户和上司给予的认可。要实现五感,需将儒家文化推行下去。

方太有一个"五心理论",即提供让顾客动心、放心、省心、舒心、安心的产品和服务。方太认为,每个人的工作都是让别人获得幸福。

产品部负责人认为,水槽洗碗机的整个研发过程,深刻体现了方太文化的价值。

当方太决定投身洗碗机研发时,研发团队从中国用户的洗碗行为开始研究,跑了1000多个用户家庭后,思路才逐渐清晰。在此期间,团队发现所有的问题都发生在水槽里。于是,一个创新的想法萌生了:做一个水槽洗碗机。水槽洗碗机一举解决了传统洗碗机的七大痛点。一是不额外占用厨房空间,将水槽、洗碗和清洗果蔬的功能实现三合一;二是解决了安装困难的问题;三是取放方便,避免弯腰弓背;四是将洗碗时间由原先的90分钟缩减到30分钟内;五是"开放式双泵、无管路结构"的创新设计避免了二次污染和污垢淤积;六是无须用漂洗剂;七是解决了用户对果蔬农残的顾虑。

方太的团队给自己的要求是:要让顾客在动心之后用得放心、舒心、省心,产品必须可拆洗、可清洗。这样一来大大提高了技术难度,现成的泵和电机将无法使用。团队重新开发了一套系统,使整个上市时间足足推后了8个月。在产品部负责人看来,"虽然上市晚了,但是如果不坚持,良心过不去。某些看不见的地方会很脏,用户无法清洁。如果企业不说,用户也只能被动接受。现在,我们可以做到问心无愧了。"

对企业来说,创新是生命。有人对中国传统文化能否支持创新有疑问,而茅忠群却认为,仁爱之心是创新的最大源泉,他基于儒家文化提出了"创新三论":创新的源泉是仁爱,创新的原则是有度,创新的目标是幸福。

茅忠群说，"我们学习传统文化，目的就是把员工的仁爱之心开发出来。员工拥有爱心，就会自发为消费者做很多事情。""我们心灵里有一个最大的宝藏，宝藏里有无限的智慧、无限的能量、无限的仁爱和无限的慈悲，只是我们不知道。为什么不知道，因为一般人都有私欲，正是这些欲望遮蔽了这个宝藏，就像乌云挡住了太阳一样。"孔子曰，"仁者爱人"。也就是说，仁爱就是对人类真诚的热爱，尤其是对消费者及用户发自内心的一种关爱，这种关爱，不只是单纯地让用户喜爱，而是让用户安心，让用户的家人安心，给用户及其家庭带来使用的幸福感。社会上的很多创新，甚至具有强大影响力的技术创新，尽管处于顶尖水平，也很受客户喜爱，甚至还创造了巨大的经济效益，却没有给人类带来福祉、给使用者带来"安心"，甚至引发了家庭的纠纷、消费者的沉溺及诸多社会问题，更有甚者，有的创新还有反人类的倾向。这类创新就不是源于仁爱的创新。茅忠群认为，"从仁爱之心出发的创新对社会能起到积极的推动，而出于功利之心的创新，只把市场和流量作为检验标准，有可能让社会走上无度的创新。"方太的产品研发、技术创新首先是基于让客户安心、放心的初心，基于对亿万家庭幸福的关注，而不是达到技术领先的国际水平或国家技术标准，也不是追求拥有多少知识产权，更不是为了击败竞争对手。

"风魔方"就是这种理念的产物。中国厨房由于烹饪习惯影响，大量的煎炒烹炸、猛火热油，使整个厨房烟熏火燎，而油烟当中有很多的致癌物。2010年，中央电视台报道厨房油烟加剧家庭主妇患肺癌的风险。看到报道后，茅忠群当即决定，彻底改变油烟机的开发方式，不再以风量、风压这些量化指标作为开发的目标。因为在他看来，这些量化指标与消费者的健康之间，并不存在必然的相关关系。对消费者而言最关键的是什么？是健康问题。怎样才能把油烟真正地抽干净，是需要考虑的第一要素。方太提出，要开发世界上吸油烟效果最好的吸油烟机。简单说就是要开发不跑烟的油烟机。为此方太在研发上做了很大的努力，开发了三年，直到2013年推出侧吸式的"风魔方"，产品一上市就受到追捧。

茅忠群说，"如果企业家想在自己的企业推行传统文化，首先发心要正。所谓发心正，就是不能抱功利心来看这件事情，不能把传统文化纯粹当成服务于改善管理的工具。""当一个企业没有太多的功利心，不以追逐财富为唯一的目的时，反而就没了太多的危机。""我平时不太看销售数据、利润数据，不太关心。我关心的是文化，是战略，是研发。我相信只要战略对了，研发出色，产品好了，销售和利润是水到渠成的。"

【思考与讨论】

请结合案例分析方太的儒道经营体现在哪些方面？

课后思考题

1. 请举例说明中华优秀传统文化与商业伦理存在密切的联系。
2. 请结合实际谈谈你对儒商精神的理解。
3. 儒商精神与商业伦理的现代价值体现哪些方面？
4. 简要论述一下阳明心学与现代创业精神之间的联系。
5. 阳明心学中涉及的人文思想是如何影响到工商伦理的？
6. 试分析探究儒商文化对肯葳国际发展的影响。

参考文献

[1] 刘爱军、钟尉，等.商业伦理学[M].北京：机械工业出版社，2016：16-17.

[2] 黎红雷.当代儒商的启示[J].孔子研究，2016，(2)：15-23.

[3] 徐国利.传统儒商义利观及其近代转型与文化取向[J].学术界，2020，(9)：147-156.

[4] 边一民.儒商的商业伦理精神与商业伦理文化建设[J].商业经济与管理，2004(10)：61-64.

[5] 刘迪.儒商与中国传统商业伦理[N].文汇报，2017-01-20(W09).

[6] 董恩林.简论中国传统"儒商"精神的思想内涵[J].社会科学家，2016，(11)：8-13.

[7] 黎红雷."仁义礼智信"：儒家道德教化思想的现代价值[J].齐鲁学刊，2015，(5)：5-12.

[8] 徐国利.传统儒商仁道观及其现代价值[J].社会科学战线，2021，(6)：57-66.

[9] 陆永胜.王阳明"知行合一"的理论效力与实践能力[J].江淮论坛，2020，(6)：106-113+197.

[10] 王永昌，王磊.阳明心学与企业家精神汇通的内在机理探究[J].浙江社会科学，2022，(06)：119-125+159.

[11] 牛淑青.基于晋商精神的私营企业伦理建设研究[D].太原：山西财经大学，2012.

[12] 花蕊.新时代浙商精神的传承与发展[J].公关世界，2023，(19)：108-110.

[13] 范金民.清代江南会馆公所的功能性质[J].清史研究，1999，(2)：45-53.

第五章 市场营销中的伦理问题

5.1 市场营销概述

本节对市场营销作简要概述,包括市场营销的概念及主要内容,随后以市场营销的主要内容为主线,分析市场营销中可能出现的伦理困境及其危害。

5.1.1 市场营销的主要内容

1. 市场营销的概念

市场营销(Marketing),简称"营销",指的是个人或集体计划和执行关于商品、服务和创意的观念、定价、促销和分销,以创造符合个人和组织目标交换的一种过程。

美国市场营销协会(American Marketing Association,AMA)关于市场营销的定义:市场营销是对思想、货物和服务进行构思、定价、促销和分销的计划和实施的过程,从而产生能满足个人和组织目标的交换。市场营销大师菲利普·科特勒(Philip Kotler)给出的定义强调了市场营销的价值导向:市场营销是个人和集体通过劳动创造产品及价值,并将产品和价值与别人自由交换,以此获得自己所需之物的一种管理过程。

2. 市场营销的主要内容

市场营销的内容主要包括以下几个方面:

(1) 产品(product)。产品是指用来满足顾客需求的物体,包括有形产品与无形产品。产品是以消费者基本利益为核心,能够形成具有企业自身特色的标志性产物,包括定位、包装、设计及研发等。好的产品能够帮助企业在激烈的市场竞争中保持优势,可以说产品是营销之根本。

(2) 定价(pricing)。定价主要研究商品和服务的价格制定和变更策略，合适的定价是保证营销效果和收益的基础。

(3) 促销(promotion)。促销就是营销者向消费者传递有关本企业及产品的各种信息，说服或吸引消费者购买其产品，以达到提升销售量为目的的一种活动。

(4) 渠道和分销(channel & distribution)。它是指为了达到产品分销目的而启用的销售渠道。

5.1.2 市场营销面临的伦理困境

市场营销是市场行为中的重要一环，能有效推动经济社会的发展，但有的企业在面临经济利益的选择时，常常难以做出正确的抉择从而陷入伦理困境，主要有以下几类：

1. 产品中的伦理困境

产品策略在企业营销管理活动中起着核心作用，是价格策略、促销策略和分销策略的基础。大部分企业能够在经营活动中遵守市场规则与道德准则，实施正确的产品策略，在取得经济效益的同时还能保证不损害社会效益。但是也有不少企业为了获取高额利润，不考虑长远利益，甚至采取不正当的手段牟取利润。

2. 定价中的伦理困境

定价在市场营销策略的组合要素中，直接表现为企业的收入。在利益的引诱下，企业在制定价格策略中容易触发一些伦理问题，如为了抢占市场份额，企业不惜以接近甚至低于成本的价格倾销产品，达到挤垮对手的目的；或者对相同的产品进行差别定价，使不同的顾客购买相同的产品而支付不同的价格等。

3. 促销中的伦理困境

促销中常用的方法是广告和人员推销。为了实现销售目标，抢占市场份额，获得利润，企业在促销活动中会出现营销人员误导消费者、发布不真实商品信息的风险，如过度夸大产品的性能，隐瞒商品的重要信息，一旦交易达成，事先约定好的服务难以实现等。

4. 渠道和分销中的伦理困境

因为分销渠道中存在固有的利益冲突，所以容易发生一些潜在的伦理问题。如生产商在向分销商和零售商推销新产品时，可能会被要求强制给予一定的补贴作为额外补偿。

5.1.3 市场营销伦理问题的危害

企业是市场活动的主体,在营销活动中企业面临的伦理问题,会扰乱市场运行的正常秩序,阻碍市场经济的良性发展,使企业、消费者和整个社会都深受其害。

对企业而言,良好的市场经济秩序是企业发展的保障,但是由于某些企业的非伦理问题,使得所有企业都受到影响,具体表现如下:首先,由于市场中假冒伪劣现象严重,企业为了保障自身产品权益,不得不进行额外支出开发防伪技术,增加企业负担。就算是以法律武器维权,也会消耗企业的精力与人力,损害企业收益;其次,不道德的营销,损害了企业的信誉与形象,将会使企业失去消费者信任和对人才的吸引,企业难以获得长远发展。

对消费者而言,企业的非伦理行为将会直接损害消费者的利益。如产品的过度包装与促销手段容易误导消费者购买,产品的设计缺陷威胁着消费者的生命财产安全,产品的不恰当定价使消费者成本增加等。企业的不道德行为,不仅使消费者遭受精神上、经济上的损失,甚至还会使消费者付出健康和生命的代价。

对社会而言,企业在市场营销活动中生产假冒伪劣产品、以欺骗的方式进行推销、倾销产品等行为,都在损害着正常的市场竞争秩序和消费者权益。此外,由于市场竞争的加剧,有些企业为了追求经济利益,不惜以牺牲公众利益为代价,污染环境、浪费资源,对生态环境造成难以挽回的破坏。

5.2 营销与伦理

在市场营销活动中,企业除了要对消费者负责之外,还要对其他利益相关者负责,但消费者无疑是最直接的利益相关者。关于企业对消费者应该承担什么样的责任这一问题,有以下三种具有代表性的观点[1]。

5.2.1 契约论

契约论认为,企业与消费者之间实际上是一种契约关系,企业对消费者的道德义务由这种契约关系所决定。

根据契约论的观点,企业有四种主要道德义务:(1)遵守交易条款的义务。提供给消费者的产品或服务应达到企业对外明示或者默认的标准;(2)披露的义务。卖方有义务告诉买方任何可能影响购买决策的事实;(3)不误导的义务。卖方不应故意欺骗买方,使消费者对产品产生错误的认识;(4)不强迫的义务。卖方不能给买方施压,利用买方的恐惧或紧张的情绪,促使买方签订一项在理智状态下不可能签订的契约。同样,卖方有义务不利用易受骗、不成熟、无知以及其他会降低买方做出自由而理性选择的因素为自己牟取利益。

5.2.2 合理注意论

合理注意论基于这样一种观点:卖方和买方之间是不对等的关系,消费者缺乏企业经营领域的知识和专长,以及信息不对称问题,因而在商品交易过程中比较容易成为承受损失的一方。由于企业处于优势地位,消费者仰仗企业的专长,所以企业不仅有义务向消费者提供达到所宣传的或默认的标准的产品,而且还需承担特殊合理注意的责任,以保证消费者利益不受企业提供的产品和服务的侵害。如果人们在正常情况下能够预见有必要采取措施以免消费者在产品使用过程中受到伤害,而企业没有采取行动,则没有尽到合理注意的义务。

在产品设计、生产和信息提供方面,都应体现对消费者的合理注意,最大限度地保障消费者的利益。企业还必须考虑到使用者的能力,如果预计到产品的使用者可能包括儿童、智障者等,则应额外注意。如果产品使用过程中可能产生严重伤害,或者如果存在没有专家的指导就无法充分理解可能的伤害,则应小心地控制销售过程。

5.2.3 社会成本论

社会成本论认为,让企业承担日常的成本和必要的外部成本,再把所有成本内部化,并成为产品价格的一部分,可以促使社会资源更加有效的使用。

因此,社会成本论主张,企业应该对产品的任何缺陷所引起的任何伤害负责,支付由此而来的成本,即使企业在设计和生产过程中已经行使了合理的注意;即使对所有可以预见的危险,都采取了合理的措施以警告使用者;即使造成伤害的缺陷是无法合理地预见或予以消除的,也不能免责。即使严重错误是某个公司成员所为,公司也难辞其咎,而且由这种不负责任的行为而造成的伤害应该由具有赔偿能力者给予赔偿。

5.3 产品中的伦理问题

现代企业在营销活动中常常面临伦理问题,这些问题不仅损害了公众、社会和企业的利益,也涉及产品设计、生产和包装等关键领域。在追求自身利益最大化的过程中,一些企业可能采取不道德的手段,破坏公平竞争原则,伤害消费者和社会利益。这种行为不仅损害企业的声誉和形象,也不利于企业的长期发展。

5.3.1 产品设计中的伦理问题

1. 产品设计中的安全问题

产品安全是不可或缺的因素,构成了产品质量保障和内容完整性的基础。在产品设计中,安全性是一个至关重要的方面,必须满足实用性和性能方面的要求。马斯洛的需求层次理论中强调了人文因素的作用,安全需求有时甚至超越了功利需求,因为安全感能够减轻人们的恐惧,让他们更加勇敢和自信。在产品设计过程中,安全性贯穿始终,不容忽视。然而,追求安全性可能会受到低层次需求的影响,这要求我们时刻准备承担风险、纠正错误并改变习惯。安全性是推动设计方法不断发展和改变的内在动力,也是设计方法存在的基础和依据。有缺陷的产品设计可能导致严重事故,例如儿童玩具上如果存在锋利边缘,可能导致割伤,开放的管道或空间可能卡住儿童的身体,掉落的小颗粒可能被儿童误食,因此安全性保障至关重要。

福特公司的 Pinto 汽车事件和"挑战者"号航天飞机事故是两个具有代表性的案例,都是由于产品设计问题引发的严重悲剧。在 20 世纪 70 年代初,福特公司推出了 Pinto 汽车,但其油箱设计存在明显问题,导致在追尾碰撞时易发生火灾和爆炸。另外,在 1986 年,"挑战者"号航天飞机在发射过程中坠毁,原因是制造厂商在设计垫圈时未充分考虑到温度因素。由于气温过低,一个"O"形密封环损坏,最终导致了这场灾难。这两个事件都揭示了产品设计的重要性,不合理的设计可能带来严重后果。

2. 产品设计中的环境保护问题

在现代产品设计中,环境保护问题是一个常被提及的伦理挑战。为了满足不同消费者需求，产品设计变得更加多样化，使人们的生活更便捷、更舒适。然而，这种便利性却常常伴随着社会所付出的代价，包括资源和能源的浪费、环境污染以及生态破坏。一个明显的例子是"一次性消费"的趋势，这种短视的设计风潮严重破坏了生态环境，未考虑到后代的资源需求。尽管一些产品提高了生活质量，但它们的使用也带来了负面影响，比如化学制品对大气臭氧层的损害、难降解塑料包装对土地的长期污染，以及清洁剂等化学物质对空气、河流和地下水的污染。在产品设计中，减少不可再生资源的消耗、提倡节能、可回收利用的产品、低污染或无污染产品，以及采用环保工艺等，都是非常重要的考虑因素。人与环境的关系应该是人性化设计考虑的重点之一，绿色设计则是人性化设计在社会层面的具体实践。

3. 产品设计中的人性关怀问题

普罗斯，一位著名的美国设计师，曾指出设计不仅仅包括美学、技术和经济这三个维度，更加重要的是第四维——人性。人性化设计的核心理念是以人为本，充分考虑用户的生理、心理和个性需求，以创造出与人们更亲近、更舒适的产品互动体验。1998 年，苹果公司推出了 iMac 电脑，其半透明的外壳、独特的圆形鼠标、亮丽的海蓝色和弧面造型，为高科技产品注入了人性关怀。高科技产品不应让人感到冷漠和冰冷，而应该是友好、易于操作、充满人性关怀的。在确保安全环保的前提下，产品设计应充分考虑消费者的审美特征和使用习惯，确保最终产品不仅外观美，而且易于使用。例如，获得 KOKUYO 设计奖的"Double Faces"尺子，巧妙地利用了汉字数字中偶数字形左右对称的特点，使得无论标尺朝哪个面放置，用户都能看到正向的字符，满足了左右手用户的使用需求。这种简洁而巧妙的设计，充分展现了设计师对人性化设计的深刻理解。

5.3.2 产品包装中的伦理问题

1. 过度包装

过度包装是指产品在包装时远远超出实际需要的程度，导致不必要的包装保护措施。这种现象通常表现为包装层数过多、材料使用过多、包装重量过大、包装体积过大、包装成本过高等，超出了产品本身保护和美化的必要范围，给消费者带来一种虚假的感觉。举例来说，一盒标价 2 000 元的茶叶可能只有 300 克，但其包装可能包括金属盒、石头镶嵌、瓷盒和缎面等，使得总重量达到数千克。据统计，仅在中国，包装垃圾每年就要消耗 2 800 亿元。过度包装不仅浪费了宝贵的资源和能源，也对环境造成了污染。此外，它还加重了消费者的购买负担。因此，在商品包装时，我们应该避免浪费，选择合理和适宜的包装方式，这样产品才能真正物有所值、物尽其用。当商品包装的社会经济价值远低于所消耗的资源价值时，包装生产就成为一种资源的浪费。

2. 欺骗性包装

欺骗性包装指的是外部包装看起来很漂亮，但实际产品质量却非常低劣。这种外表光鲜、实质糟糕的包装方式会误导消费者，损害他们的权益。企业如果过分追求外部包装效果，而忽视产品质量，最终会损害自身形象，甚至影响企业长期发展。回顾三鹿"毒奶粉"事件，企业多年来的品牌形象因为产品质量问题受到极大损害。在市场竞争中，产品本身的质量至关重要，包装只是一个辅助手段。企业需要高度重视产品质量，避免使用欺骗性包装。面对激烈竞争，一些企业不仅关注产品质量，还通过改善包装功能取得了显著的经济效益。因此，企业应该注重内在品质，同时在外部包装上进行精心设计，为产品增添吸引力。

3. 包装信息失真

包装信息失真指的是产品包装上标明的信息与实际产品的情况不符。举例来说，某品牌奶粉在包装上标称碘含量符合国家标准，但实际检测结果显示碘含量严重超标。类似的，很多蔬菜在包装上宣称为"绿色产品"，实际上只是在清洗后加上保鲜膜，并贴上绿色食品标志，并非真正的绿色蔬菜。因此，企业在产品包装标签上必须真实、准确、清晰地表示商品的性能、产地、用途、质量、价格、规格、等级、主成分、生产厂家、有效期、使用方法、售后服务和服务内容等信息，避免使用模糊或虚假表述，以免误导和欺骗消费者。

5.3.3 产品质量中的伦理问题

1. 产品中的假冒伪劣现象

产品质量问题中最突出的是假冒伪劣产品，这一问题在全球化背景下变得更为普遍。这不仅损害了消费者的权益，还严重破坏了生产国的声誉，造成了国际上的负面影响。市场上经常出现次品冒充高品质产品的情况，比如一些企业销售的珠宝饰品含金量明显低于标称值，甚至有些产品的铂金含量竟然为零。农产品质量安全问题同样备受关注，已经成为全球性的紧迫问题。在中国，农产品质量安全关系到国家和人民的福祉，因此政府有责任保障农产品质量安全。然而，近年来，我国地方特色农产品质量安全事件屡次发生，农产品质量的好坏直接关系到公众的生命安全和财产安全,同时也在很大程度上影响社会的稳定。

2. 产品中的质量安全问题

在近年来,我们国家在产品安全方面产生了一些严重问题,其中食品安全问题备受关注,特别是"三聚氰胺"事件,至今仍然让人们记忆犹新。这次事件导致许多婴幼儿患上肾结石,许多家庭因此经历了巨大的悲剧。另外,水产品中甲醛浸泡事件频发,使得全球范围内都对水产品中的甲醛问题感到担忧,这个问题也成了国家食品安全战略研究的重点之一。在一些海鲜或者难以保鲜的水产品中,商贩们竟然会添加甲醛,这已经成为一种潜规则。然而,甲醛毒性极强,会对人体健康造成极大危害。值得一提的是,我国在很久以前就禁止在食品中使用甲醛,其他行业也都制定了相应的使用限量标准。此外,还有一些电子产品也引发了人们的关注。比如,北京市工商行政管理局在2007年11月14日公布了一份关于电子产品污染物监测的结果报告,指出三洋微波炉(型号EM-2010EBI)和诺亚方舟新状元NP800学习机都不符合国家有关电子信息产品污染控制的要求。这些产品甚至没有符合环保标识的资格,而且其中一些零部件的重金属含量超标,这对人类健康和环境都构成了威胁。

5.4 定价中的伦理问题

企业和消费者之间形成了紧密的利益关系,价格成为双方联系的纽带。企业的定价不仅影响到自身经济效益,也直接影响到消费者的利益。合理的产品定价是企业实现可持续发展和盈利的关键因素之一。在制定产品价格时,企业必须考虑社会和环境因素,同时也要面对伦理问题。有些企业为了牟取最大利润,可能在定价上采取不道德手段。这种行为不仅违反公平竞争原则,损害了消费者和社会的利益,还会损害企业声誉和形象,不利于企业的长期发展。因此,企业有责任向消费者提供真实、公正的产品价格信息,确保产品价格合理,符合产品成本、市场竞争状况和消费者承受能力。然而,在实际定价过程中,很多时候会出现一些不符合伦理标准的定价问题,比如价格串通、恶意哄抬价格、歧视性定价以及强制性定价等。

5.4.1 串谋定价

串谋定价,也称为价格协定或固定价格,指的是两个或多个竞争对手在市场上相互合谋，共同制定产品或服务价格，以实现共同利益或排斥其他竞争对手。这种行为违背了正常的市场竞争规则和反垄断法，通常会导致人为高价，损害消费者的利益。不法商家联手限制价格，不仅剥夺了消费者的选择权，还影响了其他商家的销售。这种行为不仅令消费者支付更高价格，还可能削弱企业股东和员工权益。虽然有些串谋定价行为可能没有明确协议，但通过价格信号沟通或者价格信息交换，实际上也存在协调定价的情况。这种违法行为通常伴随着秘密协商，共享商业敏感信息，以更好地协调定价行为。例如能源、医药、航空和建筑等行业，都存在这种不公平竞争现象。重要的是，这些行为是非法的，违反伦理和法律规定，应该受到法律制裁。以下是一些关于串谋定价的举例：

OPEC（石油输出国组织）：OPEC 是一个由石油生产国组成的国际组织，其成员国通过限制石油产量来控制市场供应，并共同制定价格策略。成员国之间的合作旨在维持石油价格的稳定并增加收入，这被认为是一种串谋定价的形式。

酒店业定价：在某个城市的酒店行业中，几家大型酒店企业可能会通过私下协商或信息共享的方式共同制定高价策略，以保持市场上的高价格水平。这种行为将限制其他竞争对手的进入，并对消费者造成损失。

建筑投标：在一些情况下，多家建筑公司可能会在投标过程中相互协商，以确定各自的投标价格。通过这种方式他们可以限定不低于某个特定金额的规定达成一致，以确保每个公司都能盈利。这种行为违反了竞争原则，使其他可能会提供更低价格的公司丧失竞争机会。

食品和消费品零售商价格协调：在某个地区的食品和消费品零售商中，多个竞争对手可能通过联合定价来限制价格竞争。他们可能会协商在特定时间内不降低价格，或者就统一的折扣策略达成一致，以确保他们的利润不受损失。

这些例子表明了不同行业中的串谋定价行为，通常旨在减少竞争和保护参与者的利润，但对市场的公平竞争和消费者的利益却产生了负面影响。需要强调的是，串谋定价是非法的，在道德上也是不可接受的行为，应该受到反垄断法和相关法律的严厉制裁。

5.4.2 窃取性定价

窃取性定价是指市场中占据主导地位或垄断地位的企业滥用其市场地位，以不合理的方式提高产品价格，从而剥削消费者。这种行为违反了正常的市场竞争规则和反垄断法，对消费者和市场产生了不利影响。企业在制定商品价格时，由于企业之间的价格竞争是市场定价的重要因素，因此企业常常试图从竞争对手那里获取价格信息，甚至采取不道德的窃取行为。这种定价行为违背了公平正义的伦理原则，扰乱了市场的公平竞争机制，对其他企业的利益构成了威胁。以下是一些关于窃取性定价的详细举例：

药品垄断定价：制药公司在市场上垄断某种重要药物的供应，进而不合理地大幅提高该药物的价格，超过其合理的成本和市场需求。这种行为会导致患者支付过高的医疗费用，使得药物变得难以负担。

数字平台的垄断定价：一些大型科技公司对数字平台拥有垄断地位，例如电子商务平台、搜索引擎和社交媒体平台等。这些公司可能会滥用其垄断地位，以不合理的方式提高广告费用、交易费用或其他服务费用，给广告商、卖家和消费者造成经济损失。

水、电、天然气等公共事业的定价：某一地区的公共事业供应商垄断了水、电力、天然气等市场。他们可能会利用自己的垄断地位，在不考虑合理成本和消费者福利的情况下，毫无理由地提高价格。这种窃取性定价可能导致消费者支付高昂的公共事业费用，严重影响他们的生活成本。

这些例子凸显了窃取性定价对消费者和市场的负面影响。窃取性定价不仅剥削了消费者，还扼杀了竞争和创新，限制了市场发展。为维护公平竞争和保护消费者的权益，反垄断法和相关法规对此类不当行为进行了限制和制裁。

5.4.3　歧视性定价

歧视性定价是一种根据个人或群体特征设定产品价格的行为，即对同一产品向不同的消费者收取不同价格。通常出现在竞争激烈的市场，特别是在卖方垄断或寡头垄断的市场。从广义上看，歧视性定价是垄断定价的一种形式。在美国等市场经济发达国家，歧视性定价现象早已出现并较为普遍，因此也有相关法律法规对此进行了规范。美国的反垄断法规定，卖家应当以公平相同的价格向买家销售类似产品，禁止卖家对不同买家实行不同价格策略。但是，如果价格差异是由于制造、销售或运输成本等合理因素造成，且不妨碍正常竞争，这种歧视性定价是被允许的。从企业伦理角度看，企业应该奉行以人为本、公平正义原则。每个消费者都应该享有公平的待遇，不应该因为个人特征受到歧视性待遇，以免损害消费者的利益。歧视性定价所涉及的伦理问题主要在于判断这种做法是否削弱了正常竞争关系。以下是一些关于歧视性定价的详细举例：

性别歧视定价：在某些行业或产品中，针对不同性别的消费者采取不同的定价策略。例如，在美容产品和服务领域，女性消费者可能被要求支付比男性更高的价格。这种性别歧视性定价使得女性消费者需要支付额外费用，面临不公平待遇。

年龄歧视定价：一些企业可能会针对不同年龄段的消费者采取不同的定价策略。例如，儿童或老年人可能享受特殊折扣或优惠价格，而年轻人则需要支付更高的价格。这种年龄歧视定价可能会导致一些消费者支付不合理的价格，违反了平等原则。

地域歧视定价：在某些地区，同一家企业可能会对不同地理区域的消费者采取不同的定价策略。例如，一些公司可能在发达地区设定更高的价格，而在欠发达地区则设定更低的价格。这种地域歧视定价可能导致地理区域之间的价格差异，导致某些消费者面临不公平待遇。

个性化歧视定价：一些企业可能会使用个性化定价策略，根据个人消费者的购买历史、收入水平或其他个人信息为其定价。例如，电子商务平台可能会使用消费者的浏览历史和购买记录来确定个人消费者的定价。这种个性化歧视定价可能会导致消费者为同一产品或服务支付不同的价格，违反了公平和平等的原则。

这些例子表明了歧视性定价对消费者的不公平影响。歧视性定价不仅剥削了某些消费者，还加剧了社会不平等和不公正。为了确保公平和平等，反歧视法律和监管机构致力于防止和打击此类不当行为，保护消费者的权益。

5.4.4 强制性定价

强制性定价是政府或其他权威机构强制规定特定产品或服务的价格的做法。在这种情况下，市场无法自由决定价格，消费者购买商品或服务时必须按照规定的价格支付费用。这种做法通常针对特定行业、市场或商品，旨在规范市场秩序、保护消费者权益或实现其他公共利益。强制性定价应该以服务消费者为前提，但若此举对消费者权益构成威胁，则需引起关注并寻求解决。以下是一些关于强制性定价的详细举例：

最高限价：政府可以为某种产品或服务设定最高售价，以限制价格的上涨，确保产品的可负担性。这种最高限价适用于食品和药品等生活必需品以及水、电、燃气等公用事业。最高限价的设定有助于保护消费者免受价格过高的影响。

虽然这有助于避免价格过高对消费者的不利影响,但可能导致供应不足或低品质商品出现,因为生产者可能不愿以规定价格提供商品。

最低限价:政府可以为某种产品或服务设定最低售价,以确保供应商能够获得足够的利润并维持其生产和经营活动。最低限价通常用于农产品和劳动力市场,以保护农民和工人的收入水平。然而,过高的最低限价可能导致物价上涨,从而损害消费者利益,同时也可能限制市场自由竞争,造成资源分配不均。

固定定价:政府可以全面控制某些行业或市场的价格,固定所有参与者的定价水平。这种控制通常发生在国家计划经济体系中,政府通过控制关键行业,制定价格指导方针,并限制企业对价格的自主决策权。这种做法虽然有助于控制通货膨胀和保证公平,但也可能抑制企业创新和竞争,导致资源浪费和效率低下。

货币控制和汇率定价:政府可以通过货币政策和汇率控制来干预进出口产品的价格。例如,政府可以通过调整汇率来控制进口产品价格,并影响国内市场的供需关系。这可能在一定程度上保护国内产业,但如果控制不当,可能导致汇率失衡,影响国际贸易关系,并对其他国家的经济造成影响。

强制性定价的目的是在特定情况下引导市场,确保公共利益的实现,维护消费者权益或规范经济活动。然而,强制性定价也存在一些挑战和争议,例如可能导致供需失衡、限制市场自由和干扰企业决策的问题。在这些情况下,最主要的伦理问题在于权衡政府对市场的干预与个体自由经济行为之间的平衡。强制性定价可能是为了公共利益,但其影响需要仔细评估,以确保既保护了消费者利益,又不至于扼杀市场竞争和经济效率。因此,强制性定价需要谨慎平衡,以确保市场公平有效地运作。

5.5 分销中的伦理问题

在制定企业的渠道战略时,构建适合的分销渠道模式变得至关重要。然而,在这个过程中,企业常常会面临与伦理道德原则相冲突的问题。特许经营和直销模式就是分销中引发伦理问题的两种渠道模式。特许经营模式通常指企业授权给其他个体或组织使用其品牌、技术或知识产权,以特定的条件在市场上开设门店或提供服务。在特许经营中,一些加盟商可能会面临压力,需要遵守企业制定的规则,这可能引发伦理问题,例如加盟商是否被合理对待、是否有足够的自主权等。另一方面,直销模式则是企业直接向消费者销售产品或服务,通常通过在线渠道或直销代理人实现。在这种模式下,一些代理人可能会使用欺诈手段或高压销售策略,以获取更多销售利润,这也涉及伦理问题,例如销售人员是否采用诚实的方式向消费者推销产品。总之,在选择分销渠道模式时,企业需要认真考虑伦理问题,确保在实践中遵循道德原则,以保护消费者权益和维护企业声誉。

5.5.1 渠道管理中的伦理问题

在销售新产品时,分销商和零售商通常会向生产制造商索要额外补贴,用以支付仓储、运输和产品调整等成本。这种现象在近年来的渠道管理中愈发普遍,导致生产商被迫接受这些补贴条款。零售商为此辩称,他们需要对新产品的仓储、加工、上架和调整产生的成本得到补偿,同时,他们认为提供货架空间相当于租金,应当从中获利。然而,这种做法引发了争议。首先,这些补贴通常是在私下或口头协商中确定的,可能存在信息不透明或不公平的情况。不同的零售商可能采取不同的方式,导致不公平竞争。其次,这种做法可能影响创新,特别是对小型生产制造商。如果他们需要支付高额补贴,可能影响到他们进行新产品研发的能力。这也引发了一个问题,新产品是否会因为缺乏与零售商的良好关系而被拒之门外？如果新公司愿意支付更多的补贴,是否会受到不公平对待？最后,一些超市要求生产制造商支付高额介绍费或者年费,理由是他们需要将产品信息录入电脑进行销售。这种做法可能导致一些产品被逐出市场,或者价格被提高至无法与其他产品竞争的水平,从而引发了伦理和公平竞争的担忧,以上行为或现象,都对企业的创新活力和市场竞争产生了负面影响。

5.5.2 特许经营中的伦理问题

特许经营模式是指特许经营商拥有某种独特产品、服务、经营方式或商标专用权,并与被特许经营商建立合同关系,共同构建渠道网络。在这种特许经营模式的合同关系中,也存在一些伦理问题[2]。

1. 特许人对被特许人的不公平对待

根据合同规定,特许经营者在特许经营期间或特定地区内使用特许人独特产品、服务、技术、商标等权利时,需要向特许人支付"特许权使用费"。尽管每个特许经营者应该拥有平等的权利,但实际情况下,特许经营商的政策通常倾向于增加销售额和扩大运营商。举例来说,在经营过程中,一些加盟商可能面临沉重负担,难以提升他们的经营业绩。特许人原则上应该平等对待所有特许经营者,但有时出于利润平衡的考虑,特许人对各店的要求可能有所不同。比如,对于新加入的经营者,商品提供和价格折扣可能有所差异,负担通常被转嫁到原有经营者身上,导致他们的业绩不如新加入者。此外,特许人在不同地区之间的政策调整也可能导致特许经营者负担的不平衡。

2. 被特许人的"搭便车"行为

在维持统一产品质量标准的过程中,特许经营公司可能面临一系列挑战,包括特许经营者可能出现的"搭便车"行为等伦理问题。不同于直销店,特许经营者拥有独立的特许经营业务,总部难以对不符合规定的特许经营分支机构进行有效管理。例如,著名的麦当劳公司采用了特许经营体系,但曾经发生过一起事件,有消息指责法国的一家特许经营店的卫生标准低于规定水平,损害了麦当劳的声誉。这种情况表现为特许店利用麦当劳的知名度吸引顾客,却未能遵守麦当劳餐厅的卫生标准,是典型的"搭便车"行为。

3. 特许经营者的窜货行为

在实际分销渠道运作中,特许经营中普遍存在的伦理问题之一是窜货现象。特许经营中,特许人根据合同规定,授予特许经营者在特定区域内独家经营特许人的产品或服务,同时特许经营者也按照合同规定支付特许权使用费。然而,在实际经营中,为了获取额外利润,很多特许经营者有意将产品销售至合同规定以外的区域,即所谓的窜货行为。这种行为侵害了其他特许经营者的权益,扰乱了分销渠道关系,导致特许经营成员之间的价格和市场区域混乱。尽管特许人可能采取预防措施和处理方法,但由于利润驱动,窜货行为在实际操作中依然屡见不鲜。

5.5.3　直接营销中的伦理问题

近年来,直销作为一种高效的营销方式迅速崛起并取得了显著成功。在直销中,销售员与顾客面对面进行接触,形成互惠互利的关系。直销被定义为通过个人接触进行的消费性产品或服务销售,不受固定商业地点的限制,通常在家里进行。与其他销售方式相比,直销具有以下优势:(1)弹性:不受时间和空间的限制,方便消费者和销售员。(2)信息质量和数量:通过面对面交流,能够充分利用各种感官进行沟通，消费者可以详细了解产品或服务信息。(3)建立长期关系：销售员常常通过寄送贺卡、信息资料或小礼品等方式，与客户建立长期关系。(4)经济性：销售人员可以是公司员工或独立的销售代表，采用独立销售代表可以节省固定人员成本，同时，直销直接面向目标客户，提高了广告的覆盖率，为公司节省了促销资源。对于消费者而言，由于减少了中间渠道，他们有机会以更低的价格购买心仪的商品。尽管直销具有独特之处，取得了一定的成功，但也引发了一系列伦理争议，包括隐私侵犯、激怒、欺诈和传销等问题。综上归纳，主要有如下几种：

1. 侵犯消费者的隐私

由于直销商需要了解目标消费者的信息以便采取相应的推销手段，很多机构会利用这个机会，收集消费者的个人资料并出售给需要的公司，这种做法侵犯了消费者隐私权，成为直销行业面临的一大挑战。隐私权的侵犯问题在直销行业中是最具挑战性的公共政策问题之一。当消费者通过邮件或电话订购产品、参与抽奖、申请信用卡或订购杂志时，他们的个人信息，如姓名、地址和购买习惯，通常都会被纳入公司的数据库中。尽管这种数据库营销有时对消费者带来便利，例如接收到符合兴趣的订单或直销商赠送的年终纪念品等，但直销商有时难以分清目标受众的需求与消费者隐私权之间的界限，导致消费者的隐私常受侵犯。由于直销所使用的客户资料无法包含所有潜在消费者，因此某些消费者无法获得相关信息。此外，公司还会根据所掌握的消费者详细资料对客户进行进一步筛选。直销商利用所获得的消费者资料对消费者进行差别对待，例如，根据消费者的收入情况定价，这种做法往往导致价格歧视，但这种情况很难被察觉。

2. 骚扰和激怒消费者

许多人对不断涌入的垃圾邮件感到厌倦，这包括通过邮局寄来的各种广告资料。由于发送电子邮件的成本非常低廉，一些公司大量发送电子邮件，导致互联网上充斥着垃圾邮件，给广大消费者带来了困扰和麻烦。然而，并不是所有消费者对电子邮件都感到烦恼。有些消费者欣然接受相关商业信息，这种直接推销的方式非常有效，同时也节约了大量资源。因此，直销商应该尽最大努力将信息发送给那些愿意接受广告信息的潜在客户。消费者也可能在某些时候不希望被打扰，比如在午休时间或晚上休息时接到电话访问或遇到上门推销人员会让消费者很排斥。在美国，电话营销的时间有法律法规规定，这些规定在中国的直销业务中同样应得到遵守。例如,给企业客户打电话时,应该选择在上午或下午的晚些时候,而给家庭客户打电话则可以选择晚上 7 点到 9 点,其他时间则不适宜。直销商可以通过多种方式向消费者发送产品信息,不管是通过邮寄具体地址的宣传资料,还是通过电子邮件形式在互联网上发送广告,这两种选择都有可能给消费者带来麻烦和困扰。特别是在互联网时代,直销商通过电子邮件向消费者发送产品信息和广告,消费者每天要花费大量时间识别和删除垃圾邮件,导致消费者对这种情况感到非常厌烦。尽管许多国家都已经制定了法律来限制这种行为,但在某些地区,直销商仍然可以随意向消费者发送广告邮件。从伦理角度看,这种行为对消费者造成了骚扰,可能导致他们对企业和其产品失去信任和兴趣。但是,我们认为直销商应该有选择的权利,可以向那些愿意接受广告信息的潜在客户发送电子邮件,这也是一种非常有效的营销手段,同时还能节约大量资源。

3. 推销人员缺乏诚信,欺诈消费者

直销是一种直接向消费者提供商品和服务的分销方式,通常需要面对面销售,由独立的销售人员进行产品介绍和演示。大部分直销公司依赖独立销售代理商,但这些代理商并非公司员工,使得公司难以对他们施加管理和监督。由于销售人员的薪酬与其销售业绩密切相关,一些人为了个人利益可能会故意避开产品的缺点,夸大产品的效果,并做出无法实现的口头承诺。在直销过程中,销售人员常常使用"限量销售"的策略。他们制造产品紧缺的假象,声称产品即将售罄,或者宣称产品价格即将上涨等。如果这些说法是真实的,那么就不涉及伦理问题。然而,如果这种手法仅仅是为了给消费者施加压力,那么就属于不道德行为。此外,在直销中,产品信息和广告内容通常是通过电话、电子邮件或宣传信函等方式传达给消费者。在传递过程中,直销商容易采用欺骗或误导的手法。例如,提供所谓的"特价优惠",有时甚至使用看似官方文件的信封、类似的剪报、虚假荣誉和奖章来欺骗消费者。还有一些非营利组织假装进行研究和调查,实际上是受雇向消费者提出有针对性的问题,以达到监视或影响消费者的目的。这些行为不仅令消费者产生疑虑,也触及了伦理底线。

4. 传销

在探讨直销的伦理问题时,传销是一个不可避免的议题。在许多国家,传销受到法律限制或禁止,那么传销和直销之间究竟有怎样的关系呢?在一些国家,直销被分为单层次直销和多层次直销两种形式。单层次直销通常称为直销,而

多层次直销则被称为传销。传销公司构建了一个层级分明的、多层次的营销渠道网络。传销人员通常需要购买最低数量的产品以获得销售权并成为传销公司的成员。每个传销人员在网络中都有特定的级别,与线上和线下的同行保持直接联系,既接受上级传销人员的指导,又能够作为独立的分销商开发和管理自己的网络。这种结构通过将上级传销人员发展成下级传销人员,进而发展更低级别的传销人员,形成了一个金字塔式的销售网络。许多传销人员加入传销业不是为了购买产品,而是为了获取分销权,以便通过销售产品和发展下线人员来获取非法收益。传销企业利用公众的投机心态,以产品为媒介组织传销网络,通过高价销售产品,将大量资金汇聚到传销企业和少数上层分销商手中,从而获得远高于行业平均水平的超额利润。因此,传销带有强烈的投机性质,引发了许多严重的社会问题。传销是一种非法的人员发展模式,包括线下、线上和金字塔式结构,它限制了人权和自由。在我国,传销是非法的,明文规定予以禁止。

5.6 促销中的伦理问题

生活中最常见的促销方式为人员推销和广告促销,本节将从这两个方面探讨在促销中容易出现的伦理问题。

5.6.1 人员推销中的伦理问题

1. 虚假推销

在企业中,为了激励员工,通常会将业绩考核和提成工资与推销人员绑定在一起,有的企业在公司中营造出紧张的业绩比拼氛围给销售员制造精神压力,甚至有的企业实行末位淘汰制,业绩不佳的员工只能"走人"。以至于他们在推销过程中为了达到业绩目标,常常利用消费者对专业领域的知识漏洞以及信息不对称,对商品或服务做出虚假性描述与承诺,使消费者在误信推销人员的情况下做出购买决策。

2. 高压式推销

高压式推销有两种具体表现形式。一种是在首次推销中消费者已经明确拒绝购买该种产品,但是推销人员仍然不放弃,继续出现在消费者周边,不断劝说,使消费者在其不断劝说的压力下购买他们的产品。这种行为在发生时给消费者造成很大的困扰，如果消费者出于这种压力购买了这种他们本来不需要的产品也会给消费者自身利益造成损害。比如很常见的，地铁及人流量较大的商场周边经常会出现较多的推销人员，如健身房、游泳馆等，当消费者明确拒绝时，推销人员会继续围绕在消费者身边进行劝说，甚至可能会"退让一步"，提出留下联系方式先做了解，然后继续使用电话或微信对消费者进行"狂轰滥炸"。第二种是消费者在购买过程中出现犹豫不决的态度，比如这种商品或服务的性价比是否合适，还有没有别的更好的选择，推销人员往往会有事先准备好的"话术"来进行"催单"。比如通过"限时折扣"等，让消费者产生紧迫感，认为当下购买是最划算的，其实，这种活动可能会在每个犹豫不决的消费者身上上演；或者是利用大折扣和满减活动，使消费者认为很划算，从而购买很多他们本来不需要的东西。

3. 消费者差别对待

消费者差别对待在日常生活中十分常见，一种是对待不同的消费者出现的差别对待，另一种是对待同一个消费者购买先后阶段的差别对待。前者较多是因为消费者的身份和购买能力的不同，让推销人员根据购买力的差别选择区别对待，对待购买能力较强的消费者采用更加殷勤周到的服务和更加亲善和蔼的态度，有时为了更大单的成交率和将消费者发展为回头客或者会员会给予这些消费者更大的折扣；后者多为对同一消费者购买前后态度的变化，消费者购买前向其推销的时候态度和服务极好，仿佛什么要求都能满足，而一旦购买后，这种"讨好"的态度便消失了，换来的是爱搭不理，当消费者要求售后服务的时候更是没有好脸色。还有另一种情况，在看到消费者坚决的拒绝态度之后，推销人员可能意识到这个消费者确实没有消费的可能，便立马转变态度。

4. 回扣

"吃回扣"多为消费企业采购人员与推销人员之间的"灰色地带"。很多对公推销的业务人员为了与其他同类型企业竞争拿到这一"大单"，经常会依靠在销售收入中抽取一部分金额给采购人员的手段，从而达成销售。这种手段，一方面是损害了消费者企业的利益，推销人员给予采购人员的这部分回扣成本，一定会在所出售的产品中找补回来，甚至可能与采购人员私下达成协议，使用正常的价格采购质量较差的产品，损害企业利益。而如果企业使用这批原材料生产出来的产品有问题，则会使企业的品牌形象受损，这样对企业将会造成不可挽回的伤害。比如某大型坚果电商品牌由于采购人员拿回扣，导致采购的原材料品质较差,产品一经出售给品牌形象造成了不可挽回的损失。另一方面,也会破坏市场正常的竞争秩序,导致一些品质好但是没有给回扣的企业产品反而推销不出去。

5.6.2 广告推销中的伦理问题

随着媒体的快速发展,广告在人们的日常生活中占据着越来越重要的地位,广告伦理获得了业界、学界、政府、媒体和消费者们的普遍关注。这是因为,随着数字广告的快速发展,以隐性广告、隐私冒犯为代表的新型伦理失范现象大量涌现,引起了政府、公众和媒体的普遍关注[3]。随着电视机、互联网的普及,广告充斥着人们的生活,很多商家企业都把广告看作是主要营销渠道,其中也容易面临很多伦理问题,常见如下:

1. 虚假性广告

形形色色的广告是消费者产生购买欲望的重要渠道,但要注意分辨广告中的虚假成分。为了吸引消费者,很多商家会违反职业道德,发布一些不真实的广告,提供夸大或者虚假的商品信息,利用信息差蒙蔽消费者,使消费者对商品功能、质量等做出错误判断。比如,很多广告在视频中宣传的产品根本不是他们真实的产品,买回家后才发现根本不像广告中说得那么好,比如广告中宣传的不粘锅,买回家后却粘得一塌糊涂。尽管网购被越来越多的人接受,电视购物这一形式却并未完全成为"过去式",对互联网使用不太熟练的中老年人成了电视购物的主要群体。针对中老年人的虚假广告也层出不穷,比如电视购物上经常出现的保健药品,将功效宣传得神乎其神,甚至违背了科学常理。

2. 误导性广告

与虚假广告不同的是,有的广告虽然内容真实,但会利用一些含糊不清的描述或者避重就轻地在原有功效的基础上夸大其词,虽然广告的拍摄需要有艺术性成分的存在,但有的广告却借此机会故意拍摄让消费者产生误解的内容,使消费者对商品产生错误理解,从而购买了不符合其心理预期的商品。比如,广告中经常出现的一些减肥产品,通过掌握爱美女性的心理,故意制造焦虑,夸大产品的作用,使消费者在被焦虑心态"绑架"的情况下做出不理智消费。此外,有的广告还借助一些明星的名人效应,过分夸大内容,使一些明星的粉丝为了支持自家偶像,去买一些自己本身不需要或者性价比不高的东西,倡导了一种跟风消费、盲目消费的不正确消费观。

3. 隐藏性广告

隐藏性广告俗称"软广",即不以广告的形式出现,但其目的却是为商品进行宣传。多出现在目前一些短视频平台,这种模式一般是商家与一些有粉丝基础的博主合作,让博主们在其生活日常分享视频或文章中使用其产品来收取一定的推广费,但博主并不会在视频中声明这是广告推广。这种广告形式更容易让消费者放下防备心理,被"种草"博主同款产品。比如小红书 APP 上很多分享日常生活的博主,其日常生活中使用的产品,比如厨具、小家电、食品等都是为商家推广的产品,并且在他们的视频中并不会提及这一点,让消费者误认为这就是他们自用的东西,再加上这些产品在视频中的高频使用以及博主们的夸赞,消费者很容易产生购买欲望。这种广告形式有两个弊端,一方面是显性广告的目的很明显,消费者们往往会带有辨别的防备心,这让他们做出决策的过程更加理性,而隐藏性广告则会减弱这一点;另一方面是有时博主在视频中分享的"自用好物"其实没有那么好用,而是通过剪辑等手段让它看起来很好用,这样消费者就会容易"上当受骗",买到不是很好的商品。

4. 低俗性广告

广告是让人们了解商品,扩大品牌知名度的最佳手段。但却存在很多商家为了"出名"在对广告的利用上不惜一切手段,创造低俗性广告扰乱广告市场,甚至带来了负面的社会效益。有的广告为了追求高端,盲目崇洋媚外;有的广告则刻意追求复古的感觉,陈腐落后;有的广告为了刺激消费者而一味宣扬物欲,影响社会风气;有的广告为了博人眼球,滥用美女形象进行产品宣传,更有甚者利用女性形象做出一些含有色情因素的广告,将女性形象进行"物化",是对女性群体尊严的侵犯,并且有违社会公德,严重影响社会风气;有的商家为了自己广告的曝光率,在街头巷尾大量张贴小广告,严重影响城市环境的美观,并且此种做法还会引起从众心理,导致越来越多的人效仿。

5.7 电子商务中的伦理问题

随着互联网的快速发展,电子商务模式在商品交易中的地位越来越重要。但是如同传统贸易方式一样,电子商务在运营过程中也会面临着各种各样的伦理问题,这其中不仅包括商家的卖方行为,也包括消费者的买方行为。本节将从这两个角度进行详细介绍。

5.7.1 电子商务中卖方的伦理问题

1. 发布虚假的商品信息

电子商务模式下的营销行为，消费者不能看见实物，只能根据商家在电商平台上传的商品照片和信息做出购买决策，因此很多商家会上传不够客观、真实的商品信息和照片，影响消费者的决策。比如有的商家放出的"卖家秀"使用的商品和真实销售的商品存在细微的差别，比如衣服的面料，或者是对衣服版型不好的地方进行 PS 处理，更改上身效果，使照片看起来完美无比，但消费者拿到手却根本不是那么回事。还有的商家虚假捏造商品的工艺、原料、生产日期或者是根据自己的需要，将商品中对自己不利的信息进行隐瞒处理，以达到误导消费者的目的。还有的商家利用好评返现等手段，利诱消费者对其产品做出不真实的评价，对后面参考评价的消费者做出错误引导。

2. 假冒正品

在浏览电子商务平台时，我们会经常看见 XX 专卖店或者专营店等店铺，这其中真假混杂，如果不仔细分辨有时会误认为这是某个品牌的商品，但其实这只是一些商家借助这些品牌而售卖一些假冒伪劣的产品，一旦消费者上当，就会掉入商家的陷阱。还有一些商家不在店铺上做手脚，而是通过中间商的身份售卖品牌商品，这种要么售卖的是紧缺的商品，要么是比官网的价格低很多，与此同时还向消费者做出正品保证。比如一位来自贵州的王先生，在某运动商品专营店购买了一双耐克的篮球鞋，但拿到手之后发现虽然外表与官网上的照片没有什么差别但做工非常粗糙，鞋底没有弹性，和客服沟通得到的回复是：这一款鞋子就是这样的，穿几次就好了。随后，王先生将鞋拿到当地线下专卖店进行比较鉴定，证明该鞋是"莆田系列"。

3. 不履行售后服务承诺

电子商务下消费者在购买前无法看见实物，因此不能验证商品的质量，在收到商品后很可能发现商品与自己的预期不符或者是有一些细微的瑕疵。很多商家会提前在平台上说明如有质量问题，可随时退换，但当真的发生需要退换时，一是有可能要求买方承担来回运费，如果购买的是大型的商品，昂贵的运费对消费者来说也是一笔很大的损失，很多消费者就会因此放弃退换；二是当消费者以商品有瑕疵、有损坏等理由要求退换货时，可能会被商家要求提供是由于卖方的原因造成损坏的证明，有时候会出现卖方不承认的情况，使消费者难以维权。还有一些声明提供售后维修的商家，在接到消费者需求时会相互推诿，处理不及时或者处理结果难以令人满意。

4. 不尊重客户隐私

在电子商务中为了实现交易，会对消费者进行一些信息数据的收集，比如个人的收货地址、联系电话、消费者的个人偏好等信息，在与商家达成交易时平台会将这些信息提供给商家。平台和商家在掌握此类信息时都应保护客户隐私不被泄露，但很多商家会为了利益不顾消费者的隐私安全，将消费者的信息出售给其他机构或平台。还有一种情况是消费者在收到商品不满意但是退货成本太高或是使用一段时间后出现了质量问题给了商家差评，有的商家会根据交易时收到的消费者个人信息，私自给消费者打电话或发短信进行骚扰甚至威胁，要求删掉差评，给消费者造成了很大的困扰。

5. 操纵价格

在网购的过程中，很多人会发现自己刚买的商品没过几天就降价了，或者是收藏在购物车的商品价格忽高忽低，波动幅度较大，让消费者时常怀疑自己是不是买亏了。很多商家为了和同类型商家进行价格竞争或者其他原因会经常修改自己的价格，这种价格波动不同于节假日的固定活动，容易让消费者找不到规律，导致消费者出现买亏了的心理，这样对消费者也是不公平的。

5.7.2　电子商务中买方的伦理问题

在电子商务中，不仅卖方存在伦理问题，买方也一样。

1. 成交不买

平台在节假日或者一些电商促销日比如"双十一"会有一些平台活动，比如满 200 减 20，满 300 减 30 等，一些买家既想要享受到优惠活动，但是自己购买的金额又达不到优惠额度，于是选取一定金额的商品和自己购买的商品一起购买，享受到优惠金额后再将凑单的商品退掉，这样不仅增加了商家处理业务的工作量，还会提高商家的退货率，给商家带来不好的影响。还有一些消费者在商品数量有限的直播间里抢购商品，但是在抢到之后迟迟不付款或是付款之后在发货之前退掉，导致交易失败，让本来想在直播间里购买的消费者没有消费机会，也让商家错过了促销的时间。在网络拍卖中，有很多商家不打算购买，但是却故意竞拍提高价格，在竞拍之后却迟迟不付款或故意拖延付款，给商家的正常经营带来很大的困难。

2. 恶意评价与举报

在电子商务平台购物时,商家往往通过客服与消费者在平台沟通,有时会出现解决消费者问题不及时,或者拒绝消费者不合理要求的情况,这时候可能会导致消费者的不满,一些过激的消费者可能会在平台辱骂威胁客服人员或者向平台恶意举报商家或进行恶意评价,影响卖家的正常经营与店铺形象。比如浙江的文女士在向商家索要赠品遭到客服的拒绝后,恼羞成怒,在平台对商品进行不实的恶意评价,严重影响了店铺的形象和后来消费者的第一印象,给商家造成了巨大的损失。

3. 故意拒收

国内的电商平台的交易大多是消费者购买时,扣掉的商品款先由第三方平台保管,当消费者收到商品、确认收货时再划到商家的账户。在这种模式下,商家往往要先发货,但是有一些消费者会在快递公司将货送到时由于自己的个人原因拒收货物,这种行为不仅损害了卖家的合法权益,比如说浪费卖方的发货成本和人力资源,占用卖方的商品库存,还会给物流运行系统带来不必要的麻烦,在物流高峰期还会占用物流资源。

4. 滥用退货权力

在网购中,只要没有特别说明或者是一些特殊商品,只要没有剪掉标签、不影响二次销售,有不满意的情况,商家一般都会同意退货,特别是近几年随着电子商务行业竞争压力的加大,很多商家为了留住顾客,让顾客无后顾之忧,都提供了七天无理由退货服务和运费险服务。但是很多消费者会滥用这项退货权力进行了不合理甚至是不道德的退货,比如说为了短暂的拍摄,在使用完衣服后就将衣服退掉,影响商家的正常运营与发货成本。

📁 案例1

头部造车新势力——理想的产品策略升级之路

理想成立之初仅推出一款增程式汽车——理想ONE,在外界舆论并不看好的情况下,理想ONE杀出重围,凭借着精准定位,一跃进入造车新势力第一梯队。理想的成长采用的是楠竹式的产品策略,专注、坚韧、扎实,然后成长,最终成林。但是新能源汽车行业竞争激烈,新产品层出不穷,如果不考虑产品升级,理想汽车还是会面临被市场残酷淘汰的威胁。针对这个问题,理想汽车董事长兼 CEO 李想召开了一次产品策略探讨会，与各部门经理讨论产品开发策略。

董事长李想首先发言："经过时间的检验，理想 ONE 是成功的，这也进一步证明了我们坚持的理念是正确的：以解决消费者的痛点问题为出发点，我们的理想 ONE 专注增程式汽车的开发，让消费者在享受新能源汽车的同时避免了里程焦虑，我们定位家庭用车，让不少二胎家庭出行没有后顾之忧。在之后的产品开发中，我们还是要坚持这个出发点。下面请各位经理发表意见。"

产品部经理针对这个问题首先提出了自己的看法："我觉得未来 4 年内就得着手开发纯电动汽车的这条新的产品线。现在充电桩的建设尚不完善，增程式汽车的确略有优势，但是刚出的相关文件指出，未来将会把充电桩建设纳入新基建，等个十年左右，增程式的优势就没了，到那时候再去考虑产品的更新换代恐怕就太迟了。"

产品部经理顿了顿，继续说："不仅是这样，最近不少城市出台了新能源汽车上绿牌政策，增程式汽车不包含在内。而且按这种趋势，越来越多的城市会这样做，增程式电动车对于这些地方的部分消费者可能会成为鸡肋产品。"

市场部经理看了看老总："我觉得也是，我们得有居安思危的意识。现在全球都在提倡绿色低碳，很多国家都已经把禁售燃油车提上日程，再加上我们国内的双碳目标，纯电汽车的推出不仅是应有之义，更是我们抢占先机的筹码。现在市场竞争太激烈，其他车企若不断地推出纯电动汽车，技术愈加成熟，我们以后开发纯电动汽车丧失的优势就越多。"

沉思了一阵后，市场部副经理看着参会的各位："我个人觉得坚持开发增程式汽车是更好的选择。就目前的情况来看，虽然政策利好充电设施建设，但是由于充电桩的特殊性，其建设面临着很多问题，不可能短期内就能有什么大的改善。所以未来 3~4 年内，增程式汽车在新能源汽车市场上应该还会具备领先优势。"

宣传部经理微微点头表示赞同："我们造车的方向就是要站在消费者的角度，去解决他们的痛点问题，增程式汽车就很好地解决了顾客的里程焦虑，而纯电动汽车的续航问题目前还迟迟得不到解决。而且我们的资金链还不太完善，在这种情况下想要开发出一条纯电动汽车的新产品线很难。"

话音刚落，研发部经理立即接上："英雄所见略同，目前我们的增程式汽车还有很多可以升级改造的地方，比如目前热门的自动驾驶技术，现在各家车企都在盯着这项技术，可以说未来谁能在这个领域优先取得突破，谁就能掌握市场的主动权。"

李想点点头表示赞同："所以我们目前考虑推出的新产品都是增程式的,关于纯电动车的推出还有待商榷。至于自动驾驶技术,虽然各家车企都在搞军备竞赛,这也是未来的市场趋势,但车辆驾驶最重要的是安全问题,这里提醒一点,在技术不成熟的情况下我们理想绝不能为了销量拿用户的生命安全试错,但是我们可以将其作为辅助驾驶的一种工具,完善已有产品的性能,提升产品的竞争力,但要杜绝过度宣传、误导消费者。"

【思考与讨论】

以上案例体现了理想汽车在市场营销活动中面临了哪些伦理问题?他们又是如何做的?

案例 2

比亚迪的品牌国际化

比亚迪自一九九五年二月创立以来,历经二十余年的飞速发展,目前已经建立了三十余家工业园区,并完成了六大大陆的战略部署。比亚迪在香港及深圳两地都有上市,其营业收入及总市值都超过了 1 000 亿元人民币,其在电子、汽车、新能源及轨道交通等多个行业中占有重要地位,在各行业中也占有重要地位。比亚迪汽车是一家以新能源汽车、电池、电子等为主要经营领域的中国企业,它一直以客户、股东、员工,以及其他利益相关者的利益为本,以科技的革新来满足人民对更好生活的需求。

客观地看,在国内比亚迪客车产品远没有它的轿车产品受追捧。从近年的客车销量中我们也能看到,长期霸榜国内前三的,永远是"两通一龙",个别月份,比亚迪可以冲进前三,甚至拿下冠军。但更多的时候,则徘徊于第四五名,抑或 10 名开外。

然而在眼光更加挑剔的欧、美、日等市场,比亚迪客车却早已成为"品质""高端"的代名词。在客车售价高出国内一倍的情况下,比亚迪仍拿下英国、日本 60%的新能源客车份额,在欧洲的市场占有率也超过 20%。2023 上半年,比亚迪也继续延续了和英国最大客车公司 ADL 的合作关系,预计今年内,双方将共同完成 130 台零排放纯电双层巴士的生产任务。2023 年 5 月 12 日,在新加坡陆路交通管理局公布的 4 月汽车销售数据中,比亚迪斩获了当月的销售冠军,领跑了当地纯电车市场。另外,在新加坡市场,比亚迪也已经深耕了 10 年。在新加坡,能看到的出租车、旅游巴士、公交巴士、卡车都有比亚迪的身影,早在

2022年7月，比亚迪宣布进军新加坡乘务车市场，并同年荣获了新加坡年度电车销冠。新西兰，一个大洋洲的美丽国家，虽然国土面积不算大，但是发展势头强劲，新西兰人民对于汽车的选用也很挑剔，而国产纯电 BYD ATTO 3 却可以在当地站稳脚跟，足以看出比亚迪在新西兰的受众程度。

论营销方式，比亚迪可以说是国内新能源车领域的一朵奇葩。比亚迪正致力于向更广泛的国际市场加快进军，并将大量资金用于产品研究与开发。据了解，比亚迪于2010年推出了"城市公共汽车电气化"的发展策略，并以不断的技术革新来推动公司的发展，迄今为止，其商业汽车的足迹已经覆盖了世界6大洲，超过70个国家，超过400个城市。比亚迪商用车已经建立起了一条完整的集规划、研发、生产、销售到售后的产业链，业务覆盖了城市公交、公路客运、城市物流、环卫、港口、机场、矿山等多个行业。

汽车与其他消费品不一样，它所追求的功能远远超过了其他东西，因此，在产品上下功夫是最基本的，为了更好满足消费者的需要，比亚迪从多个角度出发。一方面，它要做好已经上市的车型，并且要在多款细分市场中培养出一种领导力。另外，比亚迪也要加速推出新型号，扩大比亚迪的产品线，快速占领新的市场份额。比亚迪的每一款车，都有着明确的定位。不同的客户，会有不同的关注点，外观、颜色、风格、配饰，这些都会影响他们的选择，并针对他们的喜好，进行不同的设计，用实际的产品，来进行交流。

另外，比亚迪还致力于寻找更多更高层次的展示平台，以及更多的交互机会，以达到更好的效果。高尔夫一向被称为"贵族运动"，是上流人士最喜欢的一项运动，而"欧巡"又是世界上最顶尖的高尔夫赛事，自然也吸引了来自世界各地的顶尖高手，以及一大批高水平的粉丝。比亚迪是第一个进军国际高端高尔夫比赛的自主品牌，其目的就是要借着这场世界级高端运动比赛，与高端消费者建立良好的互动关系，提升品牌的高端形象。而"崇尚技术，敢于挑战，亲近自然，绿色环保"的理念更是与高尔夫球运动找到了很好的契合点，从而进一步获得了目标消费者的肯定，并提高了品牌认可度。

【思考与讨论】

结合案例，分析比亚迪是如何赢得海外市场推崇的？分析探究比亚迪汽车目前在市场营销活动中存在的伦理道德问题。

课后思考题

1. 简述市场营销的主要内容？分析市场营销中可能存在的非伦理行为主要有哪些？
2. 简述产品定价过程中主要存在哪几类伦理问题？可能产生哪些影响？
3. 简述促销中可能出现的伦理问题有哪些？
4. 电子商务中可能出现哪些商业伦理问题？
5. 如果你是企业负责人，你会采取什么样的对策避免市场营销中出现的伦理问题？

参考文献

[1] 王方华,周祖城.营销伦理[M].上海：上海交通大学出版社,2005：29-32.
[2] 黄新建,刘玉婷.政治关联、特许经营权与经营业绩[J].软科学,2019,33(02)：75-80.
[3] 康瑾,郭羽佳.广告伦理中的"公平"——理论与实践的对话[J].山西大学学报(哲学社会科学版),2023,46(02)：65-74.

第六章 财务会计中的伦理问题

6.1 财务会计业务内涵与主要内容

6.1.1 财务会计与管理会计

随着市场经济的不断发展,各个领域都需要会计为之服务,其对于促进经济的健康运行至关重要。现代企业会计根据相同的原始资料进行不同的账务处理,分别形成对内对外不同的财务信息,从而产生了现代会计学的两大分支:财务会计和管理会计。

财务会计是一类经济管理活动。通过对企业已经完成的资金运动全面系统地核算与监督,为外部与企业有经济利害关系的投资人、债权人和政府有关部门提供企业的财务状况与盈利能力等经济信息。

财务会计要求企业定期通过财务报告方式向外部会计信息使用者报告企业的财务状况和经营成果。财务会计信息披露的内容、形式等,必须符合企业会计准则的要求,以此实现会计信息的客观公允,保证会计信息在不同行业、不同企业之间的可比性。管理会计(也称对内会计),是针对企业内部管理的需要记录和分析经济业务,提供信息,并直接参与决策过程。管理会计的主要目的,是为企业内部管理当局的经营决策提供信息支持。因只供企业内部使用,管理会计可以跳脱出企业会计准则的限制与约束,其方法、内容、报告形式等根据企业管理者的需要而定。

财务会计与管理会计的区别有以下几点:

1. 从会计信息的服务对象来看,财务会计侧重服务于企业外部,也称为外部会计,管理会计侧重于为企业内部服务,也称为内部会计。前者为信息使用者提供财务信息,后者主要为企业内部管理层提供信息,为管理层制订项目决策方案、控制经济活动服务,所以也称为内部会计。

2. 从核算的依据来看,财务会计主要为外部服务,必须按照统一的标准进行会计核算,具有传统的会计核算模式和标准的报告格式,具有强制性。管理会计没有规定框架限制,不受会计准则和会计制度的约束,以管理层的决策为核心,提供适时的信息,强调信息的有用性,不受信息报告形式的限制。

3. 从提供的信息类型来看,财务会计建立在历史成本的基础上,以提供历史信息为主,这种信息要求真实准确,但是具有滞后性。管理会计要求为预测未来提供信息,它并不限于历史信息,有前瞻性,精确性差一些。

4. 从报告的时间范围来看,财务会计是按一定的期间(年度、季度、月度)来编制的。管理会计面向未来,不受期间限制,只要管理需要,既可以编制过去期间的报表,也可以编制预测未来期间的经济情况的报表。

6.1.2　财务会计的作用

1. 拓宽决策信息来源并提升决策效率,增加企业透明度,规范企业行为

企业财务会计提供的企业财务状况、经营成果和现金流等信息是投资者和债权人决策的基础。

2. 便于企业优化经营管理模式,提升利润率,促进企业可持续发展

经营管理水平直接影响企业的经济效益、经营成果、竞争力和发展前景,在一定程度上决定了企业的未来和命运。

3. 有助于构建企业管理层经济责任评价框架

企业有责任根据预定的发展目标和要求合理利用资源,加强经营管理,提高经济效益,接受评估和评价。

6.1.3　财务会计的内容特点

这里提到的特点主要区别于管理会计,主要包括以下内容:

1. 以测量和传输信息为主要目标

财务会计的主要目标是向投资者、债权人、政府部门和公众提供会计信息。这些信息反映了企业的整体情况,并关注历史信息。

2. 以会计报告为工作核心

财务会计作为一个会计信息系统,主要是会计报告的最终结果。现代财务会计编制的报表是以公认的会计原则为指导的通用报表。现代财务会计将报表的编制放在突出位置,因此财务会计工作的核心是会计报告。

3. 以传统会计模式作为数据处理和信息处理的基本方法

为了提供会计报表,财务会计应熟练运用信息处理方法。传统的会计模式基于复式会计制度,基于权责制,遵循历史成本原则,为财务会计提供了良好的处理方法。

4. 以公认会计原则为基本原则和准则

公认的会计原则是指导财务会计工作的基本原则和标准,是组织会计活动和处理会计业务的标准。

6.1.4 财务会计的目标

财务会计信息的使用者主要包括国家有关部门、企业投资者和债权人(包括潜在投资者和债权人),因此,财务会计提供的信息应符合国家宏观经济管理的要求,满足相关方了解企业财务状况和经营成果的需要,满足企业加强内部经营管理的需要。财务会计的目标主要体现在:

1. 符合国家宏观经济管理要求

作为整个国民经济的细胞和宏观经济的微观个体,企业的生产经营质量和经济效益直接影响整个国民经济的运行。政府通过对企业会计信息的总结和分析,对国民经济的宏观运行进行了解和分析,进而做出准确的判断,制定正确、合理、有效的管理措施,管理和调控国民经济的运行状况,使国民经济得到协调、有序、健康、稳定的发展。

2. 满足有关方面了解企业财务状况和经营成果的需要

企业外部利益关系的各个方面(政府相关部门投资者、债权人员工和公众等)不直接参与企业的生产经营管理活动,只能依靠企业会计提供的会计信息来满足他们的需求。

3. 满足企业加强内部管理的需要

企业内部管理的质量直接影响企业的经济利益和市场竞争力,关系到企业的发展前景和命运。会计提供准确可靠的信息,有助于决策者做出合理决策,加强内部管理,不断提高企业的经济效益。

6.1.5 财务会计信息质量要求

会计信息质量要求是指财务会计报告所提供的信息应满足一定的基本标准

和要求。会计信息代表一定的经济利益关系,并且其公开披露会直接或间接地对不同使用者的经济利益产生影响。因此,对会计信息的质量提出了最基本的要求。企业会计准则中提出了八大原则,即客观性原则、相关性原则、明晰性原则、可比性原则、实质重于形式原则、重要性原则、谨慎性原则和及时性原则。

1. 客观性原则

客观性原则(或真实性原则、可靠性原则),要求企业以实际发生的交易或事项为基础进行会计确认、计量和报告,真实反映符合确认和计量要求的会计要素和其他相关信息,确保会计信息的真实可靠和内容完整。客观性包括真实性和可靠性两个方面含义。真实性要求每一项会计记录都要有合法的凭证,不得进行虚假操作,账证、账账、账实、账表要相符。可靠性要求对经济业务的记录和报告应做到公正无私,反映客观事实。

2. 相关性原则

相关性原则(或有用性原则),要求企业提供的会计信息与财务会计报告使用者的经济决策需求相关,并有助于他们评价或预测企业过去、现在或将来的状况。会计信息要对会计信息使用者的决策起到作用,如果会计信息不能满足会计信息使用者的需求,就没有价值。

3. 明晰性原则

明晰性原则(或可理解性原则)要求企业提供的会计信息应清晰明了,便于财务会计报告使用者理解和利用。提供会计信息的目的是为了满足相关方的需要,在使用会计信息之前,会计信息使用者首先必须理解会计信息的意义。因此,会计信息应简洁明了、易于理解,对于难以理解的内容应用文字进行解释说明。

4. 可比性原则

可比性原则,是指企业提供的会计信息应当具有可比性,具体包含两方面的含义:

(1)对同一企业在不同时期发生的相同或者相似的交易或者事项,应当采取一致的会计政策,不得随意变更;确需变更的,在注释中加以说明。同一企业发生的交易或事项具有复杂性和多样性,对任何交易或事项都可以有多种会计核算方法。例如,库存记账可以采用先入先出法、加权平均法、移动平均法、个别成本法等。固定资产的折旧可以采用年平均法、工作量法、年数总和法、双重余额递减法等方法。如果企业在不同的会计期间采用不同的会计方法,往往会导致不同会计期间成本、收入、利润等指标的计算口径不一致,不可能具有可比性。因此,企业会计准则要求同一企业不同会计期间的会计核算方法前后一致,不能任意变更,以保证前后各期间会计指标的一致性,便于纵向比较。

(2) 不同企业之间发生相同或相似的交易或事项时,应采取规定的会计政策,保证会计信息的一致性和相互比较。会计信息使用者为了选择投资,有可能要掌握各企业的财务状况和经营成果,为了满足决策者对不同企业财务状况、经营成果及现金流动、相同或类似交易或事项的要求,应采取会计政策的规定,对不同企业会计信息的一致性进行比较。值得注意的是,可比性原则并不要求企业采用的会计政策绝对不变。如果原采用的会计核算程序和方法不符合客观性和相关性的要求,可以合理变更。如会计政策变更,应向会计报表主席说明变更的内容和原因,变更的累计影响数和原累计影响数不能合理确定的原因等。

5. 实质重于形式原则

实质重于形式原则是指企业应根据交易或会计的经济实质进行会计确认、计量及报告,不能仅以交易或事项的法律形式为依据。交易或事项的法律形式有时不能真实反映其实质内容,要真实反映企业的财务状况和经营成果,就必须反映其经济实质。

例如:在对资产进行确认时,融资租赁方式租入的固定资产,从法律形式来看,其所有权不属于承租方,但从经济实质来讲,承租方对其实施实际控制,因此,应将该固定资产作为承租方的资产进行核算,包括对其计提折旧。再如:销售商品的售后回购,如果企业已将商品所有权上的主要风险和报酬转移给购货方,并同时满足收入确认的其他条件,则应当确认收入;如果企业没有将商品所有权上的主要风险和报酬转移给购货方,或没有满足收入确认的其他条件,即使企业已将商品交付购货方,销售也没有实现,不应当确认收入。

6. 重要性原则

企业提供的会计信息应反映与企业财务状况、经营成果、现金流动等相关的所有重要交易或事项的原则。重要性原则是根据交易或事项是否对会计信息使用者的议事决定产生重大影响,决定是否有必要将此反映到会计报告书中。对资产、负债、盈亏等有较大影响的交易或事项,应成为会计确认、计量及报告的要点。次要的交易或事项要适当简化处理。会计交易或事项的重要性是相对的。评价其重要性,在很大程度上取决于会计人员的职业判断,一般要从质和量两个方面把握。从数量上看,一个项目在数量上达到一定规模,能够影响决策的,应视为重要项目。

7. 谨慎性原则

也可称为稳健性原则,是指企业在对交易或事项进行会计确认、测定及报告时,不能过高评价资产或收益,过低评价负债或费用。

谨慎性原则要求对一个会计事项可以选择多种不同的处理方法时,必须保持必要的慎重性,尽可能选择不高估资产或收益,不低估负债或费用的方法。例如,期末未收款的坏账备抵的计算,以及在期末库存资产的成本和可实现净值中降低哪一个的方法等,充分体现了谨慎性原则。

8. 及时性原则

及时性原则,是企业对已经发生的交易或事项,必须及时进行会计确认、计量及报告,不得提前或拖延。会计信息有时效。如果不及时提供,就会失去时效,大大降低对用户的效用。及时性原则应贯穿于会计确认、计量和报告的整个过程,体现在:

(1) 及时收集会计信息:即要求在经济工作发生后及时收集整理各种原始发票。

(2) 及时处理会计信息:即要求按照企业会计准则的规定,及时确认交易或者事项,进行计量,制作财务会计报告。

(3) 及时传递会计信息:即在国家规定的期限内编制的财务会计报告及时报送财务会计报告使用者。

6.2 财务会计活动中的伦理行为

企业的财务会计管理涉及诸多伦理问题,基于利己主义、功利主义和义务论,我们能够更清晰地认识伦理问题产生的动机和原因。另外,本章节还会从会计活动和审计活动两个角度详细阐述企业财务会计管理涉及的伦理问题。

6.2.1 财务会计伦理内涵

2014年,上海举行了首届"中国企业·管理·伦理论坛",有专家提出企业与社会分离、管理与伦理背离的发展模式难以持续,亟待总结并推广一种全新的商业模式[1]。适应当前时代要求的管理模式必须与社会伦理相符,其中财务管理中的伦理问题牵涉主体众多,包括投资者、管理者、企业员工等,因此必须关注到财务伦理在企业管理当中的重要意义。财务伦理是指财务活动所具有的伦理特性,体现了财务行为应该遵循的基本原则,使财务活动有可以参照的标准。根据西方伦理学,企业的财务伦理存在利己主义、功利主义和义务论三种主要的理论。企业遵循伦理道德可以提高财务活动的效率,还能促进企业间的诚信与公平竞争,使企业的财务活动具有可持续性。

1. 利己主义

利己主义认为,一个人要始终为了自己最大的利益去行动,它的基本特征就是以自我为核心,把个人利益当作思想和行动的原则和准则。亚当·斯密等经济学家认为在激励人的强烈私利主导的合法经济系统中,生产力将更大。但是从一般观点来看,永远追逐个人利益必然导致自私自利,这是一种不道德的行为,这也是造成会计人员财务舞弊的重要原因。在财务活动中,无论是会计报表的披露者抑或是报表的使用者都会密切关注自身的利益,前者为了获得更多融资与更好的企业形象会倾向于披露有利于公司的数据甚至直接捏造虚假数据,后者为了理性选择投资主体要求报表的真实性。利己主义也不利于处理企业主体之间的争端,甚至会激化矛盾。在美国注册会计师协会的伦理规范中,特意针对此类问题提出"会员应该秉持客观性"的要求。

2. 功利主义

功利主义比利己主义更符合通常而言的道德准则,功利主义最根本的原则就是尽可能实现群体利益最大化。会计师在开展财务会计活动时经常需要面对"确定价值高低"的问题,按照功利论理论,实现最大多数人的最大利益是最有道德的,也是会计报表的最理想目标。会计报表应通过披露信息,使利益相关者能合理选择资本运作,实现各自目标。然而,在实际工作中,会计报表的利益相关者面临一种矛盾,他们不能随心所欲地选择报表披露方式,否则会导致其中一方的利益受损,加剧矛盾,分崩离析。因此,这些利益相关者最终选择的方式只能建立在功利主义的基础上,即在追求个人利益的同时,考虑整体利益。

以我国上市公司为例,一些公司长期不分红或极少分红,将资金挪作他用,使得中小股东无法获得稳定的股利。这种情况不仅对股票市场不利,还有可能损害管理层和大股东的权益。在这种情形下,双方的动机虽都是为了个人利益,但需要在维护双方权益的前提下寻求平衡。事实上,会计报表的伦理规范最终必然基于功利主义。尽管最初的动机是追求个人利益,但在各利益相关者间取得协调后,会计报表的伦理价值判断应建立在个人利益为基础的功利主义之上。这将成为编制会计报表的道德指导准则。

3. 义务论

义务论是对"人应该做什么?"这一问题的表述,康德将有条件的义务称为假设命令,没有条件的义务称为绝对命令。在依据有条件的义务做出决策时,判断善恶的标准是这些决策是否能够实现预定目标。从会计伦理角度看,受托责任得到义务论支持,而决策有用论得到目标论支持。按照康德的义务论观点,企业管理者对企业的责任主要是一种道德承诺。只有认真履行委托人的承诺,并在诚实和公正的基础上为委托人提供真实可靠的会计信息,方能遵循道德原则。

6.2.2 会计活动中的伦理问题

会计信息是经由会计核算记录或科学预测,综合展示会计主体过去、现在和未来资金流动状况的各种消息、数据、资料等。法规要求企业的会计信息具有客观性、相关性、明晰性、可比性、实质重于形式、重要性、谨慎性和及时性。在会计活动中,伦理问题主要体现在会计信息失真,即财务会计报告所呈现的数据和情况与会计主体的经济活动实际状况和结果不一致。这涵盖了特定项目信息与实际情况不符,以及整体信息相对事实不足和不充分的情形。

根据会计人员的意图可以将会计信息失真分为两类:

一是主观性会计信息失真,指会计从业人员在处理或披露会计信息时,出于自身主动或被动的主观原因,故意篡改、编造、伪造相关的会计凭证,虚报、瞒报、漏报相关的会计数据,故意削弱会计信息的真实性,导致所报告的信息与实际情况不一致。

二是客观性会计信息失真,指会计从业人员在处理或披露会计信息时,由于专业素质、技术问题等原因,导致会计信息的真实性降低。这可能是由于政策法规理解不透、技术条款应用不当,或者在原始记录和会计数据的计算、抄写过程中出现错误,以及对事实的疏忽和误解,对会计政策的错误运用等情况所致。会计信息失真主要有以下几种表现形式:

1. 原始凭证造假

原始凭证是在经济业务发生时产生的文件,用来详细记录和证明经济业务的具体情况,其正确性与真实性关系到后续各项财务信息的质量。目前市场上存在的问题包括原始凭证填写不完整,多为漏填、少填和不填;原始凭证填写不真实,所填经济业务的项目内容、发票使用范围、经营范围与实际业务不符;原始凭证不合法,使用过期作废发票和收据,违规编制虚假的自制原始凭证等。

2. 财务核算不合规不合法

企业在会计账目设置和会计科目使用方面,应严格遵循《中华人民共和国会计法》及财政部相关规定。然而,部分企业目前仍违反规定,随意操作会计核算,导致账目混乱,账证、账账、账表严重不符等问题。为确保信息准确透明,企业须加强内部会计管理,明确会计科目、规范操作,定期开展内部审计,保障财务信息真实可靠,遵法合规,维护企业声誉。企业部门之间、企业与企业之间账务关系混乱,且资金收支、权责不清;交易双方通过虚假交易、转移收入与费用等手法,进行会计造假及披露虚假信息。

3. 占用、挪用公司资产

有些企业存在将经营资金用于非生产经营目的的问题,这可能表现为占用和挪用资金。一些企业领导可能缺乏自我约束意识,可能出现挪用资金的情况。此外,有些企业可能追求奢华的高消费,购买昂贵的办公用品等,导致正常运营所需的资金被挤占。这种情况可能对企业的财务状况和运营产生负面影响,需要注意防范和管理。为确保经营资金的合理使用,企业需要建立健全的内部控制机制,强化预算管理,加强资金监管,以及加强领导层的自律和责任意识。

4. 会计报表造假

企业为了达到某些特殊目的,常常通过利用准则漏洞和做假账的方式,来制造虚假的会计信息并对外披露,财务报告舞弊违背国家法律和会计宗旨,具有歪曲经济本质的主观故意,常常由不同组织组成利益共同体合谋而产生[2]。企业会计报表造假主要分为两种类型:一是虚增资产、虚增利润;二是虚增负债、隐瞒利润。前一种类型主要出现在国有企业和上市公司,因为国有企业的经营绩效可能会直接影响企业领导层的晋升机会,而上市公司的经营绩效会直接影响股票价格。后一种类型主要涉及私营企业和个人出资的有限责任公司,因为这些企业可能更注重避税,而不太关心业绩。要注意的是,这些情况可能因企业性质和动机而有所不同,且并非所有企业都会遵循上述模式。此外,识别和防范会计报表造假对于维护透明度、信任和财务健康至关重要。

6.2.3 审计活动中的伦理问题

在实际的会计审计过程中,会计师所面临的职业环境是在不断发生变化的,许多情况下,由于各种外界因素的影响,会计师的职业道德会受到各种各样的挑战,当前审计活动中的伦理问题主要来自两方面:一是外部审计,二是内部审计。为确保会计审计工作的公平性、真实性,在会计审计工作中应该贯彻商业伦理观念。除了对外部审计的约束,商业伦理可以促使企业管理者在制定企业内部控制制度时、在保障个人利益的前提下,将企业利益和社会利益考虑进去,将内部控制制度的约束范围从对基层岗位和底层员工的约束扩大至对高层管理人员的约束上。当其企业的内部控制制度较为健全时,企业员工会具备较好的商业伦理。同时,健全的企业内部控制制度和正确的商业伦理对企业会计人员的各种审计工作将会起到监督和促进作用。

1. 外部审计

外部审计是指由与政府机关和企事业单位无关的国家审计机构进行的审计,以及由独立从事业务的会计师事务所受委托执行的审计。相比于内部审计,这种审计具备独立性、客观性以及审计主体的专业性。目前在外部审计中存在的伦理问题主要包括以下四点:

(1) 外部审计机构缺乏独立性

在上市公司,大股东为了将公司的资金转移到自己名下的另一个公司,可能会选择与其名下公司进行交易。为了掩盖这种资金转移,大股东可能会试图影响审计人员,使其降低审计独立性,从而产生虚假的审计报告。有些公司设立的监事会和董事会可能在实际工作中无法有效监督和评估管理层的工作。这可能导致管理层在经营决策中拥有较大权力,而管理层可能更关注个人利益的最大化。在这种情况下,他们甚至可能以拒绝合作的方式威胁审计机构,迫使其出具不真实的审计报告。

(2) 外部审计在人员与技术方面存在局限性

出色的审计人员应在专业技术水平和职业道德素养等方面都表现优秀。若外部审计人员的综合素质不足,可能会增加审计风险。部分审计机构为了攫取利益,承担超过自身专业能力的审计活动,对客户的了解和问题的澄清未能妥当采用分析性程序与方法,轻易接受客户当局所做的解释,在实际审查工作中,存在无法发现问题或错过重要问题的可能性。有些注册会计师可能缺乏足够的工作经验,导致判断能力不足。往往遇到可疑问题,难以及时发现,他们对问题的分析也经常不够深入。由此可见,低业务水平可能导致外部审计的质量无法得到保障。此外,审计人员可能受到压力的影响,或者因为被审计单位的权益引诱,而丧失了独立性的工作原则。这可能导致他们在审计过程中不再能够保持客观和中立的态度,从而影响审计的真实性和可靠性。

(3) 受外部审计市场环境影响

许多公司对高质量的外部审计并未表现出高度的需求。一些公司为了满足政府监管机构的要求,以便顺利上市并维护自身利益,可能不会选择雇佣那些具有较高独立性的审计机构来进行外部审计。在竞争激烈的价格环境中,为了最大限度地降低审计成本以弥补损失,审计人员可能被迫减少审计程序。在这种状况下,有可能导致部分审计项目被忽视,从而使审计的全面性受到威胁,也会使审计的充分性无法得到保障。在这两种因素的共同影响下,整体审计市场的质量水平可能较低。

(4) 外部审计机构有意泄露客户的商业秘密

《中国注册会计师职业道德准则》要求注册会计师必须严格保守秘密,不得泄露其掌握的委托单位的资料和情况。但在实际业务中,有些审计机构为了换取利益,会将企业的核心信息泄露给竞争对手,给客户造成经济损失。

2. 内部审计

内部审计是由组织内部专职审计人员进行的一项独立客观的确认和咨询活动,其旨在促进组织治理的完善和价值的增加。内部审计与外部审计相互补充,共同发挥作用。根据《中华人民共和国审计法》以及《审计署关于内部审计工作的规定》第十一条的相关规定,对忠于职守、坚守原则、认真履职、成绩显著的内部审计人员,由所在单位予以表彰。目前在内部审计中存在的伦理问题主要包括以下两个方面:

(1) 诚信问题

难以保证内部审计真实有效的关键在于独立性不足,在现代商业中,内部审计部门往往难以明确定位自身的立场和角色。这可能导致判断标准的失衡与扭曲,甚至在管理层的要求或胁迫下,不得不背离自身的职业道德原则。

(2) 效率问题

一些企业的内部审计部门发现,他们的工作与财务、监察和纪律检查委员会等监督部门存在部分重合或冲突,这使得审计人员在工作过程中受到种种制约。这种情况可能阻碍了他们充分发挥应有的职能,甚至不得不做出妥协,背离了自己的职业责任。此外,长时间的工作懈怠可能导致工作效率低下,审计人员可能逐渐失去对自己工作职能和成效的信心。这可能导致许多内部审计人员认为他们的工作缺乏实质性意义,而且如果做得不好还可能招致其他部门的反感或误解。因此,在工作中他们可能只是按部就班地执行审计工作程序,很多时候只是走过场。这种情况下,他们可能会在主观上放弃了对内部审计职责的承担,导致自身工作懈怠和效率低下的局面。

案例1

康美药业

1. 舞弊事件回顾

康美药业为2012年粤东地区唯一一家营业额超过百亿的民营企业,这家曾经创下1390亿元市值的白马股企业在短短8个月的时间里,其市值就蒸发了1037.35亿元,最终降至2018年底的352.65亿元[3]。在康美药业表示其存在近300亿元的会计"错误"并修改了其2018年的年度财务报告后,其市值更是在2019年4月30日一夜之间暴跌了53亿元。修改后康美药业2017年的每股收益便从调整前的0.78美元降至0.39美元。[4]

公众在此更正报告发布伊始就格外地关注事态的发展。经中国证监会的调查,康美药业公司股东以及关联方出于非合理的商业目的占用资金并未在年报中披露,并且通过虚构大额定期存单等方式增加存款。另外,康美药业还通过篡改真实的业务凭证来虚增营业收入。康美药业的审计单位正中珠江会计师事务所在合规审计中一直存在问题,直到2020年5月,康美药业受到了证监会的处罚,其仍将这些问题归咎为"会计差错"。

2. 舞弊手段分析

根据证监会披露的违法事实,康美药业舞弊的手段划分为4大类,分别为使用银行单据虚增银行存款、通过伪造业务凭证进行收入造假、伪造净利润和经营活动现金流以及部分资产转入关联方账户买卖本公司股票。

(1) 使用银行单据虚增银行存款

康美药业2017年资产合计数为341.51亿元[5]。其中,库存现金224.45万元,银行存款340.45亿元,其他货币资产1.05亿元。2017年大约300亿元的货币资金"不翼而飞",这300亿元的货币资金很显然来自银行存款。康美药业将虚增的货币资金转入较为隐蔽的账户(如存货、应收账款、在建工程等),然后通过对这些资产计提减值或者坏账,将这些资产悄无声息地消化掉,存货、应收账款和在建工程分别伪造了195.47亿元、6.43亿元、6.31亿元。

(2) 通过伪造业务凭证进行收入造假

康美药业在 2016—2018 年期间利用虚开增值税发票、伪造业务凭证等方式分别虚增收入 89.99 亿元、100.32 亿元、84.84 亿元[6]。对康美药业舞弊近几年的财务指标分析后发现,其营收增长率一直保持在 20% 左右,在 2015 年营业收入较上年减少了 6.11%,经营现金流较上年减少了 18.21%,这种营业收入与经营现金流入不匹配变动,说明营业收入对现金流的影响较小。且康美的净利润逐年增长,但净现比却在下降,康美长年净现比小于 1,说明经营活动现金流入减少形成债权或现金流出增多。从其应收账款的变动情况来看,在此期间也是大幅增长,将虚增的收入藏在应收账款待销。另外,康美在 2016—2018 年期间中药饮片毛利率稳定在 30% 左右,而中药领域的毛利率一般在 15% 左右,与行业的平均水平相背离,康美就很可能通过虚构业务收入来增加利润。

(3) 伪造净利润和经营活动现金流

从康美药业 2017 年公开的报表来看,其利润增长率 22.77% 显著高于同药业其他公司水平,但其现金占利润比重又显著低于同行业公司,从这些数据中不难看出,其净利润和经营活动现金流有明显的异样。在其公开的资产负债表中显示,康美药业账户货币资金充裕且并未在短期内有巨大的资本性支出,与其大量的债务融资出现明显的异端,其进行债务融资的频率之高,资金流量之大都让国家审计部门察觉出异端。其在账面上进行的处理都是为了对其造假行为进行掩饰,用来弥补其现金流缺口。

(4) 部分资产转入关联方账户买卖本公司股票

该公司在 2016—2018 年期间在未经审批的情况下,向关联方及控股股东提供资金金额累计 116.19 亿元。从康美药业 2018 年年报中得知,其他应收款中有普宁康都药业 56.29 亿元和普宁市康淳药业 32.5 亿元,占总额的 96%,都是康美药业的关联公司,当时也承诺关联方资金可以收回,未对其计提坏账准备。这样以关联方企业为平台,伪造交易,通过关联方账户转出资金,买卖公司股票,制造假象带动股票价格上涨。为隐瞒这一事实,不影响日常经营,其一方面通过虚增货币资金来实现,另一方面通过外部融资来实现,在舞弊期间实施激进的融资战略,在 2017 至 2018 年共融资 448 亿元资金,与之前虚增的货币资金更加印证了存贷双高的现象。[3]

3. 舞弊动因分析

(1) 道德品质

康美药业创始人马兴田在康美药业财务造假期间担任康美药业董事长兼总经理,是康美药业实际控制人。马兴田2012年进军股票和房地产市场,一心扩大事业版图,其名下的普宁信宏实业持股广发证券23.6亿元,是广发证券前十大股东。其控制的投资公司博益投资也在2018年的时候,就被怀疑涉嫌内幕交易、操纵股价,足见马兴田野心勃勃却缺乏踏实诚信的本质。另一方面,2001年康美药业上市以来,马兴田就一直被行贿贪腐的丑闻缠身,其曾经因为公司上市、筹集资金、投资项目、药品监管等事项多次行贿,累计行贿数额高达700万元人民币。然而其深谙市场"潜规则",拍摄广告《康美之恋》帮助企业建立良好的企业形象,通过慈善捐款也为企业打下良好口碑,并且捐款1.5亿元修建普宁市莲花山广场,这一切都使马兴田面纱始终处于"天使与魔鬼"的迷离情境之中,令广大投资者无从定论。造假爆出之后,马兴田还推诿,是由于"公司内部控制薄弱,财务制度不完善"导致的会计差错,甩锅财务人员。正是由于实际控制人马兴田个人道德品质低下,投机取巧盲目追求名利,违背诚实信用,最终导致康美药业前无古人的300亿货币资金"插翅而飞"。

另外,根据证监会处罚通知,马兴田长期、有预谋地指使和组织策划了康美药业的财务造假事件。康美药业副董事长兼副总经理许冬瑾协助策划、共同组织了造假行为;负责主管信息披露的董事、董事会秘书兼副总经理邱锡伟接受授意、参与实施了造假行为。康美药业相关企业高管均在此次造假事件中得到处理。

综上所述,上至康美药业决策者、高级管理人员,中至财务总监,下至财务部门全体普通会计工作人员,道德品质和职业素养都有待提高和加强,巨额财务造假不可能一蹴而就,但凡其中任何一个环节的人提出质疑,都不至于造成今天难以弥补的损失。而康美药业的监事会、独立董事制度、内部审计制度更是空有虚名,部分监事居然兼职出纳分管财务工作,监事温少生甚至兼任总经理助理和副总经理,完全违背《公司法》高级管理人员不得兼任监事的规定。

(2) 经营压力

康美药业近年来面对不断增加的经营压力。从国家政策方面来看,2018年"两票制"政策的出台使企业面临严峻的考验。虽然长期来看两票制有利于医药行业的健康发展及医药企业经营管理模式的升级,然而短期来看,企业的医药流通模块难免受到一定程度的冲击,中小企业甚至面对被兼并的问题,大型企业的资金压力也相应提升;从经济大环境来看,受全球经济下行和中美贸易战的影响,医药行业也面临较大挑战,经营风险进一步加大;从社会和文化方面来看,随着人们生活水平和文化水平的不断提高,人们的生活习惯、消费观念、消费习惯等都有了很大转变。不仅关注产品质量问题,消费者对产品品牌、企业形象等的关注也对企业经营提出较高的要求;最后在技术环境方面,康美药业作为高新技术企业,虽然享有一定的税收优惠,然而其不断追求创新的行业特征也使得企业的研发费用居高不下,资金和经营压力可想而知。加之康美药业近10年净现比远远小于1的实际情况,康美药业现金严重不足,难以支撑起庞大的规模扩张和各方面需求。此外,康美药业多次陷入药品检验不合格的风波以及董事长行贿的丑闻也都在无形之中加大了经营压力。

(3) 融资需求

康美药业在2001年上市以来,在马兴田的带领下疯狂扩张,资产规模由2001年的22.69亿狂飙突进至2018年的746.28亿,增长30多倍,速度之快令人咋舌。然而随着康美药业规模的迅速扩张,康美药业外部融资的规模也是让人叹为观止。"潮汕帮大佬"马兴田可以说将资本市场的作用发挥得淋漓尽致,用尽了一切可能的融资手段,其还多次公开发表言论,"通过短期融资券的方式增加资产负债率,降低融资成本",真可谓"长袖善舞"。数据显示,马兴田先后通过定向增发股票、配股融资、发行债券、短期融资券等方式累计筹集资金逾800亿元。为了融资,马兴田及其一致行动人许冬瑾等所持股份质押比例超90%,融资手段之激进足以令广大投资者加倍谨慎。尽管马兴田熟谙资本市场运作规律,但终究如同一个人手持多张信用卡,拆东墙补西墙的做法加之高额利滚利的迅速膨胀,康美药业的财务状况难逃财务困境的结局,尽管公司净利润年年增长,公司经营活动现金流量净额已经连续10年低于公司净利润,难以满足资金需求。康美药业的生产基地、智慧药房等业务扩张以及"全产业链"的战略布局无一不需要大量资金支持,这些项目大多都是投资回报期长,资金回收缓慢,在这种压力下,康美药业虚构货币资金,虚增营业收入提高净利润,美化财务报表提高股价,继续进行融资的做法,倒也显得见怪不怪。但这无疑就是一场"庞氏骗局",最终受损失最大的还是资本市场秩序和广大投资者。

(4) 个人利益追求

我国股权分置改革完成后,财务造假动力发生了很大转变。以往大多数财务造假都是为了公司的利益,例如防止公司退市风险、稳定公司股价、向市场发出有利信号等。而股权分置改革以后,公司员工的个人利益便与资本市场紧密联系起来。股权激励、限售股解禁等都引诱着管理者提高股价,为自己谋得更高的利益。

(5) 内部控制缺陷

康美药业内部控制制度设计不合理、执行缺乏有效性。正中珠江会计师事务所2018年对康美药业出具了否定意见的内控审计报告,指出康美药业内部控制制度不完善、财务核算紊乱以及母子公司之间、关联公司之间的财务核算不规范的问题。一方面其内部控制的重大缺陷主要是由于制度设计不合理所导致,财务制度、业务流程都急需加强合规管控。另一方面,其内部控制也没有得到有效执行,相关的审批流程例如赊销审批、信用审核等均未做到严格遵守,因此才给其使用虚假业务单据进行虚增营业收入、虚构利润提供了方便。

此外,公司治理环境和管理层的结构也急需改善,以维护内部控制的运行。康美药业董事会下设审计委员会、薪酬和绩效管理委员会、战略和发展委员会等,监事会也设置了职工代表,虽然其机构设置虽然大体上符合规定,却终究还是漏洞百出。

(6) 内部审计失灵,内部监督无法发挥作用

如上所述,由于康美药业内部控制的缺陷、股权集中以致大股东专断等原因,内部审计机制无法发挥作用。加之内部审计部门的工作人员职业生涯、薪酬福利等本身性质的限制,职业道德素养和专业程度等也在一定程度上受到内部控制环境的影响,致使内部审计人员无法在日常工作中起到有效监督作用,导致无法在财务报告报出之前第一时间发现造假并予以纠正。

(7) 外部监督不到位,注册会计师玩忽职守

近年来随着就业形势的不断严峻、会计从业门槛的降低,我国会计从业人员和相关从业机构增长迅速,会计师事务所面对较大的竞争压力。一些事务所为了争夺市场份额,在严峻的市场竞争中存活,可能会违背会计师执业守则,向利益妥协。康美药业自上市以来,其鉴证服务均由正中珠江会计师事务所提供,已连续17年为康美药业出具标准无保留审计报告。正中珠江每年收取康美药业数百万元审计费用,再者,正中珠江连续与康美药业合作多年,与管理层的关系难以避免会更为密切,注册会计师可能会基于以往对管理层的评价而疏忽大意,影响其对审计资源的分配和审计程序的制定和选择。

另外，注册会计师本身可能也倾向于"睁一只眼闭一只眼"，因为每个不符合会计准则的发现，都是对他们自己以往工作的否认，这无异于自砸招牌。例如面对康美药业 2017 年 341.51 亿的银行存款，注册会计师在审计报告中声明已进行了必要审计程序，而康美药业被爆出货币资金造假之后，他们又声称，已对康美药业的银行存款实施了邮寄函证。如此重大审计项目，注册会计师仅对其进行邮寄函证而未采取跟函这种更严谨的审计程序，是对管理层的信任还是自身疏忽大意玩忽职守？邮寄函证过程中，可有对邮寄过程保证全程控制，可有康美药业代为邮寄或者未直接寄回会计师事务所的情况发生？这些我们都无从知晓。

（8）政府部门监管力度不够

在我国，相关行政部门通过制定会计政策约束会计工作人员的行为，以便于在一定程度上抑制造假行为。然而自 2012 年开始康美药业就一直被广泛质疑财务造假，但相关监管部门却没有予以足够重视或者展开调查。政府监管松懈，无疑在某些方面助长了上市公司财务造假的气焰。

【思考与讨论】

请结合案例分析康美药业财务造假造成了什么样的后果？

6.3 威胁与冲突的处理

6.3.1 威胁的识别、评估与处理

威胁的识别、评估与处理是组织安全管理的重要组成部分。《国际会计师职业道德守则》要求职业会计师识别、评估和处理对遵守基本职业道德原则构成的威胁。

1. 威胁的识别与评估

从会计师的角度来看，"威胁"通常指的是一种不利的财务或商业情况，可能会对企业的财务状况和经营业绩产生负面影响。这种情况可能来自内部因素，也可能来自外部因素，比如市场竞争、法律诉讼、自然灾害等。

会计师可以通过分析企业的财务报表、经营数据和市场环境等信息，借助专业技能和工具，如财务分析软件、风险评估工具等，来帮助自己更准确地评估威胁，并制定相应的应对策略，以减轻或避免威胁对企业造成的不利影响。例如，

会计师可以通过分析企业的现金流、资产负债表、利润表等财务报表,评估企业的偿债能力和盈利能力,以及资产的变现能力等指标,预测企业未来的财务状况,并据此制定相应的风险管理策略。

典型的威胁包括:

(1) 自身利益威胁(self-interest threat)

会计师的工作是为了维护企业的利益,因此可能会受到来自企业的压力或威胁,要求会计师按照企业的要求进行自我复核或提供不实信息,以满足企业的要求和利益。

(2) 自我复核威胁(self-review threat)

会计师在进行自我复核时,可能会因为某些原因选择自我保护,采取一些不恰当的措施或方法,例如删除、修改或隐藏某些信息,以避免被发现或受到惩罚。

(3) 倾向性威胁(advocacy threat)

某些企业可能会利用会计师的倾向性,要求会计师提供符合其利益的信息或建议,从而对会计师施加压力或威胁。

(4) 熟悉性威胁(familiarity threat)

会计师可能会因为对某些业务或企业的熟悉程度,而被要求提供不实的信息或建议,从而对自身的职业声誉和信誉造成损害。

(5) 恐吓性威胁(intimidation threat)

某些企业可能会采取一些恐吓手段,例如威胁、恐吓或暴力行为,来迫使会计师屈服或提供不实的信息或建议。

2. 威胁的处理策略

会计师在处理财务报表和经营数据时,需要时刻保持警觉,并采取一系列措施来应对可能的威胁。

第一,会计师需要了解自己的职业责任和义务,并遵守相关的法律法规和行业准则。在处理财务报表和经营数据时,会计师需要保持客观、公正、准确的原则,不得采取任何不恰当的行为或方法来保护自己或他人的利益。

第二,时刻关注行业环境和竞争情况,了解所在行业的政策法规和监管要求,以及行业内的主要风险和挑战。这有助于会计师更好地了解企业面临的威胁,并制定相应的应对策略。

第三,会计人员保持独立性和客观性,不受任何利益或威胁的影响。在处理财务报表和经营数据时,会计师需要坚持职业操守和道德规范,采用科学、客观的方法和流程,确保提供的信息真实、准确、完整。

第四,需要加强风险管理,制定相应的应对策略,以减少因威胁而对自身造成的不利影响。例如,会计师可以采取审计轮换制度、加强内部控制、加强与客户的沟通等措施,以减少因熟悉性威胁而造成的不良影响。

第五,需要积极主动地与相关部门和机构合作,如律师、审计师、税务顾问等,以获取更专业的意见和建议,帮助自己更好地评估威胁,并保护自身的利益和声誉。

6.3.2 应对伦理问题的解决思路与方法

在应对财务伦理问题时,企业需要制定有效的解决伦理问题的思路和方法,合理应用冲突管理的手段,以解决财务伦理引发的威胁与冲突,保证企业的可持续发展。

冲突管理旨在通过综合运用调解冲突和引发冲突两个方面的方法,在企业内部建立合理且适度的冲突,以增强企业的适应能力和变革能力,从而提高企业的整体绩效。企业需要对可能出现的伦理问题进行识别和分析,明确问题的性质和影响范围,在进行问题思考时,应当聚焦企业的核心价值观、关注员工行为、关注社会舆论并积极应对。主要的方法有以下几项。

1. 建立健全的财务伦理框架和管理体系

企业需要建立健全的财务伦理框架和管理体系,包括伦理规范、伦理委员会、伦理培训等。伦理规范是企业制定的关于道德和行为准则的文件,明确了员工在工作中应遵守的基本原则和道德要求。伦理委员会是企业专门负责解决伦理问题的机构,负责监督和指导企业伦理管理工作。伦理培训是为员工提供有关伦理问题的知识和技能,提高员工的伦理意识和道德素质。以下是建立健全的伦理框架和管理体系的几个方面:

(1) 制定财务伦理准则

企业应制定明确的伦理准则,将核心价值观、道德规范等纳入其中,明确企业的伦理底线、行为规范以及风险管理的目标、原则、流程和责任,规范风险管理的实施,为企业的决策和行为提供指导。伦理准则应包括针对不同职能部门、不同岗位的具体行为规范,以及相应的奖惩制度。

(2) 加强财务伦理教育和培训

企业应加强对财务部门员工的伦理教育和培训,提高员工的伦理意识和道德素质,培养员工的伦理判断和决策能力。伦理教育和培训可以采用多种方式,如组织伦理讲座、制定伦理考核制度、开展伦理情景模拟等。

(3) 建立财务伦理监督和管理机制

企业应在财务管理机制中加入伦理监督和管理机制,加强对员工行为的监督和管理,及时发现和处理违反伦理准则的行为。伦理监督和管理机制可以包括组织伦理委员会、设立举报渠道、建立内部监察体系等。

(4) 完善伦理风险评估、管理、问责机制

企业应对伦理风险进行全面评估和管理,及时发现和应对可能存在的财务伦理问题。伦理风险评估和管理可以采用风险管理的方法和工具,如风险矩阵、风险评估模型等。建立健全的伦理问责机制,对违反伦理准则的行为进行严肃问责。

2. 加强沟通和协作

企业需要加强内部沟通和协作,建立互信、互相尊重的良好关系,确保信息流通和反馈畅通。部门沟通和交流可以采用多种方式,如会议、座谈会、互动平台等。同时,强化团队协作和合作,鼓励员工之间互相帮助、互相学习,提高团队的凝聚力和合作精神。企业还需要积极与社会各界沟通和协作,借助外部审计机构和政府相关部门的力量,强化财务伦理监管,共同解决伦理问题。

3. 建立财务伦理问责机制

企业需要针对财务问题建立健全的问责机制,对于违反伦理规范的行为,要及时追究责任,对于严重的违法违纪行为,要进行法律惩处,形成有力的威慑和警示作用。以下是建立问责机制的几个方面:

(1) 建立问责制度和规范

结合财务管理制度,建立问责制度和规范,明确各级管理人员的职责和权利,规范管理和决策流程。问责制度和规范应根据企业的特点和需求进行定制化。

(2) 强化内部监督和审计

企业应强化内部监督和审计,通过内部审计、内部控制等手段对企业管理和决策进行监督和评估,及时发现和纠正存在的问题。内部监督和审计可以有效地加强企业内部的问责和监督。

(3) 建立投诉和举报渠道

企业应建立投诉和举报渠道,为员工和利益相关方提供投诉和举报的渠道

和保护,及时处理和回应投诉和举报,防止和解决伦理问题。投诉和举报渠道应方便、快捷、安全,不得泄露举报人的身份。

(4) 加强外部监督和评估

企业应加强外部监督和评估,通过外部审计、社会责任报告等方式对企业的管理和决策进行监督和评估,及时发现和纠正存在的问题。外部监督和评估可以有效地促进企业的问责和监督。

6.4 财务会计的伦理规范

6.4.1 会计人员职业道德

1. 会计职业道德的含义

会计职业道德是指在会计职业活动中应当遵循的、体现会计职业特征的、调整会计职业关系中各种经济关系的职业行为准则和规范。会计人员在从事工作时要遵守职业道德,认真负责且具有创造性地处理工作;积极承担相应责任,遵守纪律要求,在理论基础上结合工作实践经验,落实好会计人员相应的职责要求。

中国市场经济越来越发达,对于会计人员的职业道德要求就越来越高。会计从业者需要足够的专业知识储备、丰富的会计从业经验以及极强的职业道德等专业素养,只有会计人员坚定职业信仰,拒绝经济诱惑以及积极完成企业工作,才能让企业永续经营,从而进一步为宏观经济的稳定建设贡献出应有的职业价值。

2. 会计职业道德的基本内容

我国在会计政策中对会计职业道德有明确的要求,主要可以概括为八个方面:第一,爱岗敬业;第二,诚实守信;第三,廉洁自律;第四,客观公正;第五,坚持准则;第六,提高技能;第七,参与管理;第八,强化服务。会计人员要按照规则对自身行为进行约束规范,并在此基础上,进行创新性修正,以便更好地完成自身工作。

3. 我国会计人员职业道德缺失的主要表现

现行的会计政策以及对会计人员的职业道德规范作为一种主观层面的意识

规范,无法对会计行为进行量上的衡量。回顾"ST凯乐""康美药业""广州浪奇"等案件,虽然我国市场经济在不断发展,但由于会计人员职业道德缺失带来的会计失信行为也为市场经济发展带来了巨大的阻碍。要总结以往会计造假事件,明确会计道德缺失的表现和危害,为会计从业人员提供行为红线。会计职业道德规范本身作为一种上层建筑的主观指标,难以量化,可用诚信意识作为重要评判依据。

(1) 干预会计信息

会计信息作为企业经营情况的综合记录,能够全面反映出企业过去、现在和未来的各种财务信息,例如财务状况、经营成果以及资金动态等。这些信息作为企业利益相关者的重要桥梁,保证其基本属性的正确性是至关重要的。

会计人员作为这些会计信息的重要参与人,必须要以高度的责任感与诚信意识为基础进行会计信息的呈现,彰显会计信息的基本属性。如果由于会计人员自身问题导致会计信息出现误差,那么就不仅仅会给相关利益者带来损失,更会给公司发展留下严重隐患,影响企业信誉以及永续经营。

(2) 原始凭证造假

原始凭证作为企业制作财务报表的重要依据,也是企业进行查漏补缺的重要依据,能够真实且详尽地展现出企业经营过程中各方面的资产变动情况,保存这些原始凭证的相关会计人员会接受不法分子的行贿,利用职务之便泄露或者篡改相关原始凭证,为企业呈现出更好的经营情况。

(3) 财务报表舞弊

财务报表作为企业财务管理的一项重要工具和媒介,是企业和相关利益者的沟通桥梁,其重要性不言而喻。对于时有发生的财务报表舞弊行为,或是财务数字、财务信息上有意识的忽略,用于欺骗和隐瞒使用财务报表的人员,这类违反职业道德的行为往往有企业内部高级管理人员的参与和主导,其舞弊技术不断升级,通过精心设计和规划,能及时掩盖相关会计道德缺失人员的不正当操作。

6.4.2 财务伦理治理

1. 加强管理层以及财务人员的伦理意识

企业高层作为决定公司行驶方向的掌舵者,其决策方向对公司的整体走向有着决定性的作用,故企业内部更应加强有关财务伦理道德的学习,培养正确的财务伦理观念,塑造正确的财务道德意识,以合理的经营目标开展日常经营活动,通过合法合理的激励手段鼓励员工完成目标。会计人员本身有专业知识基础,更应加强自身纪律性,对自身业务水平以及道德水平提出更高要求,对自身工作承担起该有的责任。

2. 提高内部审计人员的伦理意识

企业内部审计人员是公司监督和管理责任的执行者,不仅对公司财务流程负责,更对公司相关领导层决策负责。由于我国关于董事会运行的具体规范并未出台,故导致相关公司内部高层权责划分不清,在履行相应责任时出现了一定的问题,如职责履行不及时或公正性出现一定偏差。内部审计人员应保持诚信、正直、公正,不偏不倚地作出审计职业判断,坚决守好企业内部第一道防线。

3. 完善外部审计监督体系

外部审计独立于企业,不受内部审计人员以及管理层的限制,其在组织、工作、经济方面均独立于企业本身,其只对国家、社会和法律负责,具有较强的独立性与公正性。企业要定期更换外部审计机构,既避免轮换期过长导致舞弊行为发生又能避免由于更换过于频繁导致审计资源的浪费。

4. 加强会计职业道德教育

对会计从业人员来讲,守好职业道德底线是预防财务舞弊行为的第一道防线,因此要给财务会计人员做好职业道德教育,加大诚信教育力度,邀请相关专家进行内部教育,让会计从业人员懂得什么是对的,什么是不应该做的,什么是必须提倡的,什么是应该坚决反对的。同时,会计从业人员也要做好自我教育,从业人员自我学习、自我改造、自身道德修养的行为活动,促使员工之间相互监督,自觉践行职业规范。有关部门也可以建立统一的培训机构,积极引导企业诚信经营,维护良好的营商环境。

6.5 企业在财务会计活动中的社会责任与可持续发展

从企业的角度来看,履行社会责任需要持续优化和变革财务系统,并且要扩展到整个国民经济管理范围内,同时企业的财务计算也要扩展到企业的社会费用和效益范围内。从总体上看,企业财务会计是连接企业自身责任和社会责任的桥梁,也是连接微观经济和宏观经济的桥梁。

从社会学角度来看,企业重视社会价值,所以企业履行社会责任,维护整体利益。若企业只重视社会财务收益,不关心社会多数人的利益,就不能融入社会,使企业在社会环境中的名声受到极大的影响,可持续发展就不能维持。因此,全面认识企业财务会计与企业社会责任之间的关系,是我们当前的一项重要任务。

政府对企业的财务管理和会计核算制定了相关法律,并结合会计和财务管理方面的法律法规制定了财务会计制度。明确了财务会计管理的具体方法和规范化操作,是为加强企业发展而形成的制度。企业的社会责任是企业创造利润,对股东承担法律责任,对职员、消费者、社会和环境也负有责任。企业的社会责任要求企业必须改变以利润为唯一目标的理念,强调企业在生产过程中要关心人的价值,强调对消费者、环境及社会的贡献。实际上,这两件事是相辅相成的,在企业发展过程中相互制约,相互促进。企业的投资是在社会环境中进行的,它在社会中发展,应用于社会。因此,企业承担相应的社会责任是应当履行的社会义务。企业财务会计制度直接影响着企业社会责任的履行程度,而能否实现企业财务目标也是由社会集体共同决定的,这两者相互促进、相辅相成,在企业的发展过程中共同推动企业实现经营目标,促进社会责任的持续进步和改善。

案例 2

理 想 汽 车

1. 公司简介

理想汽车由李想创立于 2015 年 7 月份,是中国新能源汽车制造商,从事设计、研发、制造和销售豪华智能电动汽车等业务,经过数年的发展,理想汽车企业在 2020 年 7 月正式在纳斯达克挂牌上市。理想汽车从初期围绕单款产品进行精细化管理,经过几年发展壮大取得市场认可后逐步扩展自身产品矩阵,成为 2022 年大型 SUV、中大型 SUV 双冠王,稳坐国内三大造车新势力头把交椅。

2. 财务相关的关键节点

(1) 初期缺乏资金,需要确定市场价格定位

新能源汽车的细分种类多样,从哪个赛道切入市场仍需细细思索。纯电动汽车市场对于目前刚开始造车的李想来说并不好进。作为一个"后发者",资历更深、资金更足的蔚来和小鹏等企业是当前的李想无法抗衡的;中高端市场上有

价格40万—50万左右的特斯拉与蔚来汽车,比亚迪覆盖全产品线,占据下沉市场主力的小鹏汽车占据20万以下小型家用车细分市场。于是,李想将目光转向了增程式汽车。纯电动汽车有着无法忽视的痛点——电池续航能力差、充电设施不完善,而增程式汽车"可油可电",能轻松解决纯电动汽车无法克服的"里程焦虑"问题。同时,增程式汽车也在国家补助的范围之内,所享受的待遇与纯电动汽车相差无几。在增程式这条赛道上,李想看到了"后发先至、弯道超车"的可能。但初入造车行业,前期在技术研发上就需先投出一大笔资金,想在下沉市场和小鹏拼价格着实困难,中高端市场上的强大竞争者有特斯拉与蔚来等,其产品定价更高,如何基于企业的资金实力寻找市场空间,李想需要做出选择。

(2) 补助政策退出,需要市场发力

随着城市化、工业化进程加速,国际原油供求矛盾逐步加深,全球气候变暖日益明显,在此背景下,国家对新能源汽车的利好政策不断出台,补助力度非常大。2001年成立了"863"电动汽车重大专项,确立了"三纵三横"的整车及关键技术研发战略格局,指明中国新能源汽车的研究方向,明确了新能源汽车产业发展框架,2009年新能源汽车推广试点开始推行新能源汽车补贴政策,对私人购买实施补贴;2010年出台《关于加快培育和发展战略性新兴产业的决定》。将新能源汽车确立为重点发展的"战略性新兴产业";2013年的《关于继续开展新能源汽车推广应用工作的通知》开始,将补贴资金直接拨付给生产企业,利好政策频发,电动汽车驶入高速跑道,但随着新能源汽车市场的迅速发展,国家政策开始逐步退坡,从2017年起,插电混合动力乘用车(含增程式)政策补贴逐步下降,2020年插电混合动力乘用车(含增程式)补贴仅有0.85万,增程式汽车能享受到的优惠政策越来越少。例如北京已出台相关政策,停止向增程式电动汽车发放政策补贴,像理想ONE这样的增程式汽车未来只能使用燃油车指标,意味着将极大地影响销量;在上海,增程式电动汽车已无法享受新能源汽车专用牌照,理想车主须通过拍卖获取牌照,这对于售价35万左右,主打中高端的理想ONE来说,可谓是当头一棒。

(3) 产品核心理念的代价

理想汽车坚持理解用户的需求,做出超越用户需求的产品核心理念,上至创始人李想,下至刚入职的新员工,都对"用户需求"这个理念印象深刻。为真真正正地将"用户需求"刻进组织的DNA中,对每月新入职的员工,上至部门总监,下至工厂工人,李想都会亲自给他们讲上三小时的品牌与组织战略,将他们引到理想前进的方向上。但超越用户需求的追求不能只是闭门造车,凭空臆想,必须深入消费者,去追寻用户真正的痛点与需求,而这就涉及销售渠道选择的问题,这背后也包含着成本的巨大压力。

3. 财务关键节点对策与企业社会责任分析

(1) 价格定位助力市场定位,精准产品策略

中高端市场上的强大竞争者有特斯拉与蔚来等,其产品定价更高,多在 40 万~50 万,而 30 万~40 万价格左右的电动车市场仍有很大空间。同时,随着中国二胎时代来临三胎政策逐步放开,新中产阶层的多口之家对于中大型 SUV 的需求越发迫切,且这一群体的"里程焦虑"也最为严重。中大型 SUV 市场中具有核心竞争力的车型并不多,当时仅有大众途昂、汉兰达、探险者与比亚迪唐,这些车型多为纯电动或是油电混合型。认真分析过当前市场之后,李想决定将产品定位在中高端市场,做 30 万左右的中大型 SUV,并在前期专注单一车型,节约资金,先活下来,形成自己的造血功能,为理想的长期发展打造一个强健的"体魄"。

(2) 维护企业理念,坚持企业社会责任,注重资金投入方向,可攻可守

理想坚持以技术研发和产品研发为企业的核心驱动力,集中优势资源投入到研发与人才储备上来,不走捷径,埋头围绕客户需求进行技术创新。理想汽车已着手开发高压纯电技术,品牌旗下首款高压纯电动车型计划于 2023 年面世,进一步满足消费者对于电动出行的至高期待。此外,理想汽车还将继续深耕于智能驾驶、智能驾舱在内的一系列电动车技术,向实现更高级别的制车目标前行。

对于有限的资金,理想的财务规划显得尤为重要。一方面,自行建厂控制成本;另一方面,直销渠道,深入市场维护产品理念,保障消费者需求。2018 年,理想以 6.5 亿元从力帆(重庆力帆集团)手里买来造车资质,2019 年 11 月,理想常州基地开始量产。理想始终坚持自建工厂造车,是"蔚小理"中最早脱离代工模式的企业;直营渠道使得理想能够贴近用户,洞悉市场,及时获得实时反馈,从而实现改良升级。截至 2022 年 3 月末,在全国已有 217 家零售中心,覆盖 102 个城市。售后维修中心及授权钣喷中心 287 家,覆盖 211 个城市。目前,一线城市体系成熟,二线城市贡献销量主力,三线城市迅速开拓,理想的全国销售网络已经初具规模。

(3) 注重长远目标,支持价值共创

在李想看来,"超越用户需求"仅依靠整车厂自身难以企及,必须依赖于新能

源汽车产业链上各个环节的紧密合作,精益制造基于上下游合作者们共同的战略价值认同。理想对用户需求的坚持与对产品的反复修改,起初使供应商难以理解。理由显而易见,理想产品设计的每一次迭代变化,都得让供应商花费额外的精力去解决模具报废和调整生产工艺的问题,带来一系列成本问题。面对这样"不靠谱"的要求,供应商有两个"杀手铜",一招是说"做不了";另一招是报一个超高价格,这让理想的采购团队十分头疼。

但随着理想团队不断和供应商深度沟通产品迭代背后的理由,在"深度满足客户需求,超越客户期待"这一点上,供应商为实现最终的长远利益,慢慢接受了理想的产品迭代理念。2021款理想ONE项目即将上线时,常能看见芯片供应商地平线的团队与理想的员工们共同熬夜加班,而理想的迭代理念也为供应商带来了出色的回报——四屏方案、全车四音区麦克风方案等等在理想上取得成功的案例,已慢慢成为新能源汽车行业的标配。何况,供应商们还能将这些成功实施的方案卖给汽车行业其他企业,再赚一笔。理想与其上下游的供应商们真正实现了合作共赢。

(4) 注重长期利益,避免短期诱惑

2020年10月26日,理想汽车创始人李想在朋友圈发文称:"任何投资人的LP会议和各种年会我们今年都不参加,也不允许任何同事去参加。我们正在艰难地打'反围剿'的战斗,战场的惨烈和残酷程度是一般人想象不到的。四渡赤水的关键时刻,团队所有人都必须全力作战,不得有丝毫的懈怠。理想汽车对于股东的义务是:长期赚大钱。这个我们有信心,股东们其余的需求就向这个核心需求让位了。"同时,他还表示,理想汽车IPO以后的12个月,不做任何财务投资和对外投资,避免贪心和诱惑。所有的资金都用于技术研发、用户服务、质量提升、人才引进,且加倍投入。

在企业逐渐步入正轨后,理想又及时抓紧时机,加大融资力度,全面保障研发与产能投入。2020年7月,理想在美国纳斯达克上市;2021年8月,在港交所完成双重上市。上市所融资金主要投入到研发之中,丰富理想产品的种类与功能,还有部分资金将投入门店建设与宣传营销之中,扩大理想的品牌影响力。

【思考与讨论】

1. 请结合案例分析理想汽车在经营过程中可能需要进行什么财务会计活动?

2. 理想汽车面临关键财务节点中所面临的问题属于什么威胁?是如何处

理的？

3. 结合案例分析，理想汽车在发展过程中履行了什么企业经济社会责任？

4. 为什么理想汽车在短期内不选择投资？短期的决策是否会影响企业的长期经营？你认为该决策是否履行了企业的经济责任？

5. 你认为理想汽车为了实现产品理念面临的成本压力包括什么？是如何实现成本控制的？基于企业经营状况，你认为理想汽车在财务管理方面有什么是值得学习的？

课后思考题

1. 研究财务会计中的伦理问题有何目的？
2. 为什么财务会计职业伦理道德对会计师和企业至关重要？
3. 在商业世界中，道德标准与经济利益之间可能存在矛盾。你认为在这种情况下，该如何平衡道德标准和经济利益？
4. 你认为在当今复杂多变的商业环境中，企业如何保持商业伦理和财务会计职业道德的高水平？
5. 试结合近年我国上市公司发生的一个典型舞弊案例，说明其发生是偶然的吗？面临道德困境，如何才能做到坐怀不乱、坚持道德底线？

参考文献

[1] 邬曦.第一届中国企业、管理、伦理论坛会议综述[J].管理学报,2014,(11)：1692-1695.
[2] 董红星.财务报告舞弊的组织伦理学分析[J].会计研究,2016,(9)：11-16.
[3] 康美药业.康美药业股份有限公司 2018 年年度报告[R].普宁：康美药业,2019.
[4] 康美药业.康美药业股份有限公司 2019 年年度报告[R].普宁：康美药业,2020.
[5] 康美药业.康美药业股份有限公司 2017 年年度报告[R].普宁：康美药业,2018.
[6] 康美药业.康美药业股份有限公司 2016 年年度报告[R].普宁：康美药业,2017.

第七章 环境保护中的伦理问题

7.1 环境伦理概述

我们将人类赖以生存的空间及在该空间里能够影响人类生产、生活与发展的各种自然因素统称作环境(Environment)。通常,我们所说的环境指大气环境、土壤环境、水环境和生物环境等。进入 21 世纪后,随着科学技术的迅猛发展,工业化、城市化脚步日益向前,引发了环境质量下降与生态失调的问题,保护生态环境,实现人与自然和谐发展的理念也深入人心,成为全球全人类的共识。在这样的背景之下,研究环境保护中的伦理问题对于经济的高质量、可持续发展具有重大意义。环境伦理是围绕人与自然之间的伦理关系,以及受人与自然关系影响的人与人之间的伦理关系的准则。是"建立在一定环境价值观之上的人类道德行为规则"。

7.1.1 人类与环境的关系

《中华人民共和国环境保护法》对环境的定义为:"影响人类生存和发展的各种天然的和经过人工改造的自然因素的总体,包括大气、水、海洋、土地、矿藏、森林、草原、野生生物、自然遗迹、人文遗迹、自然保护区、风景名胜区、城市和乡村等。"也就是说,环境与人类生存发展息息相关,我们生活于环境之中,受环境影响又反作用于环境。正如恩格斯指出的:"人本身是自然界的产物,是在自己所处的环境中并且和这个环境一起发展起来的。"人是自然演化的结果,人类的各项活动最终也是由自然所决定的,因此人类需要谋求对自然的适应、尊重与和谐共处。

在人类社会的最初阶段,由于自身力量弱小和对环境认识不足,人们只能依靠自然界提供的现有物质资料来维系生存。到了农业时代，人类逐渐学会利用自然资源、改变自然环境，出现了过度耕种、过度放牧、过度渔猎等现象。工业革命以来，人类改造自然的能力大大增强，科学技术的应用促进了社会经济的快速发展。但是，随之而来的环境问题也成为重大的社会难题，例如不合理地开发利用自然资源所造成的生态破坏问题；"三废"污染、噪声污染、全球气候变暖、酸雨、臭氧层破坏等环境污染问题；水资源短缺、土地资源短缺等等资源短缺问题……环境已经对人类健康造成严重危害，也制约着经济社会的进一步发展。

按照人类中心主义观点，人类在地球上出现后不断提升生产力，从最初的纯粹依靠环境生存，到改造自然环境、破坏自然环境，甚至认为人类是地球的主人。基于这一观点，一个企业的所有活动都将基于人的意志，不必担心其他因素的兴衰。人类需要掠夺环境来满足自己的需求，这导致了一系列问题：环境被污染，生态被破坏，资源被迅速消耗。工业革命后的工业化、城市化和科学技术进步，使人类在经济发展数量和规模上创下了历史纪录，并积累了前所未见的物质财富。然而，过度的资源和能源消耗，大量的污染物和废物排放，都对人类赖以生存和发展的生态平衡和地球环境造成了破坏，导致了一系列重大的全球生态环境问题。

在人与自然的关系中，人类已处于主动地位，但人类始终是自然的一部分而非万物的尺度，人与自然是生命共同体，破坏环境就相当于毁灭人类自身。基于这种伦理观，人们逐渐意识到在改造自然的同时也要尊重自然，必须保护生态环境，努力实现人与自然的和谐发展。

7.1.2　环境公平

环境公平是可持续发展概念的核心意蕴[1]。根据环境公平的内涵，它不仅涉及环境资源以及污染物在地理空间中的"分配正义"问题，还涉及环境管理过程中的参与公平，并逐步拓展到制度公平、认同公平等在生态环境中的作用；随着环境公平概念的外延，其讨论领域已从种族、收入等扩展至时空维度上的代际、国家、区域、城乡等新的范围。从对环境弱势人群的群体权益关切深入到对结构性问题的思考[2]。我们可以从时间和空间两个维度对环境公平进行探讨和分析，时间维度上主要分析代际之间的环境公平问题，空间维度上主要分析代内之间、群体之间、区域之间和城乡之间的环境公平问题。

1. 环境的代际公平

环境中的代际公平是实现可持续发展的关键要素之一，它强调的是现在的一代人和未来的一代人在利用自然资源、享受优质环境以及追求生存和发展的权利上应该平等，本质上来讲，它是关于自然资源利益在不同代际之间的分配问题。从伦理角度看，后代人与当代人有同样的权利，对资源和环境提出同样的要求，根据公平原则，任何一代人都不应在资源和环境问题上处于主导地位，也就是说，每一代人都应有同样的权利选择社会空间。这要求当代人在考虑自己的需求的同时，对后代的需求和消耗承担历史责任。现代企业应在公平原则和伦理观念的基础上，在考虑当代人的合理需求的前提下组织生产，同时也应该为子孙后代留下生存和发展的空间，而不是一味追求眼前利益，盲目生产，而忽视人类生存和发展长远利益。要把局部利益和整体利益统一起来，为人类美好未来奠定良好的物质基础。可持续发展理论提出，人类具备维持发展的能力，确保可以满足现在的需求，且不会妨碍满足未来一代的需求。尽管现有的技术条件、环境和资源状况对可持续发展造成了某种约束，但人类能够通过管理和改善落后的技术及社会结构，为新时代的经济发展铺设道路。人类不能为了子孙后代而停止使用资源，资源保护和资源的有效利用并不矛盾。在资源的使用中，企业应尽最大努力提高资源的利用率，并努力为后代提供替代资源以进行补偿。

2. 环境的国内公平

环境的国内公平主要包括三个方面：城乡公平，区域公平与阶层公平。我国是一个发展中大国，又处于并将长期处于社会主义初级阶段，随着工业化和城镇化加快发展，在我国也难免存在环境不公平问题。在环境资源的拥有和使用方面，城乡、贫富、行业和地区之间存在显著的差距，城市、富裕人群和东部地区的资源占有和享用量远大于农村、贫困人群和西部地区。然而在环境责任和义务方面，农村、贫困人群和西部地区承受环境污染的负面影响却大大超过城市、富裕人群和东部地区。一方面，城市环境在总体上有所改善，但环境污染却向农村蔓延，导致农村环境形势堪忧。另一方面，东部地区和西部地区在获取资源利益和承担环保责任上存在严重的不平衡。西部地区的资源被大量用于东部地区发展，造成西部地区局部环境进一步恶化，与此同时，东部地区、发达地区在产业升级和城市环境整合过程中，导致一些落后的、污染严重的工业项目和生产设施向西部转移，进一步加深了西部一些地方环境的恶化。在污染治理投资上，由于长期的城乡二元结构，我国在环保方面城乡差距明显，主要的环境污染治理资金投入集中在城镇,相比而言,农村地区的环境污染治理资金却较为匮乏。关于环境权益的保护,公民对于自身环境情况的了解权、参与环境事务的权利以及环境资源的使用权并未得到充分保障,侵权现象屡有发生。

3. 环境的国际公平

环境的国际公平理念强调,无论是发达国家还是发展中国家,都应当有平等的权利去利用自然资源并享有洁净的环境。然而,某些西方发达国家持续主张在资源环境的短缺问题中实施自由贸易交换,以实现资源"按需分配"。国际公平观点认为发达国家的发展建立在发展中国家资源损失与生态破坏的基础上,将不可持续产业转移至发展中国家,例如某些发达国家将污染密集型、有毒有害产品的生产、加工、销售转移至发展中国家以及废弃电子零件、非金属"洋垃圾"走私猖獗等。由于自然资源被过度开采和浪费,激进粗放的经济发展模式盛行,导致自然系统开始走向退化,进一步引发了经济、社会和文明的制度崩溃。《世界自然宪章》中强调:人类需要在国家和国际的水平上,个人和集体的水平上以及私人和公共的水平上采取适当的措施保护自然并促进此领域的国际合作。因此,发达国家有责任在最大程度上减少对全球公共资源的副作用与破坏,并勇于承担在早期工业化阶段造成的环境污染和生态破坏责任。同时,需要强化与发展中国家在科学、技术和环境保护方面的合作关系,尽力缩小与发展中国家的发展鸿沟,以实现在环境和谐下的人类共同进步。

环境公平问题本质上与可持续发展公平性是同一个问题,环境公平与社会经济可持续发展有着千丝万缕的联系,所以环境公平与否在一定程度上决定人们生活质量的高低,它是人类发展和生活幸福的基础。终结环境不公需要全球人民和政府的共同努力,遵守环境保护平等原则和环境污染预防原则,将环境权写入宪法,保障发达国家和发展中国家之间的环境公平,维护代际环境公平。

7.1.3 环境保护中可能面临的伦理困境

西方环境伦理作为一种意识形态,源于20世纪20~30年代,今天已经发展出两个主要的分支:一是人本主义的环境伦理学,二是自然主义的环境伦理学。前者以人类在自然中的优越地位为其理论支柱,从人类的利益出发来看待人与环境的关系;而后者扩大了伦理道德的领域,将人类社会关系领域的伦理观念延伸到人类以外的环境领域,提升了自然界在传统环境范畴中的价值,与人类并驾齐驱,人类保护环境不再仅仅基于实现自身的价值和利益,而是源于对环境的尊重、关心甚至敬畏。

按照人类生产的过程,在环境保护中主要可能面临的伦理困境有三种:

1. 资源利用的环境伦理困境

为了满足经济快速发展与人类生活享受的需求,我们对资源的消耗规模越来越大,在资源利用的过程当中存在着过度开发、粗放利用和无节制消耗的现象,这必然导致资源的枯竭和对生态环境的破坏。

2. 生产经营的环境伦理困境

企业的生产经营一方面使得经济快速发展,另一方面这种经营过程给环境带来了巨大的负面影响。由于管理者环保意识薄弱、环保设备成本高、生产运作机制不完善等原因,企业在产品的生产加工过程中不断产生废水、废气、废渣等废弃物,由于不能及时妥善处理引发严重的环境污染。目前中国生态环境的基本状况是:全国自然生态状况总体稳定,空气质量、地表水环境、土壤环境、城市声环境、辐射环境等仍需不断改善。需要着力加强生产经营活动中的环保管理,坚持可持续发展。

3. 污染防治的环境伦理困境

近年来,污染转移这种被称为治理污染的行为变得越来越普遍,这种转移不仅发生在发达国家与发展中国家之间,也发生在发展中国家内部,如发达地区向较不发达地区转移,城市向农村转移。当前的国际环境治理策略无法有效地阻止地球环境恶化的趋势,根据现有的国际治理观念、方式、制度和实际行动,我们无法乐观地预期环境会在近期得到改善。正如前美国国务卿科林·鲍威尔所说,这不是短跑比赛,而是一场马拉松比赛。问题的根源在于现行的国际环境治理正受到传统的人类中心主义环境伦理观念的束缚。我们需要建立一种新的"共同体主义"的环境伦理观念,坚持人与自然、人与人之间的和谐和可持续发展。

7.1.4 环境保护中伦理问题的潜在危害

环境伦理是引导当代企业规范化发展的先进理论,深入推进绿色生产与绿色消费变革,发展循环经济,贯彻实施可持续发展战略,都需要企业环境伦理建设作为基础和支撑。在生产生活中,不遵循环境伦理将对自然环境产生破坏,进而影响人类自身。

1. 破坏生态平衡

环境破坏会引发土壤退化、水土流失、土地荒漠化、土地盐碱化、臭氧层破坏、全球变暖等一系列问题，进而导致地球生态环境结构与功能失调，引起生物多样性减少。

2. 危害人类健康

环境质量下降会在不同程度上对人类的免疫系统造成损伤，影响免疫功能，提高发病率，如：伦敦烟雾事件、水俣病、尘肺等。从长期来看，环境污染还会对人产生癌化、突变作用，影响人类身体和精神健康。

3. 阻碍经济与社会发展

资源的过度消耗和浪费将导致资源日益稀缺。将稀缺的资源用于低效率、不可持续的生产环节、将能够持续利用的可再生资源一次性耗尽，将具有多种用途的资源只用于单一目的……这些行为严重影响经济的高质量发展。企业发展以资源浪费和环境污染为代价，虽然短期内可以带来高额回报，但是却严重危害长远经济利益，阻碍可持续发展。

7.2 资源利用与保护中的伦理问题

人类需要在自然环境中生存，并从中获取各种自然资源来维持自己的生存和发展。资源是一个国家生存发展的物质基础，是人民追求幸福生活的基础。人类积极、理性地去挖掘和利用环境资源的内在潜力，是人类社会健康发展的需要，也是实现人类社会可持续发展的需要。然而，资源是有限的、稀缺的，人们很大程度上忽视了理性挖掘和有效利用资源的重要性，由此在资源利用和保护的过程中出现了一系列问题：例如水资源短缺、土地荒漠化、物种减少、能源匮乏……

7.2.1 水资源利用与保护中的伦理问题

水资源是人类赖以生存和发展的重要物质资源之一，是生命的源泉，是农业、现代工业发展的重要原料。长期以来，人们普遍认为水"取之不尽，用之不竭"，但中国从 20 世纪 70 年代以来就开始出现局部用水紧张，地区水资源分布不均匀、年内变化莫测、年际差别很大，再加上不同程度的污染，这些因素使得水资源更加紧缺。而造成这种状况的原因主要包括：水资源浪费、地下水超采严重、水资源污染和水资源利用率低四个方面。

1. 水资源浪费

在各领域,无论是个人生活用水、工业用水还是农业用水,都存在水资源浪费的现象。以 2022 年数据为例,中国的万元国内生产总值用水量为 53 m³,而万元工业增加值用水量为 27 m³[3],这分别是发达国家的用水量的 5 到 10 倍之多。农业用水占据我国总用水量的 80%,但农业用水存在严重的浪费现象。特别是在灌溉领域,约 70% 的农业用水会在灌溉过程中发生渗漏而浪费掉,而采用漫灌方式也会额外浪费 30% 到 35% 的水资源。在居民生活领域,尽管生活用水仅占用水总量的 15% 左右[4],但浪费现象同样存在,尤其表现为"隐形浪费"。例如,在中国的城市生活用水中,大约三分之一的水资源因供水系统中的问题,如管道破裂、滴漏等而被白白浪费。这主要是由于许多城市自来水管道老化且质量不佳。

2. 地下水超采严重

地下水超采是一定区域内地下水开采量超过该地区地下水可开采量的现象。地下水超采的主要原因是区域水资源先天不足、经济社会用水需求大幅增加、节水机制不健全、地下水监管力度不够等等。2021 年,全国范围内的 21 个省、区、市都面临不同程度的地下水超采问题,有些地区甚至存在开采深层地下水的情况。全国范围内,地下水超采区的总面积达到 28 万 km²,年均地下水超采量高达 158 亿 m³[5],尤其以华北地区的地下水超采问题最为严重。这种超采现象会引发一系列问题,包括地下水水位下降、含水层枯竭、水源枯竭等,进而导致地面沉降、河湖缩减、海水侵入、生态破坏等严重后果。

3. 水资源短缺与污染

虽然地球表面的 70% 被水体覆盖,但可供动植物直接利用的淡水资源不到总水量的 0.3%,且分布不均,污染日趋严重,导致全球出现水危机。中国水利部的数据显示:中国人均水资源量仅为世界平均水平的 1/4,是全球最缺水的 20 个国家之一。[6]

近年来,我国的水污染问题日益严重,全国每年排放的污水数量高达 360 亿 t。尽管其中约 70% 的工业废水和不到 10% 的生活污水得到了处理并排放,但其余的污水未经任何处理,直接排入江河湖海,导致水体质量急剧恶化。这些污水中的化学需氧量、重金属、砷、氰化物、挥发酚等污染物的浓度都呈上升趋势,最终导致清水变浊,水质恶化,生态系统受损,甚至导致鱼虾等水生生物的绝迹。

4. 水资源利用效率低

农业是我国第一大用水户。据《2022 年中国水资源公报》显示，农业用水量为 3 781.3 亿 m^3，占用水总量的 63.0%[5]。尽管近年来农业用水效率稳步提高，但耕地实际灌溉亩均用水量为 364 m^3，农田灌溉水有效利用系数为 0.572，与国际先进水平相比仍存在差距（据统计，2020 年中国农田灌溉水有效利用系数为 0.565[7]，以色列高达 0.87，澳大利亚和俄罗斯在 0.8 左右，而美国、法国、西班牙、英国、阿尔及利亚等国家的水资源有效利用系数在 0.6 以上）。值得注意的是，北京、上海和天津等地的灌溉水有效利用系数已经达到了发达国家的水平，这表明我国在灌溉领域具备迎头赶上国际先进水平的潜力[8]。工业用水量为 968.4 亿 m^3，占用水总量的 16.2%，近年来呈现稳中略降的趋势。

7.2.2 土地资源利用与保护中的伦理问题

土地是人类生存和从事劳动生产的基础物质条件，"民以食为天，食以地为本"。然而，地球上的土地资源数量有限且固定。特别是自 20 世纪以来，人们改造自然的力量愈来愈强，人类赖以生存和发展的土地正越来越多地被占据，水土流失、耕地沙漠化、耕地锐减等等问题，正困扰着经济发展和人类生活，也严重地威胁着人类的生存繁衍。

1. 强征强拆

一些地方以加快发展市场经济和乡镇企业为名，大量损毁农田开发新项目，建新街、新镇、新村。在这个过程中，还存在一些不规范甚至违法的拆迁手段，给社会稳定以及人民群众的生活带来了负面影响。如因强征强拆引起暴力流血事件，造成人员伤亡、拆迁补偿不到位引发农民跳楼身亡等，此类案件不仅造成人民财产损失，有的甚至以生命为代价。

2. 人为土壤污染严重

人为土壤污染主要源于工业、农业和生活三个方面。工业污染源通常具有明确定位和稳定的污染物排放特点，因此属于点源污染。工业活动所引发的土壤污染主要包括采矿业对土壤的污染以及工业生产过程中所产生的废水、废气和固体废物等，这些因素都对土壤造成不同程度的影响。在农业领域，为了提高农产品产量，常常会过量使用化学农药、化肥、有机肥，以及采用污水灌溉、施用污泥、处理生活垃圾以及农田覆盖膜残留、畜禽粪便和农业固体废弃物等，这些行为也会导致土壤受到不同程度的污染。土壤生活污染源主要包括城市生活污水、屠宰加工厂废水、医院排放的废水以及生活垃圾等。

3. 水土流失

我国目前存在广泛的土壤侵蚀问题，不仅广泛分布于农村地区，还波及城市和工矿区域，几乎每个流域和省份都受到不同程度的水土流失影响。水土流失是当今世界各国普遍面临的环境问题之一，而在我国，由于特殊的自然地理和社会经济条件，这一问题尤显突出和严重[9]。据水利部最新监测成果，2021年全国水土流失面积267.42万km^2，较10年前减少27.49万km^2，强烈流失及以上等级面积占比由33.8%下降至18.93%。同时，水土流失治理有效改善了农业生产条件和农村人居环境，促进了地方经济社会发展。水土保持是根治河流水害、开发河流水利、建立良好生态环境的根本措施[10]。

4. 土地荒漠化

土地荒漠化是人为因素和自然因素综合作用的结果。我国是世界上荒漠化面积最大、受影响人口最多、风沙危害最重的国家之一。第六次全国荒漠化和沙化调查结果显示，截至2019年，我国荒漠化土地面积为257.37万km^2，沙化土地面积为168.78万km^2 [11]。我国荒漠化和沙化土地面积基数大、影响广，加上区域水资源矛盾突出、不合理的人为活动仍然存在、气候变化等因素影响，荒漠化防治形势严峻。

7.2.3 物种资源利用与保护中的伦理问题

物种资源是世界上具有实际或者潜在价值的所有生命有机体的集合，包括：动物、植物、微生物，等等。物种资源不仅具有能够被直接用作食物、药物和能源、工业原料的直接价值，这些价值可以用货币衡量，比如消费、生产价值等，还具有维持生态平衡、调节气候、保护生物多样性、生态旅游等这类难以用货币衡量的间接价值。物种资源涉及我们生活的方方面面，其重要性不言而喻。但是由于外来物种引进、我国人口快速增长、违法分子非法盗猎和对物种资源过度开发等原因，我国物种资源出现了严重的资源丧失和流失情况。

1. 物种资源丧失

由于环境的恶化，生物物种正在迅速减少，每年约有1.5万—5万种物种在消失，这可能导致许多可被用于制造新药品的分子消失，导致许多有助于提高生命力和产量的基因消失，甚至引起新的瘟疫。我国一部分动植物受到恶劣生态环境的威胁，一些珍稀动植物失去了生存和繁衍的基本条件，严重影响了生态平衡。

2. 物种资源流失

作为世界上物种资源最丰富的国家之一，我国成为发达国家掠取物种资源的重要地区。发达国家机构或个人常常以合作研究名义、旅游者名义和邮寄夹带等方式收集我国物种资源，并通过生物技术的开发利用形成产品，申请知识产权保护，限制我国对这些物种资源的开发和利用，同时，他们将开发出的新产品源源不断销售到中国市场牟取暴利。

7.2.4 能源利用与保护中的伦理问题

能源作为国民经济的重要支柱，承载着人类生存和发展的物质基础。自新中国成立以来，我国的能源行业经历了深刻的转变，为我国的经济增长提供了最初的动力，发展成为经济增长的重要引擎，但化石能源燃烧排放的温室气体也导致了环境的恶化。

1. 能源利用效率低，浪费严重

工业的发展与能源密不可分。在当今世界，多个国家正面临或将面临能源供应紧张的挑战。尽管我国拥有丰富的总能源储备，但人均能源消耗水平相对较低。由于我国长期采用粗放型经济增长模式，导致能源利用效率不高，我国单位 GDP 能耗是世界平均水平 1.5 倍，多地能耗总量超标。如果不改变这种依赖大规模资源消耗的粗放型经济增长方式，资源供给将面临挑战，甚至会对我们子孙后代的生存和发展造成严重威胁。

2. 环境破坏，污染加重

人类在获得和利用能源的过程中，会改变原有的自然环境或产生大量的废弃物，如果处理不当，就会使人类赖以生存的环境受到破坏和污染。一次能源利用过程中所产生大量的二氧化碳、二氧化硫、氮氧化物、悬浮颗粒物及多种芳香烃化合物，已经对一些国家的城市和地区造成了非常严重的污染。据统计，中国仅大气污染造成的损失每年高达 120 亿元人民币。如果计算一次能源开采、运输和加工过程中的其他问题，则损失更为严重[13]。大量的能源消耗还引起温室效应、酸雨等问题，对国家的经济和社会产生严重影响。

7.3 企业经营引发的环境问题

企业经营所引发的环境问题是当前社会关注的热点问题之一。随着环境保护意识不断增强和环境法规不断完善,企业应对环境问题的重要性也越来越突出。本节将探讨企业经营所引发的环境问题及其解决思路和方法。

7.3.1 企业经营带来的环境问题

企业经营所引发的环境问题是一种长期存在的现象。企业在生产和经营过程中常常伴随着废水、废气、噪声等环境污染情况,不仅会影响周围环境的质量和生态平衡,也会威胁人类的身体健康与生命安全。这些环境问题包括但不限于以下几个方面:

1. 大气污染

大气污染指的是人类活动或自然过程导致特定物质进入大气影响大气质量的现象,当这些物质的浓度达到一定水平并持续一段时间,就可能对人类的健康、福利、舒适度和环境产生负面影响。大气污染的程度与污染物的排放量和排放速度有关,目前大气中已发现的污染物有100多种,主要有烟尘、总悬浮颗粒物、一氧化碳、二氧化硫、氮氧化物、挥发性有机物等。企业在生产和经营过程中排放的废气,含有大量的有害物质,对空气质量造成了很大的影响,加剧了城市大气污染问题。

我国目前的大气污染状况依然相当严重,主要表现为煤烟型污染。城市空气中的总悬浮颗粒物浓度普遍超过标准;二氧化硫的污染一直处于较高的水平;机动车排放的尾气污染物量急剧上升;氮氧化物的污染呈现出逐渐加剧的趋势。这些污染物改变了温度、湿度和风速等气象要素,引发呼吸道疾病、心血管疾病、神经系统疾病等,人体长期暴露于高浓度的污染物中还会致癌、致畸形、致突变等。

2. 水体污染

水体污染指的是人类活动导致某些污染物质进入水域,当这些物质浓度达到一定水平,并持续存在一段时间,就会对水生生物的生存和健康构成威胁,或者对人类社会经济发展、生态环境造成不利影响。水体污染的程度与污染物的种类、浓度、排放方式、处理方式等因素有关。工业企业生产和经营所产生的废水经常含有重金属、有机物等有害物质,如果直接排入河流、湖泊等水体中,会导致水体污染,严重影响水生态环境和人类的健康。

我国的人均水资源仅为世界平均水资源的四分之一,在全国范围内,约有一半的城市面临水资源短缺的问题。而水质的恶化进一步加剧了水资源的紧张。我国的江河湖泊普遍受到污染,大多数湖泊出现了不同程度的富营养化现象,主要的水系污染问题突出。在全国七大水系中(包括珠江、长江、黄河、淮河、辽河、海河和松花江水系),有与之相关的污染物种类繁多,达到 2 000 多种,且数量仍在持续增长。其中黄河、淮河、海河的水环境质量最差,有 70%的河段遭受污染。缺水问题导致黄河、淮河、海河等地的中下游出现断流,使得河口淤塞严重。一些大小河流因为城市工业的过量排放污水,已变成污水河流,无法供人类使用。

3. 土地污染

土地污染是指某些物质由于人类活动或自然过程进入土壤,达到一定的浓度和持续一定的时间,最终对土壤生态系统的稳定性及生物多样性构成威胁的现象。土地污染的程度与污染物的种类、浓度、污染方式、土地利用方式等因素有关。企业在生产和经营中产生的大量废弃物、废水、废气等污染物质,在未经妥善处理的情况下直接排放到周围的土地上,会导致土地污染,影响土地的可持续利用和生态平衡。

土地污染对土壤生态系统、人类健康和社会经济发展都会造成严重的危害。据"第十一届中国经济-法律论坛暨市场流通法制论坛"披露,中国每年有 1 200 万 t 粮食受土壤重金属污染,造成损失每年可达 200 亿元。

4. 噪声污染

噪声污染是指所产生的环境噪声超过国家规定的环境噪声排放标准,并干扰他人正常生活、工作和学习的现象。企业的生产设施和机器设备产生的噪声会对周围居民的生活造成干扰和威胁,严重影响人们的身体健康和生活质量。

5. 生态破坏

企业在开采、开发、建设等过程中,可能会对自然生态环境造成破坏,造成生物多样性锐减。例如破坏植被、破坏野生动物栖息地等,严重影响生态系统的平衡和可持续发展。

目前,我国的水土流失与荒漠化依然严重。根据 2021 年统计数据,全国水土流失面积为 267.42 万 km^2,按侵蚀强度分,轻度、中度、强烈、极强烈和剧烈侵蚀面积分别占全国水土流失总面积的 63.3%、17.2%、7.6%、5.7%和 6.2%[14]。

生物多样性减少也是一个重要的问题,生物资源为人类的生存与发展提供支持,同时也满足了人类适应环境变化的能力。生物多样性是指一个区域中的基因、物种和生态系统的多样性总和。目前我国已知的 34 450 种高等植物中,有 3 767 种处于受威胁的状况,2 723 种近危,而 3 612 种的数据尚缺乏。

7.3.2 企业应对环境问题的思路和方法

企业应对环境问题是企业社会责任的一个重要方面。为了减少企业对环境造成的影响，保护生态环境，提高可持续发展水平，企业应采取以下几个思路和方法：

1. 建立环境管理体系

企业应建立健全的环境管理体系，明确环保工作的责任分工、工作流程和工作标准，完善环境保护的措施和处理法流程，并通过内部审计和外部评估等手段持续改进和提升环境管理水平。并依照 ISO14000，ESG，EHS 等标准，促进标准管理体系建设。

2. 实施资源节约和循环利用

企业应采用节能减排、资源循环利用等环保技术，减少能源和资源的消耗，提高资源利用效率，降低对环境的影响。

3. 加强环保投入

企业应增加环保投入，用于环保设施建设、环保节能技术研发等方面，提高环境治理的水平，减少对环境的污染。

4. 与政府和社会组织合作

企业应积极与政府和社会组织合作，加强环境信息共享，协同推进环境治理，共同保护生态环境。

5. 建立社会责任体系

企业应加强社会责任管理，将环境保护作为企业社会责任的重要内容，遵守环保法律法规和标准，与利益相关者开展积极的沟通和合作，建立健全社会责任管理体系。

7.4 污染防治中的伦理问题

7.4.1 污染转移

1. 污染转移的定义

污染转移又称为污染转嫁，是指自然或人为原因导致污染物发生空间位置上移动的现象,需要转移者和被转移者二要素同时存在才能发生。污染转移会导致污染扩散,加大污染治理的难度,违背可持续发展中的公平性原则。污染转移主要有三种方式:第一,由于发达国家或者城市地区对污染治理具有严格的法律规定,因此他们转向在发展中国家或农村兴建具有污染性质的工厂和生产对环境会带来严重污染的产品,从而逃避法律的限制或免除高额的污染防治费用;第二,发达国家向发展中国家出口本国不允许销售的污染产品或城市向农村转移已被淘汰的具有污染性质的设备和仪器;第三,发达国家或城市向发展中国家或农村转移本国或城市无法处置的污染废弃物,并支付处置者一定费用。

2. 污染转移的分类

依据污染转移的不同特征可将污染转移划分为不同种类,具体划分方式如下:

可根据污染是否跨国界发生将其划分为越境污染转移(国家间污染转移)和国内污染转移。污染转移主要发生在经济发展具有差异的地区,转移方向由经济较发达的地区转向经济发展较落后的地区。越境污染转移主要由发达国家转向发展中国家,这种跨国界污染转移又可被称为"公害输出"。国内污染转移主要由城市转向农村。

可根据污染转移发生的原因将其分为自然污染转移和人为污染转移。自然污染转移是指一定活动产生的大气污染物和水体污染物随大气环流、水流向别的地区转移的现象。人为污染转移具有主动性,是指人类为换取自身的经济、环境利益而故意损害他人环境权益的行为。

可根据污染物转移的过程将其分为直接污染转移和间接污染转移。直接污染转移表现为以运输、丢弃、排放等手段,直接将有毒有害物质和其他污染转移出本区域;间接污染转移是指将落后的重污染设备、技术和行业等转移出本区域,其中,越境污染间接转移的主要方式包括国际贸易、国际投资等。

可根据污染转移的载体不同将其分为大气污染转移、水污染转移和固体废物污染转移。大气污染转移以大气层为载体,水污染转移以水流为载体,固体废物转移直接在人为控制下进行。

可根据污染转移的隐秘程度将其分为显性污染转移和隐性污染转移。显性污染转移的结果易直接表现出来,容易被发现;隐性污染转移的结果以隐秘的形式表现,不易被发现或经过长时间后才能被发现。

可根据被转嫁的污染物的扩散性质分为扩散性污染转移和非扩散性污染转

移。扩散性污染转移指的是被转嫁的污染物能在空间内迅速扩散,增大污染空间的污染转嫁,如:大气污染和水污染转移。非扩散性污染转移指被转嫁的污染物只在固定范围内产生污染,如固体废物污染转移。

3. 污染转移的现状

虽然国际社会和我国都颁布了相关法律应对污染转移问题,但随着世界经济一体化程度逐渐加深,污染转移现象仍层出不穷。

污染转移需要转移者和被转移者同时存在,在跨国污染转移中,中国作为世界最大的发展中国家,处于被转移者的地位。近年来中国综合国力不断提高,不少国际高科技产业在中国落户,我国已越来越成为世界加工制造中心,但是由于我国环境法规、进口环境宽松、国内企业环保意识薄弱、对引进项目缺乏全面的环境评价等,污染转移也随之而来,中国已成为一些发达国家的污染转移对象[15]。

在我国国内也存在污染转移现象,主要方向是由城市向农村转移、由东部地区向中西部地区转移。我国农村地区对生态环境需求度及环保标准较低、具有日渐完善的交通基础设施及相对廉价的土地和劳动要素,能够为企业节约成本,且城市环境规制强度较高,这些均是污染企业由城市转向农村的重要原因。城市污染向农村转移主要分为显性转移和隐性转移,显性方面,城市地区的生产生活废物被运输至农村进行倾倒;隐性方面,相较于农村地区而言,城市的技术创新能力更强,产业结构调整和节能降耗活跃度高,为高成长性现代产业的发展提供了良好基础,而农村地区成为承接落后产能和污染产业的理想地区[16]。

当前,我国的经济发展水平呈现东部较高、中西部相对较低且资源向东部倾斜的格局,在此背景下,产业由东向西转移是我国区域协调发展的必然趋势。近年来,我国东部向中西部地区进行了大规模产业转移以顺应产业结构调整步伐,促进经济协调发展,但产业转移中出现了一批能耗高、污染重的产业,直接影响中西部地区的生态环境,不符合科学发展观的理念。出现这种现象的主要原因有四点:第一,由于我国东中西部地区的技术水平和资源利用效率存在显著的区域差异,因此单位增加值污染物排放量也存在差异;第二,产业转入门槛过低,没有综合考虑社会效益;第三,某些地方政府忽视地区自身条件片面追求经济发展,缺乏长远发展的眼光;第四,缺乏相应的监管和引导。

4. 污染转移产生的原因

污染转移的本质是国家或地区将环境污染所带来的危害转移到相对弱势地

区,是一个主体对其他主体环境容量的掠夺,是转移者对被转移者环境平等权的侵害。

概括来看,污染转移的产生主要有以下几点原因:

(1) 经济根源

各国或各地区经济发展不平衡。一方面,有些发展中国家或落后地区面临的经济压力远大于环境压力,因此被迫从短期经济利益出发,过度消耗资源,放宽环境审查条件,导致污染性质的产业和产品大量涌入;另一方面,经济发展的不平衡导致各地区或国家环境治理的成本不一致,相较于经济较发达的地区,经济较落后的地区处理成本较低,这成为污染转移的经济驱动力。

(2) 法律根源

各国或地区的法律体系存在差异。虽然各国各地区均有各自的环保法律法规和执法部门,但是法律体系的完善程度和执法力度上具有一定差别。经济较落后的国家和地区迫于经济发展的需要,其环保法律法规的制定及执法力度相对较弱,这为污染转移提供了前提。

(3) 政治根源

污染转移是各国或各地区利益冲突的表现形式,是发达地区或国家将其应承担的污染处理责任转移给欠发达地区或国家,损害对方利益的一种方式。污染转移是"搭便车"现象的一个典型例子。

5. 污染转移的影响

污染转移的结果具有明显的不经济、非持续、低效率和不道德性。主要体现在以下四方面:第一,在经济全球化背景下,污染转移加深了对落后地区发展的阻碍,使得落后地区更加落后,发达地区更加发达,加剧世界发展的不平衡性。第二,污染转移扩大污染范围,增加污染治理难度,违背可持续发展原则。第三,污染转移使得发展较落后的国家或地区采用较发达国家或地区淘汰下来的落后技术,无法及时采用最新最环保的技术,这是一种低效率的体现。第四,将污染转移到其他群体身上,破坏其后代的生长环境,从生存机会和事实上来讲都是不道德的行为。

7.4.2 漂绿问题

1. 漂绿的定义

"漂绿"一词由"漂白"和"绿色"两词组合而成,指代企业进行绿色形象包装但却没有任何实质行动的行为,并将"混淆"、"掩饰"和"故作姿态"作为其关键要素,这是企业误导消费者的行为。企业"漂绿"的形式多种多样,大致可分为"傍绿"和"伪绿"两种。"傍绿"是指企业通过夸大宣传、含糊其词、偷换概念及误导消费者等方式尽量使自己和"绿色"挂钩,使利益相关者给该企业及其产品贴上绿色标签。"伪绿"是指以虚假宣传、说谎欺骗等方式以假乱真,用不存在的绿色产品、标志和认证等欺骗利益相关者,属于恶意欺骗行为[17]。

2. 漂绿的现状

"漂绿"最开始被用来形容消费品市场和服务领域的虚假环保现象,逐渐也被用来形容非环保型企业虚假鼓吹自己是环保型企业,目前,"漂绿"行为开始出现在金融领域。从跨国公司到中小企业,在产品、网站、宣传册以及新闻发布会上,"漂绿"现象无处不在。根据一些机构发布的每年的企业"漂绿"榜可以看出,无论是跨国公司还是中国的本土公司,企业的"漂绿"行为正在愈演愈烈。从宏观趋势来看,人类对于环境问题的重视程度越来越高,未来"漂绿"行为将面临全球范围的谴责和抵制,最终导致企业走向末路。

3. 漂绿产生的原因

"漂绿"是企业试图误导消费者对其生态影响认识的行为,与企业社会责任相悖,其产生的原因主要有以下三点:

第一,在竞争激烈的市场经济中,为维护利益相关者的权益,企业需要塑造良好的公共形象以吸引公众的注意从而获得收益,因此他们通常会积极宣传环境行为和环境绩效。

第二,"漂绿"是企业追求利润最大化的理性选择,这种行为成本很低,通常只需采取口头承诺和象征性解决,但却能带来投资和消费。

第三,能够获得相应的补贴和政策支持。目前正陆续出台关于环保产业、绿色产品发展的相关法规和措施,政府往往会对具有绿色性质的企业给予环境补贴和政策倾斜。

4. 漂绿的危害

第一,当这种"漂绿"行为被利益相关者发现后,会给企业本身带来负面影响。一方面,当消费者感知企业的"漂绿"行为后,会因这种不负责任的行为对品牌降低信任感,给公司的声誉带来负面影响;另一方面,投资者发现企业的"漂绿"行为后会挫败投资积极性,将采取抛售股票或减少投资等不利于企业的行动,使企业价值受损。

第二，阻碍经济可持续发展，降低社会福利水平。首先，"漂绿"会对消费者的持续购买行为产生影响，降低企业绩效；其次，"漂绿"行为会导致"柠檬市场"盛行，由于信息不对称最终造成好的商品被劣质商品驱逐出市场的现象，危害社会经济的持续稳定发展；再次，"漂绿"会削弱环境立法的政策支持与实施，削弱政策应有的保护力。

7.5 环境保护中的发展机会

过去粗放型经济发展模式对环境造成了巨大的压力，目前环境问题已经被全人类关注。环境保护已经成为全人类的共识，我国经济已由高速发展阶段转入高质量发展阶段，过去以牺牲环境为代价换取经济发展的时代已经一去不复返。这种形势给企业发展带来了挑战，但同时又带来了机遇，这其中既包括对传统企业的营销机遇，又包括新兴产业带来的发展机遇。

7.5.1 环保产业

生态环保产业是战略性新兴产业。在环境保护受到全世界关注的背景下，环保产业迎来了新发展机遇。

1. 环保产业的定义

环保产业（Environmental protection industry）的定义分为狭义和广义两种。对环保产业的狭义理解是终端控制，即在环境污染控制与减排、污染清理以及废物处理等方面提供产品和服务；广义理解则包括生产中的清洁技术、节能技术，以及产品的回收、安全处置与再利用等。本节所讨论的环保产业是广义的。

2. 环保产业的发展

首先，环保产业产生的原因主要包括以下几点：一是，近年来全球出现的一系列环境问题使人类意识到环境保护的重要性，如果环境恶化问题得不到解决，人类将无法生存，人与自然必须和谐相处，人类环保意识的提升和对高质量生活的追求推动了环保产业的产生；二是，国家政策的支持与扶持，环保已经成为世界各国都重点关心的领域；三是资本的加持，环保产业呈现出来的潜力吸引了很多资本的目光。

随着环境保护向产业化、商业化、国际化方向发展,环保产业也带动了相关技术和行业的发展,成为整个社会经济发展方式由粗放型向可持续发展转变的重要推手。全球的环保产业诞生于20世纪70年代初期,21世纪开始进入快速发展阶段,并逐渐成长为支柱产业,成为很多国家产业结构调整的方向。目前,美国、日本和欧盟等一些发达国家和地区仍是全球环保市场中的主要力量。中国的环保产业自20世纪80年代开始发展,90年代开始形成一定规模,但那时中国正处在经济高速发展时期,对环保产业的发展重视程度不够,因此发展较为缓慢,直至21世纪才开始进入快速发展的阶段。随着世界环境污染问题的日益加剧,我国对环保的重视程度越来越高,对环保产业的政策支持力度加大,中国的环保产业目前正在快速发展。党的二十大之后,我国环保产业高质量发展的路径愈发清晰。据中国环境保护产业协会统计,2022年全国生态环保产业营业收入约为2.22万亿元,较2021年同比增长约1.9%,近三年平均增速约7.6%[18]。目前,我国环保装备制造业规模持续扩大,环保装备产业格局不断优化。截至2022年,全国登记注册的经营范围涵盖环保设备制造的在业企业约33 000家,主营业务为环保设备制造的在业企业约13 000家,从业人员200万人。

3. 环保产业发展的重大意义

环保产业是战略性新兴产业,是实现环境保护的物质基础和技术保障。环保产业的发展具有经济效益和社会效益两层重要意义。从社会效益上来看,环保产业的发展吸引了更多人致力于环境保护与治理,客观上了增加了环境保护的力量,为改善环境提供了条件;从经济效益来看,环保产业的兴起带动了相关产业的发展,推动了相关领域的技术升级,其渗透于国民经济的各个环节,且产业链长,影响力广,能够有效推动国家产业结构的转型升级,缓解就业压力,促进国民经济的稳定、可持续增长。

4. 我国环保产业的问题

我国环保产业体系目前已经建立起来,产业规模和结构、技术水平和市场化程度都显著提升,但还是存在一些问题:一是结构不合理。环境服务业比重较低,发展现状与市场需求严重不匹配,环境服务业尚未成为环保产业的关键产业。环境服务业作为环保产业的重要组成部分,是环保基础设施稳定达标运行的保障,直接影响环保产业的发展水平;二是环保产业企业呈现多、小、散的局面。目前,我国环保产业缺乏龙头企业和一批具有核心竞争力的骨干企业,影响力和市场份额不足,品牌效应薄弱,产业集群尚未形成;三是技术创新能力有待加强。环保产业高新科技研发及其产业化发展缓慢,不少核心技术仍处于研发、引进、消化吸收阶段,支持环保产业高质量发展的关键共性技术亟待突破;四是相关法规政策有待完善。有关支持环保产业发展的法律法规和政策指导文件还较为匮乏,缺乏执行力和整体战略布局,部分已不能适应环保产业新的发展形势需求。融资与财税优惠政策力度不够,资金投入不足,部分企业融资难。

5. 我国环保产业发展的建议

一是制定环保产业整体发展规划。要充分发挥政府的引导和激励作用,制定环保产业的总体发展规划和战略,完善环境保护标准和体系建设,大力推动环境服务业的发展,在政府项目和国企项目中加大对环境服务业的扶持力度;二是培育综合龙头企业。引导环保产业向差异化、专业化、精细化方向发展,培育环保产业龙头企业,形成一批具有自主知识产权和专业服务能力的企业。同时,引领一批优秀企业形成产业链梯队,发展壮大环保产业市场;三是解决环保产业企业融资难题。制定保障环保产业的专项金融政策,解决环保产业企业特别是中小型民营企业融资难、融资贵等问题。大力培育环境服务业投资市场,鼓励具备条件的环保产业企业通过股票市场、债券市场和基金市场进行融资;四是强化环境服务业技术创新和人才培养。环保产业属于技术密集型产业,要大力引导加强技术创新,推进技术创新和科技成果转化;政府要支持环保产业企业的研发活动,并给予一定的信贷和税收优惠。同时,要加大对环保产业高水平人才的培养和引进力度,创新环保产业人才培养模式,为促进环保产业发展提供强有力的人才支撑[19]。

7.5.2 绿色营销

1. 绿色营销的含义及产生原因

绿色营销源于世界性环保潮流的兴起以及消费者绿色意识的提高。所谓"绿色营销",是指社会和企业在充分意识到消费者的环保意识不断增强以及由此产生的对清洁无公害产品需要的基础上,发现、创造并选择市场机会,通过一系列个性化的营销手段来满足消费者以及社会生态环境发展的需要,实现可持续发展的过程。绿色营销的核心是按照环保与生态原则来选择和确定营销组合的策略,是建立在绿色技术、绿色市场和绿色经济基础上的,对人类的生态关注给予回应的一种经营方式。绿色营销不是一种诱导顾客消费的手段,也不是企业塑造公众形象的手段,它是一个引导持续发展、永续经营的过程,其最终目的是在化解环境危机的过程中获得商业机会,在企业实现盈利目标和消费者满意的同时,达成人与自然的和谐相处,共存共荣。绿色营销观念认为,企业在营销活动中,要顺应时代可持续发展战略的要求,注重地球生态环境保护,促进经济与生态环境协调发展,以实现企业利益、消费者利益、社会利益及生态环境利益的协调统一。

2. 绿色营销的发展

目前,西方发达国家对于绿色产品的需求非常广泛,而发展中国家由于资金、消费导向和消费质量等原因,还无法真正实现对所有消费需求的绿色化。以我国为例,目前只能对部分食品、家电产品、通信产品等进行部分绿色化;而发达国家已经通过各种途径和手段,包括立法等,来推行和实现几乎全部产品的绿色消费,从而培养了极为广泛的市场需求基础,为绿色营销活动的开展打下了坚实的根基。以绿色食品为例,英国、德国绿色食品的需求完全不能自给,英国每年要进口的绿色食品占消费总量的80%,这一比例在德国则高达98%。这表明,绿色产品的市场潜力非常巨大,市场需求十分广泛。经济发达国家的绿色营销发展过程已经基本上形成了绿色需求——绿色研发——绿色生产——绿色产品——绿色价格——绿色市场开发——绿色消费为主线的研发、生产与消费链条。

绿色营销是适应二十一世纪的消费需求而产生的一种新型营销理念,也就是说,绿色营销还不可能脱离原有的营销理论基础。因此,绿色营销模式的制定、方案的选择及相关资源的整合还无法也不能脱离原有的营销理论基础,可以说绿色营销是在人们追求健康(Health)、安全(Safe)、环保(Environmental protection)的意识形态下所发展起来的新的营销方式和方法。

3. 绿色营销的意义

从道义层面来看,绿色营销强调在营销过程中注重地球生态环境保护,注重全社会的全局利益,促进宏观的社会经济和生态协调发展,而不是只关注企业本身。企业积极开展"绿色营销"活动,主动承担环境治理与防护的责任,保护了自然资源与环境,保证了人类可持续发展的需要。从利益层面来看,企业实施绿色营销符合消费者的绿色消费需求,有利于降低成本、树立良好的企业形象,在竞争中获取差异优势,从而获取更多的市场机会,占据更大的市场份额,从而获得更多的利益。

7.5.3 环境保护与城市发展

1. 城市化与环境问题

城市化作为人类社会发展的主流趋势,是衡量国家及地区经济、社会发展、人民生活水平和现代化进程的重要标志。作为经济增长的引擎和社会活动的中心,城市在影响消费和环境方面发挥着重要作用。城市是大多数企业生存发展的载体,是商业活动的主要活跃地,往往经济发展水平越高、体量越大的城市,吸引的企业驻扎越多,商业活动越频繁。根据联合国关于城市化的报告显示,全球一半以上的人口生活在城市地区。

然而,城市被认为与大多数自然资源消耗和对环境的负面影响有关。在中国,过去的二十年里,快速的城市化和工业转型已经引发了一系列的环境问题。在城市最终需求的全球供应链中,城市通常从地方、国家和全球腹地获取大部分物质需求。近年来,包括气候变化、资源枯竭、空气污染和城市化的其他环境影响在内的环境问题在世界各地的政策议程上数量不断攀升。

2. 城市经济结构与环境

城市生态系统的主要环境问题与满足消费所需的自然资源的快速消耗有关。人们认识到城市对资源贸易的依赖日益增加,以及特定原材料的稀缺性日益显现,导致人们越来越关注自然资源安全。MF(Material footprint,物质足迹)是指为满足最终消费需求而提取的原材料数量。为了建设可持续城市和促进经济发展,了解城市物质足迹非常重要。学者金宇彤(2021)等人的研究明确了影响中国城市 MF 的主要部门的特征。他们采用投入—产出分析方法评估了 2001—2015 年中国四个特大城市(北京、上海、重庆和天津)的物质足迹,并采用 STIRPAT 模型研究了物质足迹时间序列的变化趋势,以及影响物质足迹的因素。研究表明,重庆与其他三个城市在部门贡献上的显著差异凸显了发展阶段和经济结构对区域物质足迹的巨大影响。例如,北京和上海的人均 GDP 远高于重庆,2015 年其服务业占比分别为 79.7% 和 67.8%(中国统计局,2016)。相比之下,重庆服务业占比不足 50%,第一、二产业占比分别为 7.3%、45.0%。因此,处于发展高级阶段的北京和上海,服务业对物质足迹的贡献相对较高,而处于发展中级阶段的重庆,建筑业、制造业、农业占比相对较高。这一发现提醒我们,对于处于不同发展阶段的城市,资源节约政策应该有不同的侧重点[20]。

7.5.4 智慧环保

1. 智慧地球与智能环保

2009年"智慧地球"概念的提出标志着信息技术与环境保护开始紧密结合，"智慧环保"应运而生。"智慧环保"以物联网技术为基础，将感应器和装备嵌入到各种环境监控对象中，通过超级计算机和云计算整合环保领域物联网，以更精细、动态的方式实现环境管理和决策。

中国物联网校企联盟认为物联网技术的发展会带动智能环保的发展，将环境的保护实现最有效化。智慧环保的作用主要体现在以下三点：第一，能够搭建全要素智慧环保平台，提供环保信息管理应用及决策支持。智慧环保平台能够借助物联网技术整合环境相关数据并进行统一整合管理，结合核心技术进行环境监测，实现环保数据的快速收集、全面整合、深度挖掘、智能分析等，发挥数据资源的价值，为政府、企业和社会公众提供参考。第二，能够维护公众在环境状况方面的知情权。公众不仅可通过平台查阅各环境监测指标实时了解环境的真实情况，还能以平台为媒介，向环保部门提出投诉与举报，帮助环保部门更加有效地管理违规排污企业，进行环境监测。第三，能够使环保事业进入良性循环。借助信息技术能够利用多模式环境质量模型和大数据分析对所获环保数据进行处理分析，帮助环保部门进行相关决策。

智慧环保是智慧体系的重要组成，是生态文明先行示范的重要支撑。近年来，我国生态环保产业规模持续扩大，对国民经济贡献率逐步提升，取得重大成就。但生态环境质量与人民群众的期望仍存在差距，环境保护的压力相当沉重。未来一段时期，控制污染物总量、改善环境质量、防范环境风险，着力解决影响人民群众健康的突出环境问题仍是环境保护的重点工作。但目前环境问题存在复杂度高、任务重、监管难度大等问题，要提高环境质量、维护社会稳定就必须打破传统的环境监管模式，运用现代科技信息手段创新管理模式，实现环境监管更全面、更深入、更智慧的目标。

2. "智慧环保"面临的挑战

物联网是近年来在供应链管理中发明的信息技术之一，能够为决策者提供更高精度的信息，能将"供应链"和"信息与通信技术"基础设施很好地集成到一个组织中，并支持在外部与客户、供应商集成。"可持续供应链"有助于企业寻求满足客户需求的积极变化，向可持续性和实施新技术的转变，以最有效地实现其组织目标。但是环保物联网的发展存在一系列挑战，如：缺乏具有自主知识产权的核心技术、传感器水平低、数据传输缺乏安全性和可靠性等。基于此，杨恺钧提出基于指标相关性的指标权重确定方法（CRITIC 和 VIKOR）多属性决策方法的决策框架，评估物联网在供应链管理中实施时面临的挑战以及它们的相互关系，并找到可持续供应链，研究结果表明，隐私和安全将成为物联网的关键因素，在采用这项技术之前，公司必须充分了解隐私和安全问题，以及物联网应用过程中可能存在的不同风险[10]。信任创建和用户接受对于实现供应链管理来说是最重大的物联网挑战。此外，开放标准的需求、缺乏战略和情景规划、能源需求及责任与共享均是物联网面临的挑战[21]。

7.6 企业的环境保护责任

数据表明，我国生态环境整体恶化的趋势至今未得到彻底遏制，污染物主要来自工业企业[22]。作为社会经济的重要组成部分，企业在经营活动中对环境产生了直接和间接的影响。环境保护责任是企业应尽的法律、道德和社会责任之一。

在现代社会，越来越多的企业认识到环境保护的重要性，并主动承担起环境保护责任。近年来，国家也不断推动企业承担起环境保护责任落地，发布实施了《环境保护综合名录（2021 年版）》《环境信息依法披露制度改革方案》等，引导现代企业与生产模式向绿色低碳转型。近年来，诸多学者对企业的环境保护责任进行了深入研究，为企业实现可持续发展提供了理论和实践指导。

7.6.1 企业环境保护责任的内涵

企业的环境保护责任是指企业在生产、经营和发展过程中，应该采取一系列措施，从而保护环境，减少污染，实现可持续发展。主要包括以下几个方面：

1. 合法合规经营

企业应遵守国家和地区的环境法律法规，不得违法违规经营，包括但不限于污染物排放、固体废物处理、生态保护等方面。企业应获得合法的环保准入和经营许可，按照规定的标准和程序开展经营活动。

2. 污染防控和减排治理

企业应采取有效的措施，对生产过程中产生的污染物进行防控和治理，减少对环境的负面影响。包括但不限于污染物排放控制、废水、废气、固体废物的处理与处置、危险化学品的储存与管理等。

3. 资源节约和循环利用

企业应通过技术创新和管理创新，减少资源的消耗，提高资源利用效率，并推动资源的循环利用。包括但不限于节能减排、水资源的节约利用、循环经济模式的推行等。

4. 环境监测和信息披露

企业应建立环境监测系统，对企业经营活动的环境影响进行监测和评估，及时报告环境状况和环境污染排放情况，并向公众和利益相关者披露环境信息。

5. 环境应急和事故管理

企业应建立健全环境应急预案和事故管理机制，对可能发生的环境事故进行风险评估和应急准备，及时处理和报告环境事故，并承担相应的法律和经济责任。

7.6.2 企业履行环境保护责任的途径

在经济发展和环境保护的关系上，企业承担着环境保护责任，保护生态环境不仅可以提高资源使用的效率，促进经济与社会的可持续发展，而且有助于提高自身形象和品牌价值，增强市场竞争力和社会信任度。企业履行环境保护责任的途径包括以下几个方面：

1. 遵守环保法律法规

企业必须遵守国家和地方的环境保护法律法规，严格按照规定进行环境影响评价和监测，防止超标排放和污染物泄漏等环境问题的发生。

2. 推广环保技术

企业可以通过引进和使用先进的环保技术和设备，减少排放和废弃物的产生，降低环境污染的风险。同时，还可以通过研发和创新环保技术，提高环保技术的水平和效果。

3. 完善环保管理体系

企业应建立健全环境管理体系，包括环境保护责任、环境目标、环境管理计划、环境监测、环境培训等环保要素，实行全员参与、持续改进的环保管理模式。

4. 加大社会责任投入

企业可以通过捐赠、赞助等方式,支持环保公益事业的发展,提高企业在社会上的声誉和形象。同时,也可以投入资金和资源,开展环保项目和活动,落实环境保护责任。

5. 加强与相关方的合作

企业应积极与政府、社会组织、供应商、客户等相关方开展合作,共同推进环保事业的发展。例如,可以与供应商合作推广环保产品、与客户合作降低环境成本、与社会组织合作参与环保公益活动等。这种合作可以提高企业的环保水平和社会认可度,也有利于构建良好的商业生态系统。

案例 1

专业创造生机:轩凯践行企业社会责任之路

我国是农业大国,但是一直存在化肥过量施用、盲目施用的现象,这不仅增加了农民的成本,造成了严重的土壤污染,还使农作物难以保持高产量和高品质。

2000 年 8 月,南京轩凯生物科技股份有限公司董事长徐虹教授无意间发现水母体内含有的一种物质结构特殊、可生物降解、不含毒性,且含有游离羧基,还能螯合一些金属元素。经分离后分析,她发现这种功能性高分子结构特殊,具有很强的保水性,这便是后来轩凯产品的核心成分——聚谷氨酸。自从发现这一特殊物质以来,徐虹的团队便展开了热火朝天的研究。经过深入地研究,他们发现这种生物高分子成分特殊,在自然界仅存在于水母和纳豆里,无法通过实验提取得到。而且当时关于聚谷氨酸的基础研究还很薄弱,菌种缺乏,合成机理不清楚,更别说实现产业化应用了,国外和国内一直停留在实验室研究阶段。团队花了十年的时间,从实验室摇瓶发酵培养做起,克服了无数技术难题,终于成功地用微生物发酵的方法提取出了聚谷氨酸。

为了实现科技成果转化,2010 年 4 月,以老师徐虹和学生冯小海为首的科研团队,共同创立了学科型企业——轩凯生物科技有限公司。公司成立之初,正如徐虹最初设想的那样,聚谷氨酸首先应用在了化妆品领域。依靠聚谷氨酸优越的保水性和吸附性,生产出了第一款面膜,面膜的保水性同预期一样大大超过当时市面上的普通面膜,一上市便引起了广泛关注,前景一片光明。

时间来到 2012 年春节,回农村老家过年的徐虹,偶然间听见村里有一些老人在抱怨,"现在的化肥是越做越假了,用得越来越多,收成越来越不行,还不如以前没有化肥的时候呢,这样下去还不如不种了。"说者无意,听者有心。生物化工出身的徐虹深知,出现这种情况,除了一些肥料厂商生产假冒伪劣产品之外,更重要的是长期耕种加上普遍的化肥不科学使用现象,致使土壤早已不堪重负,板结、沙化、酸化、盐碱化现象日益严重,作物所需的养分正在被剥夺,这样的情况下施用再多的化肥也于事无补。徐虹了解到我国的耕地面积只有世界耕地面积的10%,但却用了全球40%的肥料,化肥利用率不高。此外由于下雨等原因化肥经常流失,不但没有起到效果还造成污染。

粮食安全是国家安全的重要基础,一直被党中央作为治国安邦的头等大事。土壤是农业发展赖以生存的根本,修复土壤,肥田沃土,是历史赋予我们的机遇,更是责任。想到这里,徐虹脑海中突然闪过一个念头:聚谷氨酸最大的特性是保水性,如果把聚谷氨酸添加到化肥中,是否能起到牢牢抓住磷肥、钾肥、氮肥的作用,提高化肥利用率?

徐虹第一时间与联合创始人冯小海、欧阳平凯沟通了自己的想法,认为农业问题与民生息息相关,如果能把聚谷氨酸切实应用到土壤修复中,就可以为老百姓解决难题,为国家的粮食安全出一份力。本以为会遭到他们的反对,毕竟好不容易才在化妆品行业稍稍站稳了脚跟,持续经营下去不是问题,而进入农业领域意味着又要重新开始,前路漫漫,谁也不知道会遇到什么样的风险,合作伙伴们不同意也在情理之中。但令人出乎意料的是,徐虹的想法得到了大家的一致支持。

就这样,徐虹带领团队重新出发,与南京农业大学、谢菲尔德大学、江苏省农科院展开合作,共同研究聚谷氨酸在农业中的应用,足迹遍及全国32个省份,筛选了13 528份土壤样品,获得1 045株功能性微生物菌株,最终证明聚谷氨酸能够有效防止氮肥的挥发损失,阻止磷酸根、硫酸根和金属元素产生沉淀作用,提高作物根际土壤养分浓度,而且能够有效促进根系的发育,提高作物养分的吸收能力,使作物对养分的吸收具有快速、高效的特性。这一发现令所有人都兴奋不已,聚谷氨酸与土壤修复的结合之路也就此开始。

自此,轩凯就始终秉持着创行合一的理念,用生物工程技术与聚谷氨酸研发的核心技术推进肥料体系功能性的转变,为企业提供差异化的肥料产品解决方案,力争成为中国最专业的绿色助剂供应商与服务商。直到现在,每年都会有超过100家的肥料生产企业来寻求产品解决方案,超过300万吨的肥料因为加入了聚谷氨酸而增效,超过 5 000 万亩的农作物因为使用了聚谷氨酸而增产。因为聚谷氨酸的应用,每年能为中国农民创造 50 亿元的增收。

【思考与讨论】

结合战略性企业社会责任理论,分析轩凯是如何践行社会责任的?轩凯践行企业社会责任之路对于其他高新技术企业有何启示?

案例 2

格林美:资源有限,循环无限

格林美股份有限公司,于 2001 年成立,主营业务是回收利用废弃资源、循环再造高技术产品,是中国对电子废弃物、废旧电池进行经济化、规模化循环利用的领先企业之一。公司秉承"资源有限、循环无限"的发展理念,以"消除污染、再造资源"为己任,始终致力于电子废弃物、废旧电池等"城市矿产"报废资源的循环利用与循环再造产品的研究与产业化,积极探索中国"城市矿产"报废资源的"开采"模式。成立至今,格林美突破了废弃资源循环利用的关键技术,建立了包括 220 余件专利、70 余项国家和行业标准的核心技术与专利体系,创立了电子废弃物绿色再造的低碳资源化模式,成为中国电子废弃物与废旧电池循环利用的技术先导企业。

格林美是"资源有限、循环无限"产业理念的提出者与中国"城市矿山"开采的先行者。20 年来,通过开采城市矿山与发展新能源材料,建立资源循环模式和清洁能源材料模式来践行推进碳达峰、碳中和目标。公司从攻克废旧电池回收技术开始,再到攻克电子废弃物绿色处理、报废汽车整体资源化回收技术以及动力电池材料的三元"核心"技术等世界技术难题,突破性解决了中国在废旧电池、电子废弃物与报废汽车等典型废弃资源绿色处理与循环利用的关键技术难点,构建了世界先进的新能源全生命周期价值链、钴钨稀土等有色金属资源循环再生价值链、电子废弃物与废塑料循环再生价值链等资源循环模式和新能源循环模式。

据统计,格林美年回收处理电子废弃物和废旧电池(铅酸电池除外)占中国报废总量的 10% 以上,回收处理报废汽车占总量的 4% 以上,循环再生的钴资源超过中国原钴开采量,循环再生的镍资源占中国原镍开采量的 6% 以上,循环再生的钨资源占中国原钨开采量的 5% 以上。公司年处理废弃物总量 500 万吨以上,循环再造钴、镍、铜、钨、金、银、钯、铑、锗、稀土等 30 余种稀缺资源以及超细粉体材料、新能源汽车用动力电池原料和电池材料等多种高技术产品，成为世界硬质合金行业、新能源行业供应链的头部企业。格林美以实践证明，循环资源可以配置国民经济与战略性新兴产业的发展。

【思考与讨论】

结合上述案例，请简要说明格林美的发展体现了哪些商业伦理？

课后思考题

1. 污染转移产生的原因是什么？
2. 什么是"智慧环保"？我国发展"智慧环保"的必要性是什么？
3. 什么是环保产业？如何才能更好地发展环保产业？
4. 绿色营销产生的原因是什么？有什么意义？
5. 企业在寻求经济利益的过程中，如何平衡环境保护与发展的关系？
6. 当企业活动对环境造成不可逆的影响时，企业应该承担怎样的责任？

参考文献

［1］韦惠兰，王光耀.土地沙化区农民特征与其感知的环境灾害风险的关系分析——基于环境公平视角［J］.自然资源学报，2017，32（7）：1134-1144.

［2］王芳，毛渲.环境公平视角下的城乡融合发展：价值审视与路向选择［J］.农林经济管理学报，2021，20（5）：686-692.

［3］国家统计局.《中华人民共和国2022年国民经济和社会发展统计公报》［EB/OL］. https：//www.stats.gov.cn/sj/zxfb/202302/t20230228_1919011.html.2023.02.28.

［4］中华人民共和国水利部.《2022年中国水资源公报》［EB/OL］.http：//www.mwr.gov.cn/sj/tjgb/szygb/202306/t20230630_1672556.html.2023.06.30.

［5］新华网.《国家水网建设规划纲要》［EB/OL］.http：//www.news/cn/2023-05/25/c_1129645548.html.2023.05.25.

［6］中华人民共和国水利部.《关注世界水日 我国人均水资源量仅为世界平均水平的四分之一》［EB/OL］. http：//vod.mwr.gov.cn/ssxw/202304/t20230401_1677825.html. 2023.03.27.

［7］中华人民共和国水利部.《2020年中国水资源公报》［EB/OL］.http：//www.mwr.gov.cn/sj/tjgb/szygb/202107/t20210709_1528208.html. 2021.07.09.

[8] 水利部发展研究中心.《从国内外对比分析看我国用水效率水平》[EB/OL]. https://www.waterinfo.com.cn/xsyj/cybg_462/202208/t20220831_34805.html. 2022.08.31.

[9] 杨爱民,庞有祝,李铁铮,等. 水土流失经济损失计量研究评述[J]. 中国水土保持科学, 2003(1)：108-110.

[10] 中华人民共和国水利部.《我国水土保持工作取得显著成效》[EB/OL]. http://www.mwr.gov.cn/xw/mtzs/zydst/202301/t20230117_1643199.html. 2023.01.17.

[11] 新华网.《我国荒漠化和沙化土地面积持续减少》[EB/OL]. http://www.news.cn/politics/2022-12/30/c_1129246199.htm. 2022.12.30.

[12] 数据来源：人民网：《我国单位 GDP 能耗是世界平均水平 1.5 倍,多地能耗总量超标》[EB/OL]. (2020 年 11 月 25 日)[2024 年 3 月 31 日]. https://me.mbd.baidu.com/r/InaFurznnwo? f＝cp＆u＝576bd4b1402a8a9f.

[13] 翁一武. 绿色节能知识读本——探寻公共机构节能之路[M]. 上海：上海交通大学出版社,2012.

[14] 中国生态环境部.《2021 中国生态环境状况公报》[EB/OL]. http：//www.mee.gov.cn. 2022.05.26.

[15] 舒基元,杨峥. 环境安全的新挑战：经济全球化下环境污染转移[J]. 中国人口·资源与环境,2003(3)：48-51.

[16] 郑易生. 环境污染转移现象对社会经济的影响[J]. 中国农村经济,2002(2)：68-75.

[17] 李大元,贾晓琳,辛琳娜. 企业漂绿行为研究述评与展望[J]. 外国经济与管理,2015, 37(12)：86-96.

[18] 中国环境保护产业协会.《2022 中国环保产业发展状况报告》[EB/OL]. http：//www.caepi.org.cn. 2023.06.13.

[19] 樊三彩. 刘怀平代表建议：加快培育壮大环境服务业 推动我国环保产业高质量发展[N]. 中国冶金报,2023-03-09(003).

[20] Jin Y, Wang H, Wang Y, et al. Material footprints of Chinese megacities[J]. Resources, Conservation and Recycling, 2021,174：105758.

[21] Yang K , Duan T , Feng J , et al. Internet of things challenges of sustainable supply chain management in the manufacturing sector using an integrated q-Rung Orthopair Fuzzy-CRITIC-VIKOR method[J]. Journal of Enterprise Information Management, 2022. DOI：10.11081FEIM-06-2021-0261.

[22] 黄锡生,何江. 论我国环境治理中的"政企同责"[J]. 商业研究,2019(8)：143-152.

第八章
人力资源管理中的伦理问题

企业作为经济水平提高的主力军,其可持续发展尤为重要,而企业人力资源则是影响企业可持续发展的重要方面。因此,本章将围绕人力资源中的招聘选拔、薪酬设计、工作安全中的伦理问题进行探讨。

8.1 招聘选拔中的伦理问题

知识经济时代,企业竞争的实质是人才的竞争。但是在现实生活中,不少企业在人才的招聘和选拔中暴露出很多不道德或伦理缺失的问题,本节将重点讨论就业歧视和聘用自由中的伦理问题。

8.1.1 就业歧视的伦理问题

1. 就业权

就业权是指个体在就业方面享有的权利,包括平等获取就业机会、公平待遇、职业发展和合理的工作条件等权利。那么人为什么有工作权利?有关工作权利的观点存在多种不同的立场和论述。以下是三种常见的观点:

第一,工作权利由生存权派生而来。这种观点认为,工作权利是为了获得维持生命所必需的基本生活资源而派生出来的。它依赖于一个假设,即剥夺了工作就剥夺了维持生存的手段。然而,一些人持反对意见,认为如果有足够的社会保障,即使没有工作,生存问题也可以得到解决。

第二,工作权利由发展权派生而来。这种观点认为,工作权利是为了实现个人发展而派生出来的。工作被认为是人类体力和智力发展的手段之一。然而,人的发展并不仅仅依赖于工作,其他活动如娱乐、阅读等同样可以促进个人的发展。此外,一些人可能从未从事所谓的工作,却在其他领域取得了巨大的成功。

同时，一些重复乏味的工作可能反而束缚了个人的发展。

第三，工作权利由被尊重的权利派生而来。这种观点被认为是最充分的。它认为每个人在人类社会中都具有作为健全、有能力社会成员的权利和责任。工作是一种典型的方式，使人们能够在社会中维持生存并承担责任。自我尊重和他人对我们的尊重与我们在社会中的行为和责任紧密相关。剥夺工作权利意味着不允许我们以成熟、有责任感的成年人的身份在社会中发挥作用。因此，工作权利与被尊重的权利是密不可分的，前者由后者派生而来[1]。

然而，就业权仅为一种客观权利，同时也是一项未兑现的权利，这表明了公民在可能性上享有此权利，但并不意味着其在实际中必然拥有。实际实现就业权需要具备一定的社会历史条件作为前提。鉴于个体在生理、心理上的差异以及经济社会发展的不平衡，就业权的具体落实呈现出不同程度的差异[2]。具体来说，不同国家的法律框架可能对就业权有不同的规定。有些国家可能在宪法或劳动法中明确规定了就业权，而其他国家可能只是将其纳入了更广泛的人权保护框架中。这些法律框架的差异可能导致在保护和实现就业权方面也存在差异。同时，政府的政策和制度对于就业权的实现也起着重要作用。不同国家可能采取不同的就业政策，如就业培训计划、职业介绍服务、劳动市场调节等。政府的劳动力市场政策和社会保障制度的不同，会对就业权的实现产生影响。此外，不同的社会文化和价值观对就业权的实现也会产生影响。一些社会更加重视就业权的平等和包容性，而另一些社会可能更加强调市场自由和竞争。这些观念的差异同样会导致在就业权保护和实现方面存在差异。最后，国家的经济状况和发展水平也是影响就业权实现的重要原因，发展中的国家可能面临更大的就业挑战，需要采取特殊政策来促进就业机会的增加和提高劳动力的技能水平。而发达国家可能拥有更发达的劳动市场和完善的社会保障制度，能够更好地保护就业权。

2. 就业歧视

就业权的伦理问题之一就是歧视和偏见。2005年8月，第十届全国人民代表大会常务委员会第十七次会议批准了国际劳工组织的《消除就业和职业歧视公约》(Discrimination (Employment and Occupation) Convention)。根据该公约的定义，就业与职业歧视是指"基于种族肤色、性别、宗教、政治见解、民族血统或社会出身等原因，具有取消或损害就业或职业机会均等或待遇平等作用的任何区别、排斥或优惠"以及"有关会员国经与有代表性的雇主组织和工人组织（如存在此种组织）以及其他适当机构协商后可能确定的，具有取消或损害就业或职业机会均等或待遇平等作用的其他此种区别、排斥或优惠。"

就业歧视常见于招聘、晋升、薪酬、解雇等活动中。根据歧视行为的性质和方式，就业歧视可以分为故意歧视和无意歧视、个体性歧视和制度性歧视，以及直接歧视和间接歧视。故意歧视是指有意识地对某些群体进行不公平对待，而无意歧视是由于无意识因素如刻板印象等导致的歧视行为。个体性歧视是指由个别人或少数人做出的一次性歧视行为，而制度性歧视则是制度中多数人经常性的歧视行为，这是由制度和政策导致的。直接歧视是指以明确的理由来区别对待不同的劳动群体，例如雇主公开拒绝雇佣女性；而间接歧视在表面上保持中立，但其规定或行为却导致某些群体受到不平等对待。间接歧视包括就业机会歧视、就业待遇歧视和就业安全保障歧视。

就业歧视的表现多种多样，常见的包括性别歧视、年龄歧视、学历歧视、户籍歧视、地域歧视、健康歧视、经验歧视、民族歧视，甚至还有相貌歧视、属相歧视、姓氏歧视、血型歧视、身高歧视、酒量歧视、经历歧视等[3]。这些歧视行为在招聘和职业发展中存在，并影响着各种群体的就业机会和权益。解决就业歧视问题需要采取合适的法律和政策措施，促进形成更为公平和平等的劳动力市场。以下是最为常见的两种就业歧视：

(1) 性别歧视

与性别歧视有关的妇女就业问题形成的原因可以分为两类：一是由于女性在体力和生育等生理因素上与男性存在差距，导致在个人能力方面存在一定差异；二是由于对妇女的不公平待遇所造成的差距。前者是一些不容易消除的自然差距，而后者则是可以通过社会改变来消除的问题。

就业性别歧视是导致妇女就业困难的主要原因之一，也是一个需要关注和解决的社会问题。它在以下三个方面表现出来：一是女性就业难，在同等条件下，女性相对男性更难找到工作机会。由于一些偏见和刻板印象，雇主倾向于雇佣男性，使女性在就业市场上面临更大的竞争和困难；二是就业满意度差，即使女性的个人能力与男性相等，甚至更加出色，她们也面临着难以找到满意工作的问题。性别歧视导致女性在职业发展和晋升方面受到限制，限制了她们的就业前景和发展机会；三是收入和待遇不平等，女性在工作岗位上往往无法享受与男性同等的薪酬和待遇，收入水平和工作待遇相对较低。这种薪酬不平等和晋升机会的限制进一步加剧了性别不平等现象[4]。

为了解决妇女就业问题和性别歧视，需要采取多种措施。这包括建立公平的就业环境和就业模式,加强性别平等教育和宣传,制定和执行相关的法律和政策,提供适当的职业培训和支持,以确保女性能够平等地参与就业市场竞争并获得公正的待遇和机会。此外,也需要改变社会观念,消除对性别的刻板印象和偏见,促进全面的性别平等。

(2) 年龄歧视

除了性别歧视,年龄歧视也是一个经常发生的问题。一些雇主在招聘过程中倾向于拒绝35岁以上的求职者。然而,世界卫生组织将45岁以下定义为"青年",46至59岁则被视为年富力强的"中年"。许多在这个年龄段的人经验丰富、身体健壮,但面临着许多工作机会的封闭。这些工作往往并非要求体力出众岗位,也不是依赖纯粹体力的搬运工作,而是更注重知识和技能的"脑力劳动"。"35岁现象"限制和阻碍了人才的合理流动。35岁以上的失业和下岗人员,尤其是女性,已成为就业的困难群体。这不仅剥夺了他们获得工作的机会,也浪费了他们的经验和潜力。年龄歧视限制了人才资源的充分利用,对社会和经济的发展产生了负面影响。为了解决年龄歧视问题,需要采取措施来推动建立公平的就业环境。这包括改变雇主的观念和偏见,推广普遍适用的招聘标准和评估方法,注重个人的能力和潜力而非年龄因素。同时,政府和相关机构应制定和执行有关法律法规,禁止年龄歧视,并提供支持和保护措施,确保年长者能够获得公平的工作机会和待遇。此外,教育和宣传活动也应加强,以提高人们对年龄歧视的认识,促进全面的年龄平等和包容。

歧视被认为是不道德的,这可以通过功利主义原则和义务论进行分析。一方面,功利主义强调行为的结果对于社会的幸福和福利产生的影响是判断行为是否道德的关键。在这种观点下,我们可以看到歧视的不道德性体现在以下两个方面:

(1) 对受歧视者的伤害

歧视行为造成了受歧视的人的伤害。这种伤害可能是心理上的痛苦、自尊心受损,或是经济上的损失、失去机会等,并且可能是长期而严重的,不仅对受歧视者本人产生影响,还可能波及他们的家人。如果这种歧视行为得以扩展并在工作环境中重复出现,伤害将更加显著。这违背了功利主义追求最大幸福原则,因为歧视导致了一部分人的幸福受到了剥夺和限制。

(2) 社会的幸福受到威胁

歧视导致一些人无法在公平的竞争条件下获得职位或晋升。与此同时,那些因歧视而得益的人所获利益，并不能与受到歧视者所遭受的伤害相提并论。企业如果按照与工作相关的特质或绩效进行雇佣和晋升，而不实行歧视政策，很有可能会吸引并晋升一些遭受歧视的人，从而拥有更出色的员工队伍。因此，由于歧视的存在，企业也会在某种程度上受到损害，无法获得相应的利益。歧视导致社会中出现由受不公平待遇的人所组成的社会群体，这些人可能对社会产生怨恨，并可能以各种方式表达出来，削弱了社会的凝聚力和和谐。社会中存在歧视时，受到歧视的群体可能会感到被排斥、怨恨，而其他人也会感到不安和担忧。这种不公平对社会整体的幸福和福利产生了负面影响。歧视导致了人才的浪费和资源的浪费。当某些人被歧视而无法发挥他们的潜力和才能时，社会无法充分利用他们的贡献。这限制了社会的发展和创新，并且阻碍了全社会的幸福和福利水平的提升。

因此，基于功利主义原则，歧视行为被视为不道德的，因为它违背了追求最大幸福和福利的原则，对受歧视者造成伤害，削弱了社会的幸福和福利。建立一个公正、平等和包容的社会对于实现最大幸福和福利是至关重要的。

另一方面，义务论关注个体之间的道义义务和责任，强调人们应该遵守一定的道德规范和原则。首先，康德的义务论主张，当且只有当一个人从事某一行为时，不把他人仅仅作为实现自身利益的工具，而是尊重他人自由选择的能力时，该行为才是道德的。其次，康德的义务论还主张，只有当个体愿意将自己在特定情况下从事某项行为的理由视为其他人在相同情况下采取行动的理由，这样的行为才具备道德性。在这种观点下，我们可以看到歧视的不道德性体现在以下几个方面：

（1）违背平等原则

歧视违背了平等原则，即每个人都应该受到平等和公正对待的原则。无论是性别、种族、年龄还是其他特征，都不应成为剥夺个体平等待遇的理由。作为人类社会的成员，我们有义务尊重每个人的尊严和权利，而不是基于不公正的歧视标准。

（2）伤害他人的尊严和权益

歧视行为伤害了受歧视者的尊严和权益。它给人们带来了心理上的痛苦和自尊心的受损，剥夺了他们应该享有的平等权利和机会。作为有道德义务的个体，我们应该努力避免伤害他人，尊重他们的尊严和权益。

（3）违背公平和正义原则

歧视行为违背了公平和正义的原则。公平和正义要求我们在决策和行为中考虑每个人的权益和利益,而不偏袒或歧视特定群体。我们有道德义务确保公平的机会和平等的待遇,以促进社会的公平和正义。

(4) 社会和群体利益受损

歧视行为不仅伤害了受歧视者,也对整个社会和群体产生了负面影响。它导致社会中存在不公平和不平等。一个公正和道德的社会应该致力于消除歧视,创造一个包容和平等的环境,以增进全体成员的福祉和共同利益。

综上所述,从义务论的角度看,歧视行为违背了平等、尊严、公平和正义的原则,伤害了受歧视者的权益,破坏了社会的公正与和谐,歧视行为也被视为是不道德的行为。

8.1.2 聘用自由的伦理问题

聘用自由是指雇主和员工在任何时间、任何地点,甚至无须理由的情况下都可以自由选择雇佣或解雇。双方根据自身意愿自由达成就业合同。由于就业合同是相互的且双方自由达成的,因此合同的开始和终止都是自由的。在聘用自由的框架下,雇主可以根据企业需求和招聘标准自由选择合适的员工。同样,员工也有权根据个人能力、兴趣和目标自由选择适合自己的雇主。这种自由选择的权利为劳动力市场的灵活性和效率提供了基础,同时也为个人发展和职业成长提供了机会。

许多国家都有关于聘用自由的法律和政策的相关研究。研究者关注聘用自由原则在法律框架中的实施情况,以及其对雇主和员工权益的影响。同时,研究也聚焦于法律保护的程度和政策措施的有效性,以促进平等和公正的劳动力市场的发育。聘用自由作为劳动力市场中重要的原则之一,它强调个人自主选择和灵活性。然而,在实践中需要平衡各方利益,以确保公平和社会正义的实现。同时,也需要采取措施来解决权力不平等和社会不平等问题,以确保所有人都能享受到公平的就业机会和权益保护。从伦理方面分析,聘用自由主要存在以下几个方面的缺陷:

1. 权力不平等

尽管聘用自由原则表面上遵循公平原则,但我们很容易意识到员工和公司之间的关系从一开始就是不平等的。员工必须依靠劳动获得生活必需品,因此被迫从事劳动,并且往往从事的是不喜欢的工作,并且担心失去工作而没有合同保障。因此,他们无法像雇主那样自由地规划对员工的要求,自由地确定自己所需的就业条件。他们不能随心所欲地选择工作地点。相反，雇主决定了雇用要求，如果有人拒绝接受条件，仍有其他人愿意接受工作。如果条件过于苛刻而没有人申请，公司可以改变雇用条件以吸引员工。而如果员工离职，公司仍有大量机会寻找替代人员。因此，聘用自由并非平等互利的关系，这种不平等性需要我们在劳动关系中考虑公正和平衡，以确保员工的权益得到保护。

2. 外部条件的限制

只有在没有任何形式的强迫情况下，双方自愿达成的交易才能被认为是公平的。因此，确保工人不是被迫接受雇主提供的工作，而是出于自主选择，是满足这个条件的关键。然而，在现实生活中，经常会出现社会造成的劳动力市场供大于求的情况，这使得员工面临来自外部条件的限制而不得不签订实际上不公平的合同。例如，由于生活所迫，他们必须立即寻找工作，无法进行更多的选择和谈判。这提示我们需要关注和解决劳动力市场的结构性问题，以确保员工在交易中的自主性和公平性。

3. 缺乏道德责任

因为某人的性别、种族、宗教信仰或其他与工作无关的标准而剥夺其就业机会是不合理的。如果所有公司都采用这种做法，特定群体的就业机会将会被消除。因此，各种形式的歧视行为都是不道德的，因此有必要对雇佣自由原则进行适当的限制[5]。聘用自由可能导致雇主和雇员之间的利益冲突，雇主可能追求短期利益，而对雇员的福利和发展关注不足。同样，雇员也可能仅仅出于个人利益而选择雇主，而不考虑道德和社会责任。这种缺乏道德责任的行为可能导致社会关系的不稳定和缺乏互信。

4. 虚假信息和误导性招聘

当雇主故意提供虚假信息或误导性的招聘广告时，他们欺骗了求职者，使其做出基于错误信息的决策。这种行为损害了信任关系，破坏了雇主与员工之间的道德契约。虚假信息和误导性招聘导致的信息不对称，会使得当求职者获得招聘信息时，无法做出明智的决策，并可能因此在职业发展和福利方面受到不公平的影响。这种信息不对称加剧了雇主与求职者之间的权力不平等，可能导致雇主滥用权力。同时，雇主作为社会的一部分，有责任对招聘过程负责。虚假信息和误导性招聘不仅伤害了个人，也对整个劳动力市场和社会造成了负面影响。这种不负责任的行为可能导致资源浪费、就业机会不均等以及社会不稳定。

5. 社会保障和不稳定性

聘用自由使得雇员面临较大的就业不确定性。雇主有权在任何时间解雇员工，而员工也可以随时离职。这种不稳定性可能导致雇员面临失业风险和财务困境，影响其社会保障。在伦理上，社会公正要求我们提供一定程度的保障和安全网，以确保每个人都能够获得基本的经济和社会福利。同时，由于工作的不稳定性和收入的不确定性，一些雇员可能无法获得稳定的收入和福利待遇。而一些雇主则可能通过削减福利、降低工资或雇用临时工等方式，减少对员工的社会保障责任。这种不平等的现象引发了伦理关切，需要考虑如何确保经济机会和资源的更公平分配。此外，雇员可能面临长时间的失业、工作不安全和无法规划未来的困境，这可能导致心理压力、社会排斥和自尊心受损。

8.2 薪酬设计中的伦理问题

薪酬体系的设计与员工的利益息息相关，不合理的薪酬设计可能会导致员工丧失工作激情甚至离职，导致企业人才流失。薪酬设计中涉及很多伦理问题，企业在进行薪酬分配时要以促进长期发展为导向，同时遵循道德原则，构建有效的薪酬管理体系。对于薪酬设计中的较为突出的高管薪酬和同工同酬问题，本节将着重探讨。

8.2.1 高管薪酬

在 20 世纪 70 年代的美国，102 家大公司负责人的平均收入是普通全职工资的 40 倍。但来到 21 世纪，CEO 的年薪达到了普通工人工资的 367 倍，超过了 900 万美元。2005 年，收入最高的 1% 人群和 10% 人群占总收入的比例（分别为 17.4% 和 44.3%）与 20 世纪 20 年代的平均值（分别为 17.3% 和 43.6%）相当[6]。据上海荣正企业咨询服务（集团）股份有限公司发布的《中国上市公司高管薪酬及股权激励状况综合研究报告》[7]，2022 年我国上市公司高管年薪平均值为 171.41 万元，其中最高的甚至达到 8 653 万元。除了固定的工资，上市公司高管还可以得到股权激励，待遇将更为可观。

可以看出，企业高管与普通员工之间存在着显著的薪酬的差距，这引发了人们对企业高管薪酬标准的关注。对于最低工资的共识较为容易达成，但是否应该规定工资上限，或确定薪酬的最大合理比率，这是一个很难回答的问题。高管获得高水平的薪资在某种程度上具有合理性，也是公司吸引高层管理人员的重要手段。但有些企业的高管薪酬过于高昂，即使公司绩效下滑，高管薪酬仍不断增长，这是非常不合理的情况。过高的高管薪酬会引发多方面问题。首先，过大的薪酬差距会破坏组织内部合作，打击普通员工的工作热情，不利于企业的可持续发展。其次，这种不满情绪可能会扩散到社会中，引发公众的愤怒和社会问题。美国曾爆发的"占领华尔街"的运动便与高管不合理高薪相关，民众的愤怒最终造成了流血冲突。最后，过高的薪酬可能削弱了高管的激励，甚至导致高管为了个人利益而牺牲企业的长期利益。在企业经济状况不好时仍坚持为高管发放高薪酬可能成为企业的沉重负担，甚至可能拖垮企业。

因此，企业需要制定合理的薪酬标准，并在制定时可以考虑以下因素：

1. 设立独立的薪酬委员会制定薪酬标准

薪酬委员会可以包括企业有关部门的专业人员、企业的员工代表、独立董事、外部咨询顾问等，其中独立董事应当占据一定的比例。多元、独立的薪酬委员会可以较为全面客观地对企业的状况进行评估，协调企业各部门间的利益，制定出较为合理的薪酬标准。此外，委员会成员固定且长时间不流动可能会导致成员与高管勾结，因此要建立委员会成员任期制，充分保持其独立性。

2. 薪酬与企业业绩合理挂钩

如果企业高管的高薪无法与企业的优秀业绩匹配，那么薪酬设计便无法发挥其激励高管改善公司经营水平、提升企业竞争力的作用。如果不管公司业绩如何，高管薪酬都能旱涝保收，这是极为不公平的。部分高管甚至可以在公司濒临破产之时仍然拿着极高的薪水，这样的薪酬标准显然不合理。薪酬激励想要发挥其应有的作用，就需要将高管薪资与公司业绩挂钩，鼓励高管制定合理的发展战略帮助企业价值提升，实现双赢。要注意的是，薪酬激励要与量化的指标匹配，以此尽量避免收入不透明问题。可以使用企业财务指标和股价这两个可以量化的指标评价高管业绩，确保薪酬激励与公司业绩增长实际相关。

3. 薪酬与个人对公司业绩的贡献和责任联系起来

在考虑高管薪酬多少时可能会遇到两个问题，一是如何衡量贡献，即公司的业绩有多少是高管个人的贡献所致；二是公司的亏损是否也要与高管个人挂钩，可个人如何负担公司亏损的责任，这也意味着在设置风险激励时需要设置上下限。如果不设置合理的下限，高管会顾虑个人资产问题而避免风险水平较高的项目。上限的设置可以防止管理层盲目追求高收益的投资项目，为公司的发展带来极大的风险。这就需要公司在制定薪酬计划时，实现一定风险水平上的激励效果最大化[8]。

4. 考虑企业文化因素

企业文化对高管薪酬设计存在巨大影响，高管薪酬的制定需要多方面参考企业文化因素，主要是以下两个方面：第一是历史传统，即企业对高管薪酬设计和激励的政策史。在企业修改薪酬体系时要设置一定的过渡时间，同时注意与之前制度的衔接，尽量避免突然地颠覆式的改革。第二是文化理念。企业在进行薪资设计时要结合企业自身特点，考虑哪种程度的薪资水平对企业发展最有利。照搬其他企业的成功案例或是一味地追求绝对公平都是不合理的。

5. 兼顾公司的长短期利益

高管薪酬一般由基本工资、年度奖金和长期激励三部分组成。其中后两者均为可变薪资，且占据高管总薪资的约 2/3。换言之，可变薪资在高管薪资中占据较大比例，长期激励是可变薪资的重要组成部分。这样做的目的是将高管收入与公司业绩紧密结合，同时尽量避免高管一味提升短期利润，危害公司长期利益。如果不设置长期激励，很可能出现高管为快速提升业绩而做出损害公司未来发展的事件，更甚者会违反相关法律规定，给公司的长远发展、声誉形象等带来极大的危害。因此，长期激励及其所占比例是薪酬设计的一个关键问题。

6. 考虑与普通员工的收入差距

高管与普通员工的薪资水平差距过大可能会引发员工的抵触情绪，削弱公司的凝聚力。若高管与普通员工工资增长幅度不成比例，可能会导致员工工作消极，人才流失等问题的出现。因此在决定管理层收入时要充分参考普通员工的平均薪资，解决公司经营者与普通员工收入增长速度差距过大的问题。

7. 考虑公众的接受程度

2022 年我国居民人均可支配收入为 36 883 元，其中城镇居民人均可支配收入 49 283 元，农村居民人均可支配收入 20 133 元[9]。设想一下，如果高管薪酬轻轻松松便能够达到数千万元，这可能会引发舆论的关注甚至声讨，不利于公司形象的树立。

8. 考虑个人所得税制度

高收入者需要缴纳更多的个人所得税，这意味着虽然一个人的薪资是另一个人的好几倍，但他们的实际收入并没有那么大的差别。公司在提升高管薪酬时需要考虑到这方面的影响,确保激励能够真正地实行。

9. 增强高管薪酬透明性

上市公司应不单单披露薪酬水平的绝对值,还应报告与薪酬相关的其他信息,并对必要的项目做出详细说明。

此外,企业高管除了基本薪酬外,还往往可以参与利润分享计划,得到企业一部分劳动成果。除此之外还有企业高管持股计划,让优秀的管理人才也成为老板,在享受较高的薪资水平的同时与企业共同成长,在工作中实现职业价值。合理的利润或股权分享计划可以有效激发高管的工作积极性,与薪酬设计结合有利于公司的长期发展。

公司面临着复杂的市场竞争环境,具有杰出经营能力的高管对公司来说意义非凡,也是十分稀缺的资源,高薪或许是吸引此类高管最直接的方法。但高管薪酬涉及面广,影响因素多,不能仅仅考虑吸引激励高管而忽视其他因素。

在竞争激烈的市场经济条件下,企业收购与兼并是常见的事。被收购或兼并企业的高层管理者一般很难在新企业中继续占据高层实权地位,其中不少人往往被迫辞职。为对付这种可能的风险,美国不少企业都制定有"金色降落伞"的制度。

黄金降落伞(Golden parachute)是指一旦因为公司被并购或收购而导致董事、总裁等高级管理人员被解雇,公司将提供丰厚的补偿费,如解职费、股票期权收入和额外津贴等。若企业高管与公司签订了相关的契约,当企业被收购或兼并时,原来的一些企业高层经营管理者便可以安全脱出,另谋高就,不受经济损失。这种政策的制定可以在一定程度上激励企业的领导人在他们考虑进行企业并购时做出明智的决定,因为交易可能会有利于股东但会让企业管理者失去他们的工作。此外,降落伞政策的另一个共同特征——允许在首席执行官的退休过程中授予以股票为基础的补偿,也是对股东有好处,因为它鼓励了接近退休年龄的高管们考虑该公司的长期价值而不是奋力争取最后的个人收益。

虽然黄金降落伞这一政策激励高管推动公司出售,被很多公司和金融界经济学家认为是高管薪资中一项重要及有益的组成部分,但它也会带来巨大成本,甚至影响整体股东的利益。由于高管层得到的经济补偿有时可达到一个天文数字,因此这种补偿反而可能成为高管层急于出售公司的动机,甚至是以很低的价格出售。

由此可见,想让金色降落伞制度真正发挥作用,在有效地激励企业管理层的同时避免股东的利益受到损害,需要合理权衡这一制度实施与否和具体实施方法。在授予对象方面,其授予对象可以不仅限于企业高级管理人员,范围可以扩展到企业的创业者或企业的成长过程中对企业的发展起过重要作用的人员,如公司的业务骨干、技术骨干等。在授予形式方面,西方国家的"黄金降落伞"主要包括一次性的契约解除补偿金、津贴和股票期权等。在我国,大部分企业领导人领到的是一笔退休金,而按照我国现行的退休制度,每月发放一定的退休金是必然的选择,其余的可以包括一次性的奖金或是股票期权。在授予金额限制方面,美国在其《国内税收法案》中就对"黄金降落伞"金额作了限定,即被授予人在"突发事件"前的五年以内的各年工资的平均值。如果超出这个限额,就要对其超出的部分征收20%的税款,而同时公司也会失去相当于超出授予部分的税收减免。由于我国的企业元老们的工资收入远远低于西方发达国家,因此,对数额的限制应适当放宽,每月的退休金应以不低于其在位时工资为限,并应考虑到国内同类型企业的水平。一次性的津贴也应以其年收入的2至3倍为限。再加上股票期权,其总额应与元老在位时企业的经营情况、元老在职时间的长短、元老对企业的贡献大小等多方面联系起来进行衡量。

8.2.2 同工同酬

《中华人民共和国劳动法》第四十六条规定,工资应当遵循按劳分配的原则,实行"同工同酬"[10]。根据劳办发〔1994〕289号《关于劳动法若干条文的说明》的解释,同工同酬是指用人单位对于从事相同工作、付出等量劳动且取得相同劳动业绩的劳动者支付同等的劳动报酬。无论正式工还是劳务派遣工,只要从事相同内容工作,应当获同级别工资待遇。

毫无疑问,同工同酬体现着两个价值取向:一是确保贯彻按劳分配的大原则,即付出同等劳动应得到同等的劳动报酬;二是防止工资分配中的歧视行为,即要求在同一单位,对同样岗位的劳动者,在同样的劳动条件下,不同性别、不同身份、不同户籍或不同工作形式的劳动者之间,只要提供的劳动数量和质量相同,就应给予同等的劳动报酬[11]。

虽然法律对同工同酬做出了要求,但现实中却很难真正地贯彻执行,临时工与正式员工的工资差距、劳务派遣滥用等问题仍然存在。从目前来看,同工不同酬主要表现在正式工与临时工、合同工与劳务工和实习生(即以实习为名义大量招聘学生工)以及新老职工之间的同工不同酬。两类员工工作内容、工作任务都相同,薪资却相差很大。

1. 同工不同酬的成因

同工不同酬的成因主要有以下几方面:

首先,是劳动市场供大于求的必然。我国拥有丰富的劳动力资源,使得劳动市场竞争激烈,让劳动者往往处于较为弱势的地位,不得不被动地接受企业的挑选。一方面,疫情冲击导致的经济下行和机器设备替代人工,导致劳动力需求减少;另一方面,大学扩招产生的应届生就业高峰、国企改革下岗员工再就业、产业结构调整升级带来的劳工过剩、城市规划发展中农村劳动力进城,使得劳动市场饱和。劳动力的过剩使得就业市场竞争激烈,一部分劳动者为了就业不得不做出各种让步,忍受同工不同酬的不公平待遇。

其次,是城乡差别在用人单位体制上的反映。户籍大门的打开消除了城市和农村劳动市场间的差别,但对于"入城未入户"员工的歧视却并未消失。这使得大量农民工和城市临时工只能成为非正式的临时的合同工,得到的待遇水平也很差。

再次,是有法难依和执法不力。一方面,政府无法有效保证同工同酬。同工不同酬的问题也存在于政府机关、事业单位和国有企业,这些机构影响力大,改革难度较大;一些地方政府只关注 GDP 的增长,害怕严格贯彻相关规定会影响"投资环境",忽视企业劳资方面的问题,在一定程度上助长了同工不同酬的现象。另一方面,我国的劳动监察和争议处理还远远达不到要求,执法人员数量不足,且专业能力不够强,对于同工不同酬问题的处理存在疏漏,对于相关问题的惩罚力度不够,不能有效地威慑涉事企业。

最后,是地方劳动政策使然。为了吸引投资,促进当地经济发展,部分地方政府推出了各类划分员工类型的政策,使得企业可以合理地为这类员工提供更低的薪资,甚至可以规避保险缴纳等义务,直接造成了同工不同酬的局面。

2. 同工不同酬的危害

同工不同酬问题会对社会产生诸多不良影响。第一,影响社会稳定。同工不同酬现象会危害社会安全,不利于企业的长期发展,更不利于国家的长治久安。第二,违背公平正义。和谐的社会环境离不开公平正义,而严重的同工不同酬问题会损害公平原则,妨碍社会稳定与和谐。受歧视的劳动者认为通过自己的努力无法提升生活水平,可能会抵触工作,甚至形成反社会的心理,对社会安全造成重大威胁。第三,有损劳动者的人格尊严。同工不同酬现象是对劳动者的歧视,也是对其合法权益的侵害。按照身份确定薪酬标准的现象是典型的歧视行为,它侵犯了劳动者平等就业权和发展权,同时侵犯了劳动者的人格尊严。第四,有悖效率至上理念。同工不同酬违反了法律规定,也与先进管理理念相悖。或许这样可以在短期内节省成本,但从长远视角来看,并不利于企业的稳定发展。

由此可见,同工同酬是社会发展的必然趋势,也符合社会主义市场经济的本质要求。用人单位,无论是什么所有制度,都应该重视这一问题,在同工同酬这一原则框架下,完善、规范用工制度,与劳动者进行协商后订立合同确定薪酬。只有在同工同酬的环境之下,企业才能实现长足的可持续发展。

当然,怎么理解"同工"也很重要。目前,劳动岗位的技术化、多元化发展使得即使工作岗位、工作任务完全相同,产生的工作成果也可能存在差别。一味追求"量"的相同,忽视"质"的差异,是不公平的。即便是同一工作岗位,也需要根据实际情况考虑劳动者实际完成的工作量、工作业绩等因素,给予其合理的薪酬。同时,时间、工作地点、市场供需情况也会影响薪资水平的确定。

8.3 工作安全中的伦理问题

8.3.1 工作安全

在企业管理中,工作安全管理扮演着至关重要的角色,其主要目标是确保企业能够有效地贯彻落实职业安全健康的相关法律法规规范和规章制度,并采取各种预防措施来避免职业病、人身伤害和其他安全事故的发生,确保员工在职业活动过程中的安全与身体健康,确保公司良好的生产活动秩序,推动公司的整体发展。由此可以看出,企业要想正常运营,就不能忽略那些可能会对人员安全产生威胁的行为。所以,为了保证职工的劳动安全,公司应采取如下措施。

1. 落实安全风险管理制度

安全风险管理制度的建立与执行,旨在规范管理,规范行为,控制风险,将危害降至最低。比如,要落实安全管理机构与职责制度、危险源辨识和风险评价制度、项目评审验收许可制度、风险分级管控制度、危险源风险告知制度等。

2. 加大劳动防护用品投入

根据不完全统计,由于没有配备劳动防护用品、劳动防护用品不合格、劳动防护用品使用不当等原因而造成的各类伤亡事故,在企业中屡见不鲜,每年都因此造成了数额巨大的直接经济损失。目前,许多单位在劳动防护用品方面,还存在着配置的种类不全、发放的质量不高、不符合国家法律法规、标准等方面的问题,以及施工者不能正确使用的问题。在危害预防措施中,穿着防护装备是最为基础的预防措施,属于被动预防行为,工作单位必须为劳动者提供合格的、行之有效的劳动防护设备,以强化安全措施。

3. 加强危险源告知与警示

"险在不知险,知险不除险。"在生产作业过程中,要注重对作业人员的风险培训,落实风险告知和标识警示义务,让项目组所有参与生产的人员明白作业程序中的危险来自哪里,风险有多大,应该采取哪些安全防护措施等,这样才能提升安全意识,加强自我保护,确保"三不伤害"。例如时频电磁法,需要大功率对地供电,必须增加巡线人员的岗位数量,并且设置危险警示标识[12]。

4. 制定科学的安全生产方针

对于企业来说,其服务内容越来越系统化和综合化,服务方式也越来越多样化和复杂化。要想进一步提升企业的总体工作效率,其工作方向就必须要建立在一种更加精细化、更加全面的安全生产方针之上。实践证明,在企业的安全管理工作中,唯有全面贯彻落实科学的安全生产方针,将精细化的安全生产方针做到最大化,企业才能够有效地指导安全管理工作,并进一步提升其后勤服务的质量。

8.3.2 工作压力

关于伦理学的含义,龚群先生在其《现代伦理学》中界定为:"人与人之间的关系,是合乎人伦之理、有准则的"[9]。王海明在"伦理"问题上有自己的见解:伦理学不是一门关于道德的科学,而是一门关于优良道德的科学,是一门关于道德形成的过程和途径的科学,伦理学涉及三个方面,即道德规范、道德价值和道德判断,道德规范和道德判断是由人所制定的。

对于企业来说,道德本质上是一种调节企业行为的规范,既有内在的规制,也有外在的规制。企业社会工作者为企业员工及其相关的群体提供了与之相对应的服务,这些服务也会对企业的运营或管理产生直接或间接的影响。因此,这一现象就对企业社会工作者提出了要求,不仅要有专业的伦理指引,还要对企业伦理的规范进行正确认知和理解,这样才可以避免企业伦理与专业伦理之间的矛盾。在实际的工作实践中,工作压力,是公司员工所面临的最大难题之一,也是公司必须加以调节的问题。

1. 工作压力定义

关于工作压力,国内外学者从不同的角度进行了分析和讨论。从整体上来看,对于工作压力的界定,可以划分为两种理论上的理解:一种是静态说,另一种是动态说。

(1) 静态学说

静态理论只是从一个侧面来定义工作压力,具有代表性的理论有如下三种:一是刺激理论。它强调应激的中心是工作应激,外部环境和事件的刺激则会使个体产生紧张和恐惧感。第二个是有关化学反应的学说。它把应激看作是个人对外界刺激的一种主观感觉。它相信,"工作紧张就是一个人在被迫背离自己想要的生活方式时所感受到的不适。"

(2) 动态学说

动态学说把压力看成一个整体的动态过程,它包含了压力的来源,压力在中间的作用,压力所引起的后果等因素。

2. 工作应激源研究

工作应激源是指导致工作应激的刺激、事件或环境。以往,对工作应激问题的研究在国内外都有一定的发展,并早已形成了具有代表性的观点。一些学者把压力归结为个体需要与能力之间的失衡,是个体不满足感的结果。不同的个体在面对工作中所承受的压力时,其承受压力的能力是不同的,这就导致了不同的压力经历。当个体对自身应对能力有较好的评估时,其社会适应能力往往得到较好的改善,而对自身应对能力估计过高或过低的个体就会产生不平衡的感觉。应激是个体的一种主观情感,它和个体的社会经历和心理状况有很大的关系。如果一个人经历得越多,精神状态越好,那么他就能承受得住更大的压力[13]。

3. 缓解工作压力的方法

首先,就个人而言,就是要对自己有一个正确的认识,对自己的工作有一个积极的看法;在工作中,要加强自身的学习,提升自己的专业素质,以提升自己处理工作中的人际压力的能力;为自己的职业生涯做一个合理的规划,以减少自己的情感损耗。当面临较大的工作压力的时候,要主动地将自己的消极情绪释放出来,维持好的自我效能感和抗压能力,以此来缓解或避免工作倦怠所造成的消极影响。

其次，在组织层次上，公司及管理者应构建相应的对策：改进公司治理结构，适当给予员工更多的权力，帮助他们更好地理解自己的角色，更好地处理人际关系，提升他们的自我效能。同时，要建立一个通畅的交流渠道和长期的心理辅导机制，以便及时地了解员工的心理状况，并做出有效地反应；面对突发事件，如疫情、自然灾害等，要及早做好防范和疏导工作，以免出现群体性的负面情绪。

最后，在此基础上，建立一个积极、正面的团队环境，以协助员工摆脱工作困境，提高他们的自我效能。从长远的角度来看，公司要在内部构建起一套科学、公正的绩效考核体系，这样才能让员工对自己的付出、绩效和报酬有一个更为客观的认识，从而让他们的自我效能感保持稳定；构建一套完整且全面的员工培训体系，持续提升他们应对工作压力的能力，提升他们的自我效能感，降低他们的工作倦怠感。

8.3.3 企业管理

无论是由于工作安全与工作质量还是工作压力与工作效率造成的矛盾冲突，都反映了企业社会责任与生产管理的挑战。但本质上，这些矛盾实际上是企业社会责任与企业的利润追求之间的冲突。当公司的任务繁杂且沉重时，公司领导往往不愿意看到企业员工因各种原因影响公司的正常运作从而减少企业的利润。在企业工作中，管理的范围相对较广，内容相对较多。为了更好地提高管理的效果，需要对管理方式进行全方位的创新，并积极地建立起一套精细化的管理体系。

在实际的企业管理工作中，要对企业的各项资源进行科学、综合地分配。企业管理并不是一句空话，它需要有坚实的基础设施和管理机制，只有这样，才能保证管理的深入和全面。为了实现这一目标，各部门应当加大对员工设施的投资力度，以科学的企业资源配置为基础创造科学的管理条件，从而更好地对管理质量进行优化。同时，企业应建立科学的资源投入体系以支持管理工作的开展。管理工作需要适度的费用支出和科学的资金运用。因此，在实际操作中，应当对各项费用支出进行充分、全面的细化，保证每一笔费用都可以使用到实处，都能够落实到实际工作中去，应实行专款专用制度，避免资金随意挪用。

1. 工作安全管理

在开展工作的过程中，安全管理工作的不断推进，要从必要的风险源识别和评估开始。而这离不开精细化的风险源研判和分析。为了更好地提高安全管理的整体效能，有必要以科学和精细化的工作措施为基础，全面做好危险源的识别和判断。

一方面，在安全管理的实践过程中，应该成立专门化的风险源识别和研判小组，主要负责后勤服务领域可能存在的安全风险，并进行详细、全面的登记。为了有效地保证对危险源进行准确和完整的识别，在对其进行辨识时，还应根据科学和全面的原则，自上而下的原则，保证对危险源辨识的全面性和准确性。

另一方面，在风险源识别工作完成之后，要根据不同类型的风险源，对其进行深入、全面的分析和研判，尽量掌握导致风险隐患的有关因素和有关内容，以便于采取准确、有效的措施来对其进行处理。在风险控制的过程中，要对不同的控制措施和控制方式进行综合研判，并与风险源的类型和大小等相结合，积极采取差别化的风险源防控方式。对难于防范的，可以采取转移和隔离的方法；对危害性较小的，可以采取安放的方法。当然，在进行风险控制时，也要注意其所需的费用，以防止产生无效费用。

另外，在风险源识别和研判的过程中，还需要做好后续的风险监测和追踪管理工作。不可否认，某些风险在评价中并没有表现出"价值"，但为了防止风险继续扩大，企业应当指定专门人员对其进行跟踪和管理。

2. 员工压力管理

由于工作压力通常会对员工的投入和绩效产生负面影响，因此，为了提高员工的工作投入水平，需要有效地管理员工工作压力。企业应培养员工的压力管理意识，并通过各项措施帮助员工调节工作压力[14]。

首先，通过学习可以产生有意义的知识，领导者要充分利用环境对员工进行激励，赋予员工更加多样化、富有创新性的工作任务，激发员工获取知识的广度与深度，更加有效地识别、获取、整合知识，从而提升其工作绩效。通过降低与缓解员工工作压力，达到提高工作投入程度与工作绩效的目的。

其次，企业对员工进行激励，应根据员工的能力水平，科学合理地设置压力源，让员工的压力控制在员工可承受的范围内，超出一定的范围，必然影响到员工的工作投入与工作绩效。给予员工信任与工作自主权，让员工有更加饱满的热情、有更多的机会尝试开拓新的工作领域。在对员工进行工作设计及任务分配时，要明确任务要求、时间期限、组织支持和工作开展的资源条件，以确保员工清楚如何完成工作和实现工作目标。

最后，企业可以采用不同的方式来帮助员工应对工作压力。对相同的工作压力，不同的个体介入和反应的认知评价是不一致的，采取的应对方式也可能存在差异。员工在应对压力时存在一个灵敏的有效认知系统以调节自身的反应，对工作压力的认知评价因不同的人格属性和认知风格而有所差异，它在一定程度上是个体思维方式和应对方式的体现。因此，企业可以设置专门的心理咨询员，针对不同的员工、不同的压力，给出不同的建议。

3. 企业人性化管理

企业管理的刚性较强，而思想政治工作是一种坚持思想引导方针，是一种软方法的人性化管理。在企业管理工作中，要注重人性化管理。但是人性化管理并不是说不要将原则性强的管理制度刚性化，更不是说不执行管理制度，而是说，在执行管理制度的时候，要考虑到更多合理的、适宜人性化的因素。如果一味地强调"人性化"，而忽视了对员工违规和违规行为的有效约束和规范，那么，人性化的管理就会变成一种不负责的混乱管理，从而削弱各级组织的执行力，为企业管理增加困难[15]。

一是思想有"深度"。一方面认识到生产的必要性，另一方面能在工作岗位肩负生产的责任，还能在一些风险未造成较大负面影响之前加强干预，控制风险范围，减小损失，将集体的利益摆在重要的位置上，强化危机感，在生产一线能始终保持清醒、冷静，同时积极践行各项生产规章制度。

二是管理要"严格"，立足一线加强管理。以安全管理为例，现场管理达标，可以有效地预防生产中的一些隐患，预防和杜绝一些事故的发生，所以在执行上一定要严格要求。要严标准，在制度执行面前，管理者作好了表率作用，才能让员工心悦诚服地执行。在安全管理岗位上，专职人员既要用规定约束人，还要用实例、专业、数据说服人，并用感情与思政教化于人，同时要自我约束，争做榜样，致力于营造稳定、和谐、安全的生产氛围，达到防止各种问题发生的目的。为了使企业管理更具严谨性，须从实际出发罗列各项管理细则，并通过培训讲解其主要内容、管理目的，从而有效地消除各项管理阻力。

三是部署须"精细"。在管理领域实施精细化管控模式，保障管理活动细、全、精、准，管理人员要清楚问题所在，才能"对症下药"，找到正确的方向。要对工作进行细致的安排，将所有的不利因素都考虑到，才能使企业管理部署更具精准性与前瞻性。

在建设人文环境的过程中，企业要注重渗透主流价值思想，以及集体主义精神。要通过对员工进行长时间的文化"渗透",逐步提高他们的集体观念,让他们时时刻刻处于一种强烈的文化氛围中,使企业文化可以成为引领职工生产的有利条件。

案例1

国网徐州供电公司:"党建+安全"方法论

国网徐州供电公司是江苏省电力公司旗下的供电企业,其前身是成立于1950年的徐州电业局,国家特大型供电企业,担负着国家电网"西电东送"、华东电网"北电南供"及徐州五县五区的供电重任。

众所周知,供电公司员工在电力作业时,会面临诸多安全生产隐患,如何加强隐患的排查,筑牢安全基石是供电企业保障可靠供电的首要任务。2022年初以来,国家电网徐州供电公司在组织施工、督查安全作业管控时从增强意识、加大责任、提高能力等多个方面进行切入,深入贯彻落实"党建+安全生产"示范工程,确定"人、机、环、管"等四要素一级指标,将党建工作和安全生产进行高度融合,开创了党建和业务相互融合并进的新局面。这种模式在各大供电企业中成为一种潮流,一方面,这种模式能够充分发挥党建工作的优势,供电企业在安全生产时有正确的方向,将供电企业员工的积极性和主动性充分激发调动,保证各承建项目安全工作有序进行;另一方面,又助力供电企业在项目施工生产、作业安全、质量保证和人才队伍建设上迈向新台阶,促进供电企业在管理中提质增效,实现企业的高质量发展。随着社会的进一步发展,"党建+安全"的模式会在公司中更加普及,因为与传统的安全保障方式相比,"党建+安全"模式更加符合现代以人为本的理念,更能彰显出人在劳动中的价值和创造,也更合乎公司在人力资源管理中的伦理要求。

1. 徐州供电公司"党建+安全"模式与以人为本

徐州供电公司将员工安全保障视为所有工作开展的前提,通过多种方式树牢底线意识。在2022年2月,徐州供电公司积极推行"安全导师"培训的工作模式,公司选拔优秀的党员骨干为安全导师,发挥安全导师的先锋模范作用,积极带领其他员工"讲安全、会安全、保安全。"这种模式是"党建+安全"的衍生内容之一。在2022年4月29日上午,国网沛县供电公司党员宣教队导师序守文以亲身实践的方式召开了一场安全培训会议,为参加此次安全培训的青年员工重点讲解了安全器具的使用守则。徐州供电公司变电检修班的青年员工崔浩参加安全器具使用培训后认为:"安全导师带领员工讲安全这种模式非常实用,能有效提升员工在实际操作中的安全意识。"徐州供电公司自推广"安全导师"模式以来,截至2022年5月份,徐州供电公司已经遴选不同专业的83位优秀党员干部为"安全导师",并开展各种安全宣传、教育以及实操技能训练累计达到54场,其中超过3 000人次参与培训项目。

徐州供电公司这种"安全导师"的方法是"党建+安全"模式衍生的一部分内容,通过技能安全培训课程,能有效地将安全理论与实践操作进行结合,让广大员工听得懂、记得住、用得好。在前端就把握好安全问题,充分体现徐州供电公司对员工安全的重视,将保障员工安全作为工作的重心。这是公司的道德责任和道德义务的体现,是公司对员工的责任感和关注,追求以人为本的管理理念,将员工的健康与安全置于首要位置。

2. 徐州供电公司"党建+安全"模式与科学管理

为有效地保障员工安全管理措施的落实,徐州供电公司各下属单位、部门及各区县公司相继组成"安全督察队",督察队是由各党组织书记为队长,队员则由各专业部门业务骨干组成,采取将安全生产巡查与党务检查相融合的方式,对各作业现场进行安全随机检查,着重审视党员责任区和党员示范岗位上工作任务的履行情况。徐州供电公司将安全生产巡查机制与党建检查机制有机结合,充分发挥党组织和党员的作用,将党员安全违章等问题纳入安全生产巡查、实施"四不两直"安全督察和日常安全检查。同时,把安全生产情况作为评先评优的重要依据之一,要求基层党组织和党员带头反对违章行为,做到党员身边无违章现象。

在日常工作中,徐州供电企业的党组织书记也会主动到项目前线履责,深入一线对安全隐患进行排查,作业现场的安全管控得到进一步加强。

徐州供电公司"安全督察队"方式也是"党建+安全"的内容之一,是其内涵的体现。高层人员能够下沉到一线,了解基层员工的工作环境、挑战和需求,能够促进信息的流通,加强和基层员工的沟通,促进公司员工树立更牢固的安全意识,企业能形成更加紧密的团队精神,加强组织的整体效能,实现公司员工和企业的双赢。

3. 徐州供电公司"党建+安全"模式与员工成长

在2022年4月22日,徐州供电公司党委党建部、安全监察部联合举办了一场名为"青安先锋"安全知识竞赛,让刚接触到安全生产的企业员工融入良好的安全氛围中。在安全知识竞赛的答题中，参赛员工将和观众一起互动参与，并设置形式多样的比赛环节，通过参与比赛，员工们对营销和生产等各类安全操作规程等安全知识有了更深入的了解，进一步激发了年轻员工的学习能力和安全管理能力的提升。除此之外，徐州供电公司还任用政治素质高和业务能力强的青年员工和党员组成"党建＋安全"柔性团队，通过"安全微课堂"等方式，柔性团队结合日常工作实践经验以及管理理论知识为公司员工剖析典型案例，在教学中，一线员工不仅能够学习新的知识技能，还能提升自我安全素养。2022 年以来，徐州供电公司各级党组织依靠三会一课、主题党日等载体，开展了多项安全主题活动，还搭建了员工学习竞赛平台，实现员工技能和安全意识水平的双提升，真正将"党建＋安全"模式做实，提高了员工工作技能，筑牢了安全生产防线。

徐州供电公司为员工提供了培训和发展的机会，是对员工的尊重和认可，企业认可员工的价值和潜力，致力于帮助员工实现个人的职业发展，并在发展的过程中时刻保障员工的安全，是徐州供电公司履行道德责任的表现之一。

【思考与讨论】

1. "党建＋安全"模式有哪些特点？
2. 责任理念是如何在"党建＋安全"模式下实现的？
3. 结合人力资源中的伦理知识，徐州供电公司履行了怎么样的伦理责任？

课后思考题

1. 如何理解聘用自由？
2. 结合实际谈谈应该怎样避免就业歧视这一伦理问题。
3. 在进行高管薪酬设计时需要考虑哪些因素？
4. 举例说明如何理解同工不同酬的概念。
5. 结合本节内容，探讨企业能为工作安全做些什么。
6. 如何平衡工作压力与工作效率？

参考文献

[1] GEORGE R T D. Business Ethics[M]. 7th ed. Upper Saddle River, NJ: Prentice Hall, 2010: 423-424.

［2］周祖城.企业伦理学［M］.北京：清华大学出版社，2020：153-155.

［3］张时飞，唐钧.中国就业歧视：基本判断［J］.江苏社会科学，2010(2)：52-58.

［4］李新建，赵瑞美.性别歧视与女性就业［J］.妇女研究论丛，1999(1)：4-8+3.

［5］GEORGE R T D.Business Ethics［M］.7th ed.Upper Saddle River，NJ：Prentice Hall，2010：350.

［6］保罗·克鲁格曼.美国怎么了？——一个自由主义者的良知［M］.刘波译.北京：中信出版社，2008：108.

［7］上海荣正集团.中国上市公司高管薪酬及股权激励状况综合研究报告［EB/OL］.2023.

［8］王聪，李琦.上市公司高管薪酬设计探讨［J］.财会通讯，2011(8)：18-19.

［9］国家统计局.2022年居民收入和消费支出情况［EB/OL］.https://www.stats.gov.cn/sj/zxfb/202302/t20230203_1901715.html.2023.01.17.

［10］中华人民共和国人力资源和社会保障部.中华人民共和国劳动法［EB/OL］.http://www.mohrss.gov.cn/xxgk2020/fdzdgknr/zcfg/fl/202011/t20201102_394625.html.2018.12.29

［11］巩丽霞.关于劳动法中"同工同酬"的探讨［J］.理论界，2006(7)：94-95.

［12］龚群.现代伦理学［M］.北京：中国人民大学出版社，2010：27-29.

［13］张小胖.地勘工作安全风险分级管控探析——以野外项目组安全管理为例［J］.安徽建筑，2022，29(4)：181-183.

［14］尹钰煊，宁鲁宁，张新，等.疫情防控常态化背景下医务人员生活方式、工作压力及生活满意度现状及其关系［J］.职业与健康，2023，39(11)：1496-1501.

［15］兰妍.企业思想政治工作与安全管理工作有效结合的实践与思考［J］.现代企业文化，2022(32)：78-80.

第九章
国际商务中的伦理问题

9.1 国际商务伦理问题概述

在当代经济伦理学的形成和发展过程中,国际商务伦理逐渐成为一个独立的研究领域。它主要关注国际商务领域中的道德议题,深入探索其中出现的道德难题,并寻求合适的解决方法。其中一个重要的目的是通过国际商务的参与者、各国学者和政府之间的相互磋商,形成一个比较完善的、能够被全世界所有国家都接受的价值体系,该体系可以推动世界经济稳定运行。同时,通过减少由文化差异引发的摩擦,国际商务伦理有助于营造一个相对稳定的伦理环境,以促进国际商务活动的顺利进行。

自20世纪80年代以来,随着国际商务的飞速发展,人类经济活动逐渐全球化。然而,由于不同国家在政治制度、法律、经济发展和文化方面存在巨大差异,国际商务领域涌现出许多与伦理相关的问题[1],包括员工福利待遇、人权问题、环境规制、腐败问题以及跨国公司的道德义务等。

9.1.1 员工福利待遇

当东道国的工作条件与母国的工作条件相差很大时,该按照哪种标准执行,目前还没有确定的结论。通常跨国公司在遇到相关问题时应该做到以下三点:

1. 履行人权责任。在新的发展时代,跨国公司必须真正将员工置于首位,切实尊重、保障员工的基本权利,以人为本,将员工的基本权益作为重要的关注点。

2. 要遵守合乎法律、合乎人性的劳动标准。不得以本土化的名义,实则推行不符合国际劳动标准的做法。

3. 建立健全沟通协商机制。为了构建双赢的新型和谐共生关系，跨国公司应建立协商沟通机制，正确处理与各国员工之间的关系，尊重员工的合理诉求。这不仅要求尊重并保障员工的基本权益，还需要适应形势，通过适当的法律或伦理组织，搭建一个常态化的对话沟通平台。

9.1.2 人权问题

各国对人权保护的关注不尽相同，因此，跨国企业在其他国家开展商业经营过程中不可避免地存在着人权问题。目前，很多国家仍然没有做到保证基本人权。应享有的各种权利，如结社自由、集会自由、迁徙自由、参政自由等，并非为所有国家所认同。

有观点认为，在一个没有民主、没有人权的国度里，跨国公司开展业务是符合道德的。长期的外资刺激了本国的经济，改善了本国公民的生活标准，而这一切都会促使人们对政府的参与、政治的多元化和表达的自由提出更高的要求[2]。但是，这种观念也存在着一定的局限性，一些国家的经济发展水平很低，很难在彻底保障人权的基础上进行商业活动。

于是出现了以下问题，当跨国企业已经在缺乏人权的国家进行了投资，当人权被践踏时，它应当承担什么责任？应当采取什么措施保证公司合乎伦理的经营？以下内容对这些问题做出了解答。

1. 跨国公司人权责任的外部规制

（1）东道国对跨国公司的规制

跨国公司由于其分公司设在东道国，因此，其管辖范围主要是在本国范围内的跨国公司。然而，在跨国经营活动中，其所在国还可以根据其所属国家的管辖权，对其进行管辖，从而导致了地域管辖权与属人管辖权的冲突。由于领土管辖权是一国主权的一项基本属性，因而具有比属人管辖更直接的性质。因此，在国际贸易组织的人权责任法律规范中，东道国对跨国公司的管制是最优先的。与此同时，东道国的环境法、公司法、劳动法等有关法规对跨国公司的保护作用也得到了充分的体现。如果跨国公司在其领土上实施了侵害人权的行为，那么东道国就有权根据本国法律，根据国际强制力对其进行直接的处罚。

（2）母国对跨国公司的规制

跨国公司的母国可以基于属人管辖权而对其位于东道国境内的子公司或分支机构行使管辖权，从而以跨国公司的母国法律规制跨国公司侵犯人权的行为。

跨国公司的母国通常是发达国家，一般情况下，发达国家相较于发展中国家也具备更完备的法律制度，尤其体现在人权保护方面。因而，跨国公司的母国对跨国公司人权责任的规制也是跨国公司人权责任的国内法规制中的重要组成部分。例如，1789年，美国颁布的《外国人侵权索赔法》就明确赋予了外国人针对其在美国境内外而遭受的人权侵害而在美国法院寻求民事救助的权利。

2. 跨国公司人权责任的国际法规制

（1）国际人权法

传统的国际人权法律包括《世界人权宣言》、《经济、社会及文化权利国际公约》和《公民权利和政治权利国际公约》。传统的国际人权法以国家为主体，对以国家为主体的侵权行为进行了规范，但由于传统的国际人权法以强制法的形式规范了侵犯人权的行为，所以，当实施了违反人权的国际行为时，不管是国家或跨国公司，都要为自己的行为负责。《世界人权宣言》也在前言中明确规定，国家、个人以及其他社会组织，包括商业组织有义务保护自己的人权。然而，由于我国现有的国际法是以国家为中心，将国家作为其主体来看待，也就是说，在当前的国际法中，跨国公司的主体地位仍然没有得到确认，这使得在国际法上很难对跨国公司的侵权行为进行法律追究。传统的国际法规定，各国应承担人权责任，即既要尊重自己领土上的每一位公民的权利，又有责任采取措施，阻止对自己国家的人权的侵害。当前，国际上关于跨国公司人权义务的规定主要是以间接方式进行。

（2）国际软法

国际组织在跨国事物的处理中发挥着越来越重要的作用，在当前还未形成具有强制力的全球统一的规制跨国公司侵犯人权行为的法律文件情形下，部分国际组织制定了一系列的法律规范对跨国公司进行约束。

作为全球最有影响力的国际机构，联合国自二十世纪六十年代末以来，就已经开始重视跨国公司对发展中国家的影响。"全球契约"（Global compact）这一概念最早是在1999年达沃斯经济论坛上提出来的。到2014年为止，已有超过8 000家公司签署了"全球契约"。"全球契约"要求各企业在各自的影响范围内遵守、支持以及实施一套涉及人权、劳工标准、环境及反贪污四个方面的十项基本原则。

9.1.3 环境污染

如果东道国的环保体系不能与本国相比，就会产生道德问题。在污染物扩散、有毒化学品倾倒以及在工厂中使用有毒物质等方面，发达国家已建立了健全的体系。但是，发展中国家却常常没有这样的系统，因此，根据批评家们的观点，跨国公司的商业行为所产生的污染通常要比它们在本国制造的更多。因为环境是一种公共物品，也是一种可以被人为破坏的"公地悲剧"，也就是一种人人共有、人人可得的资源被滥用，从而造成资源的逐步减少。

随着国际贸易的发展，环境污染问题也随之产生，即"污染转移"。污染转移的本质是通过规避环境治理责任换取经济利益、用环境容量换取经济利益、牺牲环境利益换取经济利益，是在经济利益的作用下对环境正义的扭曲。从微观角度看，污染转移将污染成本转嫁给欠发达区域，使其丧失参与新一轮市场竞争的机会，从而加剧了贫富差距；从宏观上来看，因为落后的地区在处理污染方面的技术水平和设备都比较落后，所以在出现污染的时候，对污染的清除能力是十分有限的，因此，它会导致从当地向周围扩散的污染，从而使这种危险变得更加严重[3]。

跨国公司应该担负起企业的环境责任，从实现清洁生产开始，在生产工艺和产品中不断地采用全面的防范及环境保护战略，以降低对人体和环境的危害。其核心内容包括：清洁能源、清洁生产工艺、清洁产品；其次，推行循环经济，也就是在经济发展过程中，将废弃物减量化、资源化、无害化，实现经济与自然的物质和谐循环，改变"产多用少"的传统增长方式。

随着可持续发展理念的推广，越来越多的政府及机构的环境保护意识逐步增强。投资机构在进行投资活动时也会衡量企业的社会责任感，即 ESG 投资策略。从环境、社会及公司治理三个层面进行考核，投资机构会寻找那些更注重环保、更愿意承担社会责任以及公司治理更优秀的企业。同样，金融机构层面的可持续发展理念也在逐步发展，当银行机构向一些大型项目进行融资时，由于这些项目所产生的负面环境影响而引发的社会环境问题给银行机构带来一定的负面声誉影响，越来越多的第三方认为银行有责任对项目融资过程中的环境问题进行审慎性调查并督促项目负责人对项目过程中的负面环境影响采取有效措施来进行缓解。2003 年花旗银行、荷兰银行、巴莱克银行等 10 家金融机构形成了一套确定、评估和管理项目融资过程中所涉及环境和社会风险的自愿性原则，即赤道原则。赤道原则适用于全球各行业项目资金总成本超过 1 000 万美元的所有新项目融资和因扩充、改建对环境或社会造成重大影响的原有项目。非政府组织是监督赤道原则实行的主要力量，非政府组织在西方国家有强大的社会影响力与公信力，西方国家的银行机构长期受到环境保护组织和人权非政府组织的压力。在赤道原则实施过程中,赤道银行(即采用赤道原则的金融机构)的主要工作是:首先,要审查是否是项目融资,因为赤道原则不适用于公司融资;其次,要审查项目分类是否准确,赤道银行用通用术语把项目分为 A 类、B 类或 C 类来对应高、中、低环境或社会风险。对 A 类和 B 类项目,借款人要完成一份《环境评估报告》,说明怎样解决在分类过程中确定的环境和社会问题。因而,第三步就是对《环境评估报告》和贷款协议进行形式和实质审查。主要审查这些文件是否充分考虑到环境与社会问题,是否违反了赤道原则。

2003 年 10 月,瑞穗实业银行宣布采纳赤道原则,并于次年 10 月编制完成《瑞穗实业银行赤道原则实施手册》,日本瑞穗实业银行是亚洲首批采纳赤道原则的金融机构。2008 年,兴业银行公开承诺采纳赤道原则,成了中国首家"赤道银行"。20 多年来,越来越多的国际金融机构承诺采用赤道原则,并且这些机构的数量还在稳步增长,赤道原则也逐渐成为金融行业的行业惯例。赤道原则的重要意义在于其首次将项目融资中模糊的环境和社会标准具体化、准确化,为银行评估和管理环境与社会风险提供了一个较为详细的操作指南。

9.1.4 腐败问题

腐败一般指由经济社会发展而引起的公职人员在职位上作风不正、行为不正而引起的政治和社会问题。简而言之,腐败就是"利用公权谋私利",属于一种社会问题,也是一种复杂的经济现象。其主要是由于在经济和社会发展过程中,领导干部因职务不正、行为不当而引发的。当代经济理论以"经济人假设"为前提,认为每个人都是"经济人",每个"经济人"总是以自己的利益最大化为目标。而社会资源的稀缺以及个体追求自身愿望的途径是有限的,这就是腐败形成的根源[4]。

20 世纪 70 年代,腐败寻租理论被提出,并在学术界引发了激烈的争论,克鲁格是第一个提出"寻租"概念的人。"寻租"现象指的是由(政府)规制而产生的定价差异。政府运用行政权力使企业和个人获取超额收入的机会。寻租是指本来可以用来进行价值创造的资源,却被用来争夺市场份额,在政府与行政调控下,限制了竞争,使供给与需求之间的差距越来越大,从而产生了"价差"——租金。

因此,造成腐败的根源不仅仅是个人道德问题,更是一个经济体所处的社会政治经济体制。随着理论的发展,寻租也不仅仅局限于经济体向政府的寻租行为,也拓展到经济体之间的相互寻租行为,尤其是在当今跨国公司成为全球经济最重要的组织形式的情况下。

跨国公司在东道国进行投资往往会产生"加急费"或"通融费"。所谓的"加急费"或"通融费",并非是指那些在没有付款的情况下无法获得合同或者获得排他性收益的费用,而是一种确保企业能够从国外政府获得其应得的公正对待而付出的代价,否则,由于某些官员的延误,收益很有可能无法兑现。有些经济学家指出,一个通过腐败或寻租关系建立起来的政治体系会扭曲或制约市场机制的运作,通过黑市交易、走私以及向政府官员支付公共关系费用等手段来"加速"政府对企业投资的审批,从而提高社会福利水平,但也有一些经济学家指出,腐败会减少企业的收益,助长不正当的企业行为,从而降低经济发展水平。"加急费"之所以存在,是因为其存在着一定的道德困境。贪污当然是消极的,会损害一国的经济发展,但如果给政府官员一笔公共关系费用,就能为他们扫清阻碍,为他们带来利益,也应被视作一种可接受的举措。

这一功利的立场忽略了腐败的后果,即行贿和受贿使得双方堕落,根本上导致双输,该国的贸易投资环境进一步恶化,腐败盛行,社会风气败坏,而企业将会面临越来越高的商业活动成本和交易成本,利润率下降。2018年1月,联合国非洲经济委员会披露:腐败导致非洲每年损失1 480亿美元,约占非洲平均GDP的25%[5]。此外,腐败行为一旦被曝光,将会对行贿人造成极大地恶劣影响。例如,2014年9月,长沙中级人民法院依法对葛兰素史克(中国)投资有限公司(GSKCI)和马克锐等人对非国家工作人员行贿、非国家工作人员受贿案进行宣判:GSKCI被判罚金人民币30亿元,马克锐等被告被判有期徒刑二到四年[6]。

9.1.5 跨国公司的道德义务

由于跨国公司掌握一定的资源,能够将生产资料在国与国之间进行转移,这就赋予其一定的权力,与之相伴的就是责任,跨国公司在享受经济报酬的同时应该回馈社会,承担一定的社会责任。社会责任就是经济体在进行商务决策的过程中应当考虑其行为可能引致的社会后果,应该尽量做到经济收益与社会效益的统一。

权力本身是中性的,关键在于如何运用权力。正向的权力使用能够增加社会福利,同样这也是合乎道德的,但是权力也可用于不合乎道德的地方。目前有些跨国公司已经意识到并利用它们本身掌握的权力在其所在的地区实现其社会责任。跨国公司是当前全球经济的主体,在经济发展中具有举足轻重的地位,但是近年来,跨国公司在承担社会责任方面有弱化的趋势[7]。因此,必须加强对跨国公司承担社会责任的规制,尤其是国际法与东道国法律相结合的规制。

跨国公司在全球经济中的地位也可能会给国际社会带来很多的不利影响,例如,部分跨国公司的活动已经危害了人权、劳工权和环境等。从权利义务双向性的角度来考虑,跨国公司在享有国内法与国际法权利的同时,相应地就要对其本身在经济活动中造成的不利影响承担相应的社会或国际责任。跨国公司在追求利润最大化以及股东权益最大化的同时,也需要对相关利益方承担相应的社会责任。

1. 跨国公司对人权的责任义务

跨国公司应当保障个人人权。个人人权包括基本的公民权利及政治权利,还包括其他的经济、社会以及文化权利。联合国人权委员会发布的《跨国公司和其他工商企业在人权方面的责任准则》认为,作为社会机构的跨国公司和其他工商企业有责任增进和保障《世界人权宣言》中载明的人权。

此外,跨国公司还应当尊重集体人权。部分跨国公司为维持其利益或垄断地位,会采取一些干预东道国内政的行为,例如支持反政府武装、贿选等方式,从而获得政权支持及经济利益。

2. 跨国公司对劳工的责任义务

跨国公司追求在全球利益的最大化,因此就会将一些低端制造业转移到发展中国家去,然而这些在发展中国家建立的工厂近年来被多家媒体曝光出了"血汗工厂"的丑闻,著名的 NIKE 公司①和苹果公司②相关企业都出现此类问题。因此,跨国公司承担对劳工的社会责任至关重要,同时这也是保护人权的一个分支问题。

根据《关于多国企业和社会政策的三方原则宣言》《全球契约》等国际公约和计划以及《世界人权宣言》中关于保护劳工的规定,跨国公司应该承担对劳工的社会责任,主要有:严格遵守三项公约的内容,支持结社自由、切实承认集体谈判权,消除各种形式的强制性劳动,消除使用童工的现象,消除就业的歧视行为等;采取措施,促进劳工权利的保护,包括增加就业机会、开展技能培训,为员工提供更好的工作环境,提供更好的福利待遇等。

---

① CBS 的新闻节目《48 小时》报道称,耐克某越南分包商手下的年轻女工一周工作 6 天,每小时的工资只有 20 美分,而且工作环境简陋,缺乏对有毒物质的防护。报道还指出越南的最低生活标准是 3 美元,只有加很长时间的班才可能挣到这样的收入。
② 苹果代工厂富士康在印度的员工每天要工作 10～12 个小时,每周要工作 6 天,甚至有时候要连续工作 12 天才能休息一天。而且,员工经常被强制加班,而没有得到相应的加班费或补偿。

3. 跨国公司对环境的责任义务

目前，碳排放是全球关注的焦点，欧美主要发达国家已实现碳达峰并正在推进实现碳中和，而一直以来，跨国公司向发展中国家转移高污染、资源密集型的产业，虽然使发展中国家的经济得到转机，但是也对东道国的环境造成了极大的污染。随着技术的不断突破，跨国公司也有责任将新技术不断转移到东道国，不断对东道国的技术进行升级，进而减少对东道国环境的污染。

根据《人类环境宣言》《生物多样性公约》《气候变化框架公约》等宣言和国际公约的相关规定，跨国公司应当承担的环境责任主要有：跨国公司应当对其在进行经济活动中可能产生的环境影响采取相应的预防措施；向东道国推广对环境损害最小的技术和处理环境损害的技术。

综上所述，跨国公司在对外进行投资的同时，除了获得经济利益，也要考虑其所在地区的社会责任。

9.2 国际商务中不道德行为的根源

国际商务是以跨国企业间的商业活动为基础，以企业为主体的经济活动。跨国企业在为东道国创造利润的同时，也面临着一系列道德问题，例如，它们在市场上对母国和东道国的消费者实行"双重标准"，向不了解情况的外国消费者销售婴幼儿配方奶粉、农药、处方药和OTC药品等具有潜在安全风险的产品。又如，跨国公司在本土化运作时，对当地工人的雇佣政策存在歧视，甚至无视本国的环保要求，将高污染的工厂从母国迁往东道国。

在现有研究中，虽然已经有不少学者针对非伦理行为以及跨国企业的道德行为展开了大量的研究，但是对于跨国企业非伦理行为的影响因素的研究却并不充分，现有的理论也不能很好地解释其原因。由于跨国企业所处的环境迥异于其他企业，因此，要对

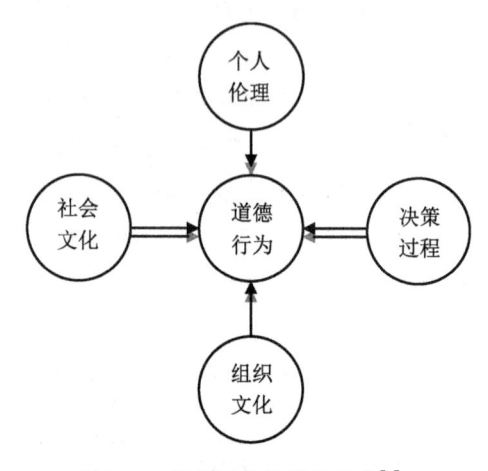

图 9-1 道德行为的影响因素[1]

这种现象进行深刻的解释，就必须结合其所处的具体情况进行分析。所以，此小节主要探讨国际商务中的非伦理现象，并对其产生的原因进行分析。

9.2.1 个人伦理

企业伦理不能脱离个人的伦理，个人伦理是指导个人行为的标准。一个人如果有强烈的道德意识，他的生意就会避免不道德的事情发生。所以，作为社会的一份子，我们必须培育一种强烈的公司伦理意识，注重个人的道德修养。我们从小就被教导说，说谎是错误的，而且是不道德的，应该是诚实和正直的。这一点，放在社会上也是一样。我们有各种各样的行为规范，例如：家长、学校、宗教和媒体。

个人伦理对于商人的行为方式具有深刻的影响。跨国企业的管理人员（外派管理人员）在海外工作时，会感觉到一种不同寻常的压力，这种压力违背了他们的个人伦理。他们已经离开了原来所熟知的社会、文化背景，无论从心理还是地域上，都与祖国相距甚远。他们生活在一个与本国不同的文化背景中，他们的道德观念会有很大的差异，这也就造成了他们身边的当地雇员在道德上的缺失。同时，母公司可能会向海外管理人员下达一些不切实际的命令，而为了达到这些要求，只能通过钻漏洞等非道德手段。比如，一个外派管理人员要满足总部规定的经营目标，就必须对地方管理人员进行贿赂，而地方管理人员也会鼓励外派人员采取类似的做法[8]。因为地理位置的限制，母公司无法了解到海外管理人员是怎样达到目标的，也可能不愿意了解自己是怎么让这种情况发生的。

9.2.2 决策过程

研究表明，企业家们有时候并不知道自己这样做违反了道德准则，因为他们从不思考：这样的决定和行为符合道德规范吗？他们只把它看作是一个单纯的业务问题，而忽视了这一决定所牵涉的道德问题。

例如耐克公司的经理们最初制定转包决策时也犯过类似的错误。二十世纪八十年代后期，耐克一直把产品生产从一国转移到另外一国，目的是为了获取世界上最便宜的劳工，以维持企业的盈利。在 1990 年初，耐克的品牌价值达到了三十五亿美金，成为美国最赚钱的企业。耐克公司经营战略成功的核心在于通过生产外包给世界上劳动力价格最低廉的承包商，这使得公司利润的快速增长，这在某种程度上是建立于侵占工人利益基础之上的。例如，耐克印尼的工厂里的员工，大部分都是女性，一天只能拿到 2.23 美元。该工厂的工作环境极其恶劣，数百名工人挤在狭窄的地方。员工必须超时工作,若未能完成量与质的目标,将受到重罚,甚至,在这些工厂之中,还存在着童工。在高失业率下,工人们根本没有讨价还价的余地,再加上工厂与政府的合谋,这些都让工人们难以组建工会。

20世纪90年代,耐克公司开始不断遭受批评。到了1996年,"血汗工厂"的工作环境被美国媒体披露,当更多的消费者意识到耐克制造商的工作环境时,有些人感到内疚,同时也有一些人权团体开始联合抵制耐克的产品。

但是,面对来自人权组织、媒体和消费者的指控,公司的首席执行官菲利普·耐特声称,耐克给员工的薪水与其他竞争者一样,员工拿到的薪水也远远超过了他们国家的最低标准。1991年,一名耐克的管理人员被问到他的供应商的工作环境,他说:"那不在我们的调查范围之内,而且,我也没有必要去了解。"

耐克企业对外部股东的强势采取了冷漠、逃避的态度,未对其制造商的生产环境做出相应的改进,从而使企业蒙受了巨大的损失。到1998年,耐克在美国鞋类市场中所占的比例由上一年的47%降至32.9%,而在头5年中,该公司的股份给股东们带来了丰厚的收益,如今却缩水了20%,且与全球500强及其他竞争者相比,收益更低。

9.2.3 组织文化

组织文化是一个组织中的成员所共有的价值观念和行为规范。规范是一种社会法律,它描述了人们在一定的情况下应该如何做。任何社会都有其自身的文化,企业也有其自身的文化。企业的价值观念与行为规范是企业文化的组成部分,它对企业经营决策的道德规范有着重大的影响。

一些公司不鼓励雇员考虑业务带来的道德后果,这也是导致非伦理经营行为的重要因素之一,即忽视了企业的伦理道德,认为决定一切的都只是单纯的经济利益。

戴姆勒的贿赂案就是一个很好的例子,它揭露了企业为了获得商业合约而进行的贿赂,这是企业长久以来所追求的一项非法行为。2010年3月24日,美国政府指控戴姆勒及其三个子公司在1998年至2008年间,通过现金、高尔夫俱乐部礼物、度假和奢侈跑车等价值数千万美元的物品,向22个国家的政府官员行贿,从而换回了价值数亿美元的合同。据悉,很多贿赂都是通过"第三方账户",即戴姆勒销售部高级官员所控制的"第三方账户",或通过虚报价格,通过第三方中介机构进行贿赂,并打上"特别折扣""佣金"以及"必要支出"的幌子。

9.2.4 社会文化

社会文化还可以影响个人或组织的非伦理行为。霍夫斯泰德对社会文化学的研究表明[9],"文化"是指在一定条件下,人们所共有的、区别于他人的心理过程。例如,男性化和女性化的特征,主要取决于在特定的社会中,男人具有更多的竞争性、独立性,或者是更多地表现为谦逊、更关心他人等特征,并定义男女功能[10]。男性程度的数值愈高,则表示这个社会的男性化倾向愈强,男性特质愈显著;相反,这一群体中,女人味更浓。

9.3 国际商务中企业伦理的重要理论

接下来我们讨论几种关于企业伦理道德的不同理论,从被称为稻草人假说的相关理论开始,这些理论或者否认商业伦理的价值,或者其实施的效果不太令人满意。在讨论过稻草人假说后,再讨论一些值得称道的哲学理念,以及如何在国际商务中实施正确的伦理行为。

9.3.1 稻草人假说

稻草人假说是为了说明在跨国公司中,道德决定是无法得到恰当的指导的。弗里德曼学说,文化相对论,自以为是的道德论,幼稚的非道德论,都是实践商业道德的理论。企业道德研究人员发现,目前国际上关于企业道德实践的主流理论,对跨国企业的道德决定缺乏有效的指导。这四种方式各有其固有的价值,但又各有各自的局限。不过,有些公司还是会使用这些方式。

1. 弗里德曼学说

弗里德曼认为,在法律允许的情况下,公司应尽的义务就是增加盈利。他完全否认了企业有义务承担法律所没有的义务。一个公司的目的就是追求利益的最大化,而股东想把自己的盈利用于公益事业,这是公司的权利,而不是公司管理者的义务。弗里德曼说过,"一家公司只有一种,也是唯一的一种社会职责,就是运用自己的资源经营好自己的生意,按照游戏规则来提高自己的利益。"换句话说,他有权从公开、自由的竞争中获利,而非通过欺诈与作假获利。弗里德曼还主张,商业行为应当符合道德规范,不能采取欺诈等行为。

然而,弗里德曼这一虚无缥缈的理论仍无法经受考验,原因在于,在国际商业领域,所谓"游戏规则"难以界定,各国的规定各不相同。

2. 文化相对论

"文化相对论"主张道德只是一种文化的反射,一切道德都依赖于文化。所以,一家公司应该采取经营地国的文化道德,也就是"到了罗马,就得像罗马人一样"或"入乡随俗"。

文化的相对性经不起严密的检验。比如一个国家的文明提倡奴隶制度,劳工奴役在这个国家便是正当的,但很明显,这是主流社会无法接受的。文化相对论隐含地否认,世界上存在着某些超越不同文化的具有普适性的伦理准则。[11]企业不能以"文化相对论"为理由,为某些显然违反了基本道德规范的行动辩护,即便这种行动在其经营地国家被视为正当。

3. 自以为是的道德论者

自以为是的道德论者认为,一个跨国公司所在国的道德规范就是它在其他国家的行为规范。这种看法在富裕国家的经理人身上是很典型的。对那些自命清高的人,人们最大的指责就是,他们太过分了。一些普遍适用的道德准则是不可触犯的,但是一直按照本国的准则来做并不一定就是正确的。举个例子,美国的法律对于最低工资及劳工待遇的要求非常苛刻,那么在国外,是否也应该如此做?答案是否定的,因为那样的话,就会造成在这个国家的投资没有任何意义,也就失去了跨国投资对当地的潜在好处。

4. 幼稚的非道德论者

当一个跨国企业的管理者看见一个外国公司在所在国没有遵守它的道德规范时,他可能会不服从。举个例子,美国哥伦比亚一家跨国企业的总裁,为了不让自己的工厂被炸毁,雇员被绑架,他就得给当地的毒枭们交上"保护费"。这是错误的:首先,只是因为大家都这么做,还不足以证明这种行动在道德上是行得通的;第二,跨国企业要建立积极的伦理目的,并利用自身的影响力去扭转当地某些地区的不良风气。

9.3.2 实用主义和康德伦理

与上述"稻草人"假设不同,大部分伦理学家都是从实用主义、康德主义的视角对企业道德进行了价值阐释。虽然他们中的大部分已经被近代的理论所代替,但是他们仍然是新的理论发展的基础。

1. 实用主义

实用主义伦理学把一个人的行为和行为的价值归结于其结果。一项行动的价值，取决于它所带来的结果。实用主义，就是要确保最大的利益，最大限度地减少最坏的后果。企业伦理理念的核心在于谨慎地权衡社会利益与企业的行为成本，从而做出收益超过成本的决定，最优的决策是使最多数人受益的战略。

从整体上看，实用主义是解决公司道德问题的一种方法，但它有其自身的不足之处。问题之一是如何评估行为的利弊。因为知识的局限性，实用主义对利益、成本、风险的权衡往往是不切实际的。其次，实用主义忽视了公正原则。为了大多数人的利益最大化，这样的行为就不符合道德了，因为他们是不公平的。

2. 康德伦理

康德伦理学主张以人为本，绝不能把人看成是他人实现自己目标的工具。人类与机器不同，它不是一种工具；人都有自己的尊严，也有被人尊敬的需求。比如，跨国企业 NIKE 的"血汗工厂"就是这样一个例子，它迫使员工在艰苦的工作条件下工作很长一段时间，却只拿到极低的工资。在康德的伦理学中，这一行为违反了道德，因为它把劳动者看作是一台机械上的小零件，而非一位有尊严、有情感的个体。虽然近代伦理学普遍承认康德伦理学的缺陷，如其理论体系中并未涉及诸如"慈悲""人道"之类的道德情绪、情感等，但是，他关于"人是有尊严的""受人尊敬的"这一命题，在当代仍有重要的现实意义。

9.3.3 权利理论

权利理论认为，人类拥有一些最基本的权利，这些权利是不受国家、不受文化限制的。这些权利是公认的伦理行为的底线。最为人熟知的一种理解就是某些事物具有比集体利益更高的地位。伦理学理论把人类的基本权利看作是管理者做出道德决定时的道德指导。

存在超越国界和文化的基本权利这一理念促成了联合国发表《世界人权宣言》，这一宣言几乎得到了所有国家和地区的认可，明确了企业始终必须遵循的基本原则，不管与其业务所在国的文化是否相吻合。需要关注的是，伴随着权利的就是责任。例如我们有言论自由，同时有责任和义务保障尊重他人的言论自由。

在权利理论的框架下，某些人或机构有责任提供利益或服务以保障他人的权利。这种责任与义务并非只属于一个道德组织（一个道德组织是指任何具有道德行为能力的人或组织，例如政府或企业）。

9.3.4 公正理论

公正理论涉及经济产品与服务的公平配置,而公正分配则是一种公认的公正与平等的方法。罗尔斯主张,一切经济货物与服务应当平均分配,但不公平的分配有利于所有人。

按照罗尔斯的学说,"有效的公平"是一种被全体自由和完全不自私的人所认同的原则。"完全无私"仅存在于"无知之幕"中,而"无知之幕"是指每个人被假定为并不知晓他的所有特性,如种族、性别等。在"无知之幕"中,人们会一致赞同两个基本的公正原则:

第一条原则,就是要人人享有同等的自由。罗尔斯将其分为:政治自由(例如投票)、表达自由、集会自由、思想自由、对私人财产的不受专制统治的保护。

第二条原则,只有在保障基本自由的情况下,才能容许某些基本的社会物品,例如,在收入、财富分配、机会等方面的不公平,而这一不公平要让所有人都受益。罗尔斯认为,如果造成这种不平等的系统对所有人都有利,那么不平等有时候也是公正的。具体而言,他提出"差别原则",认为只有那些处于最不利地位的人,才能得到公平的对待。比如,如果由市场机制造成的贫富差距能够惠及社会中最弱的人,就可以说,这就是公平。许多人相信,一个法制健全、经济与贸易自由的市场经济体系,可以推动经济的发展,让社会中的弱者受益。因此,包含在这个系统中的不平等,至少在原理上是公正的,换言之,由市场经济和自由贸易产生的财富会随着价格的上涨而上涨,从而使最脆弱的人受益。

📁 **案例 1**

拼多多的国际化

拼多多成立于 2015 年,以第三方社交电商为主要定位,借助社交电商拼团的方式,打造了一套独特的可持续的 C2B 团购模式。短短几年,拼多多公司发展迅速,2018 年便在上海、纽约同时敲钟登陆纳斯达克,不到三年的时间实现从成立到纳斯达克上市的壮举。2022 年拼多多拥有用户数量超过 8 亿,全年 GMV 达到 3 万亿元。

用户在拼多多购买商品采用的一般是"分享+拼单"的方式,当然,用户也可以选择单独高价购买。用户只需要在特定时间内组成规定人数的"团",团内用户享受统一拼单优惠价格。为了能够享受到这个优惠价,用户往往会积极地去拼团,通过各种社交平台来分享需要拼团的商品的信息,这样一来,各种商品信息就以病毒式的速度快速扩散。通过该模式,一方面能够使得拼多多在早期以较低的成本让平台及平台商品获得较高的曝光度;另一方面,拼多多通过低价营销,利用其"砍一刀""商品拼单"的特殊方式,迅速增长其用户量[12]。

在平台发展早期,拼多多以下沉市场为主要目标,这部分市场主体更关注商品的极致性价比,即在尽可能优惠的基础之上满足其最低使用要求。随着平台的不断推广,一、二线城市客户群体的占比逐渐增加,这部分用户对产品的质量提出了更高的要求,因此拼多多需要加强平台产品质量的管控能力。那么从实际来看,拼多多对平台产品的质量把控又如何呢?

一直以来,拼多多通过降低商家的准入门槛来维持其低价营销的策略,但是,由低门槛吸引而来的商家衍生出来的难以由平台直接控制的商品质量问题也层出不穷。在拼多多平台低门槛策略之下,平台商家的成本也随之下降,同时,平台商品价格也会远低于市场正常价格,这便难以保证供应商是否会为了更低的价格来压缩成本(生产质量较低的产品)。寻求快速扩张的拼多多很难对这一环节进行监管,而且,受地理条件的制约,商品的物流条件、生产工艺以及成本都会对商品的价格和质量产生一定程度的影响。拼多多自成立起就备受假货问题困扰,甚至很多消费者直接将拼多多和假货画等号,使得人们提到拼多多的第一反应就是"山寨""假货""次品"。

拼多多近几年在国内风光无限,通过"砍一刀"的推广策略,从一个名不见经传的小角色成长为一个电商巨无霸。对于当下的拼多多而言,如果能够继续通过价格策略保持用户基本盘,便能够保持其基本的营收。但是,目前,国内电商市场竞争激烈,京东在2023年3月初上线了京东主导的"百亿补贴",且承诺与拼多多比价,贵了就补,通过价格策略直接与拼多多进行面对面的竞争。此外,从用户数量来看,拼多多在国内发展已经遇到瓶颈;从竞争情况来看,2022年拼多多所面临的竞争情况比较激烈,未来,拼多多将面临阿里、京东以及抖音等短视频平台的竞争。

在国内需求饱和,经济增长缓慢,行业红利逐渐触顶的背景之下,越来越多的企业选择通过出海的方式来寻求新的增长点(蓝海),拼多多也不排除在外[13]。Temu就是拼多多出海战略之下的新增长引擎。2022年9月,Temu正式上线美国,拼多多之所以选择美国作为海外首站,是因为国内增长见顶,需要有快速见效的增量,而美国市场的成功概率相对而言最高(美国电商发展超预期，美国电商市场格局分散，美国最有可能形成对外拓展增量）。拼多多凭借其在美国市场的巨额流量投入（每月10亿元人民币的投入）以及超低价吸粉。自正式登陆美国后，Temu仅用半个月时间就登上美国Google应用商店购物类应用量的榜首。2022年11月，Temu霸占了美国iOS应用商店下载榜的第一位，上线四个月获得了2 000万人总下载量。拼多多出海成功填补了北美电商性价比赛道的空缺。从平台产品横向对比来看，Temu部分单品价格比SHEIN低30%，某些单品是亚马逊价格的一半。华安证券研究报告显示，近期，拼多多跨境电商平台Temu调整业务KPI，目标是在2023年9月1日，北美市场GMV超过SHEIN。同时，Temu在内部会议中表示，将投入200亿元人民币，助力实现该目标。Temu目前的客单价为35美金左右，SHEIN为70～80美金。粗略估算，如果Temu想完成KPI，订单量需要达到SHEIN的2倍以上。据统计，今年2月Temu的日均单量已经达到20万，峰值高达50万；SHEIN在美国的日单量为30万左右，目前Temu的复购率已经是SHEIN的2倍。如果Temu顺利达成目标，2023年将实现80亿～100亿美金的营收。

其成功能否维持？从成本来看，首先国外消费者居住分散，这就造成了快递成本上升，当前Temu在美国的经营模式以包邮为主，拼多多对出海的平台企业提供全方位的基础设施服务，包括国内外仓储、跨境物流以及售后服务等，后期如果不包邮是否会影响消费者对平台的选择？其次，后续Temu会持续开通多国站点，营销费也会比单一市场大不少。总营销费如果占比提高10个百分点，那么每个季度就会多40亿～50亿费用，一年就增加160亿～200亿营销费用；再者便是管理难度的增加，后续不同站点便会面对不同国家的消费者，那么其商品偏好及地域特色也是不同的，这对管理协调能力是一个极大挑战。此外，拼多多国际化即Temu在海外面临的挑战是发达国家人力成本比较贵，需要提高单笔订单金额。最后，国外产品品质和产权保护意识强，需要做好风险控制。

【思考与讨论】
1. 拼多多在国际化过程中面临的商务伦理问题有哪些？如何解决？
2. 拼多多的国际化给国内其他想要出海的企业有什么启示？

案例2

上汽五菱开拓印度尼西亚市场

2015年，上汽五菱在国家"一带一路"倡议的号召下，正式在印尼建立了第一家整车工厂。有数据表明,2014年,印度尼西亚、泰国和马来西亚三国的汽车销量总和,占据了东南亚地区汽车总销量的近九成份额。过去,当大部分车企在东南亚市场进行布局时,它们通常首先选择泰国市场作为起点。例如,上汽五菱曾与泰国正大集团合作,在当地建立工厂并销售MG品牌的车型。然而,数据显示,2014年印度尼西亚的汽车产业展现出巨大的发展潜力,其汽车产量达到130万辆,较2013年增长了7%。相比之下,2014年泰国的汽车产量为188万辆,与2013年相比下降了23%。与此同时,印尼政府为了推动汽车产业的发展提出了一系列利好的改革政策,并吸引现代、通用、东风等车企在当地建厂。基于此,当时相关专家分析称,印度尼西亚的汽车市场具有巨大的潜力,有望在未来超越泰国,成为东南亚地区最大的汽车市场。

到2017年,上汽五菱在印尼的整车工厂建设完毕,同时投产运营。

在中国,五菱宏光Mini电动汽车的销量已经超过了特斯拉。直到2022年夏天,五菱宏光开始向国际市场进军,首站选在了印度尼西亚。

上汽五菱进入印尼市场后,为当地经济发展作出了显著贡献,并促进了印尼社会的可持续发展。它实现了诸多成果,例如增加就业岗位、提升产品质量标准、完善汽车产业供应链以及不断提高产品性能等等。在经济发展方面,上汽五菱进入印尼市场之后促进当地经济发展,提供了新的就业岗位。上汽五菱印尼子公司在带领国内的产业链走出国门的同时,还向印尼当地的汽车零部件供应商提供援助,积极邀请他们加入自己的供应链体系,从而提升其本土零部件的比例。数据显示,上汽五菱印尼子公司已经为3 000多人提供了就业岗位。与此同时,为了促进印尼当地汽车产业的人才发展,印尼子公司成立了"中印尼上汽通用五菱汽车学院"和"印尼语训练营"。通过这些举措,深化了产学研合作,成功培养了一批具备专业素养和技能的国际汽车人才。

在消费方面,上汽五菱进入印尼市场之后为印尼消费者提供更多样化的选择。在上汽五菱进入印尼市场之前,印尼的汽车市场一直被日资的汽车品牌垄断。进入印尼市场之后,为了在印尼市场上站稳脚跟,上汽五菱推出具有差异化的产品,同时为了符合印尼消费者的使用习惯,上汽五菱对其产品进行本土化改造。印尼子公司在进入印尼市场之前进行了充分的市场调研,鉴于印尼市场的消费者通常家庭人数较多,上汽五菱应市场需求,先后向印尼市场推出了多种MPV和SUV系列产品。同时,为了提升用户体验,他们建立了超过140家的经销商服务网点,并实施了涵盖线上线下的多元化售后服务体系。

通过创新技术、高品质的产品以及卓越的售后服务，上汽五菱为广大印尼人民提供了多样化的出行解决方案。因此，上汽五菱已成为印尼市场最受欢迎的中国汽车品牌[14]。

在规则制定方面，上汽五菱进军印尼市场后，积极参与了新能源汽车相关法律和行业标准的制定工作。2018 年，中国东盟汽车法规研究中心在印尼雅加达正式成立，该中心由印尼公司和中国汽车技术研究中心联合发起，旨在探索海外市场标准法规的深入参与和长效机制。而在 2021 年 4 月，印尼新能源汽车协会成立，上汽五菱作为重要成员，将全力履行各项职责，推动印尼新能源汽车政策的完善，参与制定符合印尼实际的技术标准，并积极维护当地的生态环境。上汽五菱在国内积累了丰富的新能源汽车领域开发经验，并结合印尼当地的实际情况，积极推动建立印尼新能源汽车相关政策。例如，他们提出了引入全球小型电动车车型的方案，以个人用户和政府部门为切入点，旨在扩大电动汽车销量并加速电动汽车"三电"产业的发展。

在履行企业社会责任方面，上汽五菱在进入印尼市场之后积极投身到当地的公益事业中，与印尼人民携手同行。印尼子公司成立后，积极投身公益事业，为当地居民做出了许多贡献。例如，他们援建了 1 所博爱卫生院和 1 所博爱血站，有效改善了当地的医疗环境和医疗服务。2016 年，他们还开展了"印度尼西亚 10 000 棵树"可持续项目，致力于环境保护。2018 年 10 月，印尼子公司向帕鲁地震和海啸灾民伸出援手，举办募捐活动以提供援助。2019 年 11 月，他们与印尼慈善机构 Rumah Zakat 合作，通过中国红十字基金会捐赠了 5 辆五菱 Confero 作为救护车和移动诊所，为改善当地的医疗条件作出了贡献。在新冠肺炎疫情期间，印尼子公司积极行动，累计捐赠了约 50 万只口罩，并捐赠了 40 000 剂国药疫苗。他们还开展了"Bersama Wuling Lawan Corona"（与五菱，同抗疫）活动，与印尼政府和全国连锁医院合作，在雅加达举办了为期一周的"五菱免费疫苗接种活动"，成功为 5 500 人次免费接种了疫苗。这些举措充分展现了印尼子公司的社会责任感和人道主义精神。上汽五菱在印尼为中国品牌树立了一个良好的形象，也推动中印尼人民建立深厚的友谊。

【思考与讨论】

1. 跨文化管理的定义是什么？管理者通常采取哪些策略来解决不同文化之间的冲突？管理者通常采取何种策略来克服异质文化冲突？

2. 上汽五菱的管理者在进入印尼市场时是如何避免跨文化冲突的？

思 考 题

1. 跨国公司在进行国际商务过程中该如何应对东道国的腐败问题？
2. 如何应对母公司和子公司员工待遇不同的情况？
3. 跨国公司在东道国是否应该树立道德标杆从而改善东道国伦理状况？
4. 我国企业在出海过程中如何规避东道国的伦理风险？试从不同角度进行分析。
5. 跨国公司在国际商务中应当尽到哪些道德义务？
6. 跨国公司如何承担企业的环境责任？

参考文献

[1] 查尔斯·W·L·希尔.国际商务[M].周健临,等译.北京：中国人民大学出版社：2009.

[2] 戚啸艳,杨兴月,胡明,等.商业伦理与社会责任[M].南京：东南大学出版社,2021.

[3] 张晨.中国跨国公司海外经营的跨文化冲突[J].中国外资,2023(3):86-88.

[4] 田晖.跨国公司伦理冲突及其化解路径[J].伦理学研究,2015(5):135-140.

[5] 人民日报.非盟吹响打击贪腐号角：要从中国反腐行动中学到宝贵经验.[EB/OL]. https://www.thepaper.cn/newsDetail_forward_1975818. 2028.01.30.

[6] 中国政府网.葛兰素史克中国公司被罚人民币30亿元.[EB/OL]. https://www.gov.cn/xinwen/2014-09/19/content_2753139.htm. 2024.09.19.

[7] 杜治洲.治理跨国公司行贿的方法探析[J].国家治理,2015(21):38-43.

[8] 杨建新,何北.跨国公司社会责任逆行的思考[J].企业管理,2014(4):124-125.

[9] 吉尔特·霍夫斯泰德,格特·扬·霍夫斯泰德,迈克尔·明科夫.文化与组织：心理软件的力量[M].张炜,王烁,译.北京：电子工业出版社,2019.

[10] 吴红梅,沈广和,焦凌佳.跨国公司的伦理冲突及其应对[J].生产力研究,2010(6):100-102+124.

[11] 陈宏辉,陈利荣,王江艳.在华投资跨国公司弱化企业社会责任的原因分析[J].现代管理科学,2007(6):27-28+44.

[12] 姜依岑.博弈论视角下的拼多多"砍一刀"活动分析[J].全国流通经济,2023(1):4-7.

[13] 刘楚璇.大数据时代下拼多多盈利模式分析[J].产业创新研究,2022(22):151-153.

[14] 栾政宣.五菱新能源汽车出海印尼的SWOT分析[J].商业经济,2023(2):101-103.

第十章 工程管理中的伦理问题

10.1 工程管理伦理概述

伦理是对道德的研究,它研究什么样的行为、目标和原则是道德允许的。在这种含义之下,工程伦理是指在工程实践和研究中,对决策、政策和价值的研究,这些决策、政策和价值在道德上是人们所接纳的。工程伦理学是以工程活动中的社会伦理关系为对象,进行系统研究和学术建构的理工与人文两大知识领域交叉融合的新学科,它探讨的是工程活动全过程中的决策、设计、实施、评价等伦理问题,研究的是由工程师、技术员、工人、管理者,以及其他利益相关者组成的工程共同体团队的伦理学问题。以工程实践为指向的工程伦理学是动机论与结果论的统一,运用协调伦理学的原则来化解和平衡各种复杂的利益关系,担负起对人类健康、安全和福利的责任。从对"工程"的性质、对象和范围的理解出发,一些学者把工程伦理学视为工程师的职业伦理学和工程活动的伦理学。

"工程"有广义和狭义两种含义,相应地,也就有"广义工程伦理学"和"狭义工程伦理学"。"狭义"的工程指工程师所从事的活动,相应地,"狭义的工程伦理学"就是指"工程师的职业伦理学"。所以,工程伦理又称工程师伦理,是工程技术人员在工程活动中,包括工程设计和建设,以及工程运转和维护中的道德原则和行为规范的研究。这种意义上工程伦理的研究对象主要是工程技术人员。"广义的工程伦理学"扩大了工程活动的性质和范围,认识到工程活动参与者的多元化,而工程活动中的主要问题是决策问题,即如何制定合理的对策解决问题,因此,工程伦理学研究的主题便从"职业伦理"转变为"工程决策伦理"、"工程政策伦理"和"工程过程的实践伦理"。

工程伦理学诞生自对引起社会高度关注的著名案例的研究。在 20 世纪

70 年代,有两起因造成巨大人员伤亡而引起全世界关注的案件:一是斑马车油箱事件,二是 DC-10 飞机坠毁事件。两起安全事件产生的原因在于从事研发活动的科学家和工程师将利润和效率放在了首位,而忽略了对公众安全和福祉的关注。在早期案例研究中,学者们主要关注的是灾难性案例研究,例如,在挑战者号航天飞机事件中,工程师的责任和权利问题,以及由于缺失这种责任所带来的灾难。近年来,案例研究同时也研究一些样板工程案例,例如,花旗银行大厦事件。同时,早期案例较注重微观层面研究,而近来案例更注重宏观层面研究。微观案例所讨论的问题主要涉及个体或部分工程师与客户、雇主或公众之间的关系问题。宏观案例所提出的则是关于社会政策和职业等宏观层面的问题。在 19 世纪 70 年代之前,大多数工程伦理章程认为,工程师的首要义务是对客户或雇主的忠诚,而很少提到对公众所承担的义务。在中国,由于适应社会主义市场经济体制的应用伦理价值体系还有待完善,所以导致对工程师的伦理要求主要是恪尽职守、完善事后监督举措和实行事故责任追究制。

10.1.1 工程管理伦理的理论内涵

工程管理伦理是指在进行工程项目规划、实施和管理过程中,应遵守和践行的道德准则和价值观。它涵盖了工程师、项目经理和其他利益相关者在工程项目中应遵循的道德原则和职业行为标准。其理论内涵包括:

1. 诚实和诚信

诚实和诚信是工程管理伦理的核心价值观。工程师和项目经理应该以诚实、透明和真实的方式与利益相关者进行沟通,不隐瞒信息,不进行虚假宣传,坚守道德原则。

2. 公正和公平

工程管理伦理要求工程师和项目经理在决策和资源分配中保持公正和公平。他们应该遵循公正的程序,不偏袒任何一方,确保公平竞争和资源合理分配。

3. 尊重和关怀

工程管理伦理强调对人的尊重和关怀。工程师和项目经理应该尊重利益相关者的权益和需求的多样性,倾听他人的观点和需求,并考虑到社会和环境的利益。

4. 专业责任

工程管理伦理强调工程师和项目经理在工作中承担的专业责任。他们应该始终追求高质量的工程成果，并保护公众利益，确保项目的安全性、可靠性和可持续性。

5. 社会责任

工程管理伦理强调工程师和项目经理对社会的责任。他们应该考虑项目对社会的影响，并努力促进社会的可持续发展和公共利益。

6. 持续改进

工程管理伦理鼓励工程师和项目经理积极追求持续改进。他们应该不断学习和更新知识，提高自身的专业能力，并推动工程管理实践的创新和提升。

这些理论内涵共同构成了工程管理伦理的基础，引导工程师和项目经理在工程项目中进行道德决策，以确保工程活动的质量、可靠性和可持续性，并维护公众利益和社会福祉。

10.1.2　工程管理伦理与工程伦理

工程伦理是指在工程实践中，工程师应该遵循的道德准则和价值观。它强调工程师个体在工程设计、开发和实施过程中应该遵循的道德原则，如保护公众利益、确保安全和可靠性、尊重环境和社会多样性等。工程伦理关注的是个体工程师的行为和决策，强调他们在工程实践中的职业道德责任。

工程管理伦理是指在进行工程项目规划、实施和管理过程中，遵守和践行的道德准则和价值观。它涵盖了工程项目管理人员、项目经理以及其他利益相关者在工程项目中应遵循的道德原则和职业行为标准。工程管理伦理强调项目管理过程中的责任、公正、社会责任等方面的考虑，关注工程项目中的各种决策、资源管理、利益平衡和项目执行等方面的道德问题。

工程伦理和工程管理伦理存在着区别和联系，其区别包括以下三点：首先，两者的范围不同，工程伦理注重个体工程师的道德行为和决策，而工程管理伦理更关注项目管理和组织层面的道德问题；第二，焦点不同，工程伦理侧重于工程实践中个体工程师的道德责任和决策，而工程管理伦理侧重于项目管理过程中的道德决策和职业行为；第三，角色不同，工程伦理主要适用于个体工程师，而工程管理伦理适用于项目管理人员、项目经理和其他利益相关者。同时，两者存在紧密的联系，两者有共同目标，工程管理伦理和工程伦理都旨在确保工程实践符合道德准则，保护公众利益，促进可持续发展；两者相互依赖，工程伦理和工程管理伦理相互依赖，共同构成了工程实践中的道德框架。工程伦理提供了对个体工程师的道德指导,而工程管理伦理为项目管理和组织层面的道德决策提供了指导;在影响关系上,个体工程师的道德决策和行为会影响到整个项目的道德执行,而项目管理层的道德决策和行为也会影响到个体工程师在工程实践中的道德责任。

因此,尽管工程管理伦理与工程伦理在范围和层面上有所不同,但它们互相联系并共同构成了工程实践中的道德框架。工程伦理提供了对个体工程师的道德指导,而工程管理伦理为项目管理和组织层面的道德决策提供了指导。两者共同助力确保工程实践符合道德准则,保护公众利益,促进可持续发展。

10.1.3 工程管理伦理的行为主体结构

在工程管理伦理中,存在着工程共同体、管理者共同体、社会环境中的利益相关者等行为主体结构,"工程共同体"指的是在工程项目中涉及的所有利益相关者、团队成员和组织之间形成的一种协作和合作的社会集体。工程共同体的形成旨在实现项目目标,促进项目成功实施,并遵守共同的道德和职业准则[1]。"管理共同体"是指在工程项目中涉及管理职责和权力的利益相关者、团队成员和组织之间形成的一种协作和合作的社会集体。管理共同体的形成旨在有效管理项目,确保项目成功实施,并遵守共同的道德和职业准则。"社会环境中的利益相关者"指的是在工程项目实施过程中受到项目影响并有利益关系的各方。

对于上述三个共同体,分别存在着不同的特征。"工程共同体"由各种利益相关者组成,包括项目经理、工程师、设计师、承包商、客户、监管机构、社区居民等。他们在项目中扮演不同的角色并履行相应的职责,代表不同的利益和需求。他们共同努力,通过有效的沟通和协作解决问题、分享信息、协调资源,并推动项目的顺利进行,成员之间存在着重要的合作和协调关系。"工程共同体"的成员共同追求项目的成功实施和目标的实现。他们以项目的成功为导向,共同努力解决挑战,满足项目的需求,确保项目交付高质量的工程成果。"工程共同体"强调公正和公平的原则,成员之间以公正的方式分配资源、决策和利益,避免偏袒和不公平的行为,确保各方的利益得到平衡和尊重。他们关注社会和环境的利益,承担起自己的道德责任,并促进可持续的工程实践。"工程共同体"的形成和运作有助于协同工作,最大限度地发挥各方的专业能力和经验的作用,确保项目的顺利进行和成功交付。通过遵循共同的道德准则,"工程共同体"能够构建信任、加强合作,并实现共同的目标。

"管理共同体"的成员在工程项目中担负着管理职责和行使一定的权力。他们可能是项目经理、项目管理团队成员、部门经理、高级管理人员等,具备特定的管理职能和权威。"管理共同体"的成员参与项目决策,并在各自的管理职责范围内拥有决策权。他们负责制定项目策略、资源分配、进度控制等关键决策,推动项目的顺利进行。区别于"工程共同体","管理共同体"的成员应具备领导能力,能激发团队合作和协作;应具备管理技能和能力,引导团队成员实现项目目标,并促进个人和团队的发展。作为工程管理伦理的一部分,"管理共同体"的成员应遵守道德和职业操守。他们应以诚实、诚信和公正的方式履行职责,并保护公众利益和项目的成功。"管理共同体"的成员需要平衡不同利益相关者之间的需求和期望,包括项目团队、客户、投资者等,他们应确保项目的决策和行动符合公正、透明和可持续发展的原则。"管理共同体"在工程管理伦理中扮演重要角色,他们共同参与项目管理和决策,在领导能力和道德责任的共同驱动下,促进团队的高效协同工作,确保项目在道德和职业行为准则的框架内运作,推动项目的成功实施。

在"社会环境中的利益相关者"中,存在着社区居民、监管机构、政府部门、环境保护组织、文化遗产组织、业主和投资者等角色,他们与工程项目之间存在直接或间接的利益关系,他们具备特定领域的知识和信息,对工程项目的实施和影响有一定的了解和认知,项目的决策和实施会对他们的利益产生影响。这些利益相关者受到工程项目影响的范围不同,涉及环境、生活、健康、经济等多个方面。同时,他们有权表达对工程项目的关切、期望和诉求,参与决策过程,并要求项目方充分考虑他们的利益。"社会环境中的利益相关者"可参与项目的监督和评估,确保项目符合法规、标准和道德要求。对于工程管理伦理来说,"社会环境中的利益相关者"的参与和关注至关重要。项目方应认识到他们的利益,采取相应的管理和沟通措施,尊重他们的权益,并寻求与他们合作,实现项目的可持续发展和共赢。

10.2 基本理论框架

10.2.1 工程的规划管理理论与伦理

工程的规划管理是指在工程项目的各个阶段,通过系统性的方法和工具进行项目规划和管理的理论体系。工程的规划是根据社会经济发展的需求,对相关活动设施的规划。从管理者的角度出发,可以将建设工程的规划划分为两种类型,第一种是政府的产业发展与城市的建设规划,第二种是业主建设项目的规划。其中,我们可以将由政府进行编制的规划称之为产业的发展规划与城市的建设规划,而由业主编制的规划称之为建设项目的规划。因此,可以将工程的规划管理具体地分成产业发展、城市建设以及建设项目的规划管理。例如,对于城市的建设规划,其建设工程是组成人们生活所需的、舒适的、具有良好功能的通道与空间,对设备、管道、线路等进行安装是交通工程、房屋建筑、安装工程以及水利工程等建设工程的统称。城市的建设工程是由城市相关的建设以及管理部门为了满足经济发展与居民需求而设计建造的市政公用的相关设施。城市的市政公共设施要和经济社会的发展相互适应,所以在设计建设的过程中,要利用超前、同步的方式进行规划建设,即市政的公共设施要提前进行建设,并且在形成的能力上与生产性的设施同步。城市通过政府的建设规划管理来实现市政公共设施的建设。而城市的规划管理就是利用供求之间的矛盾,制定公共设施的建设规划,进而从多角度进行建设实施。

以下是几个常见的工程规划管理理论:

1. 项目管理理论与伦理

项目管理理论是工程规划管理的核心理论之一,它提供了一套管理工具和方法,用于规划、执行、控制和监督项目的各个方面。项目管理理论是指通过规范化和系统化的方法来规划、组织、实施和控制项目,以实现项目目标的一系列原则和方法。项目管理理论强调项目目标的构建明确、资源的有效分配、进度的合理控制、风险的及时管控以及团队的互动协作等要素。项目管理理论认为每个项目都有一个生命周期,包括项目启动、规划、执行和收尾阶段。在每个阶段,项目管理人员都需要执行特定的任务和活动,并做出相应的决策。

在项目规划管理过程中,商业伦理扮演着重要的角色。首先,商业伦理要求规划管理者在制定和执行工程规划时,必须遵循诚信、公正和透明的原则,确保规划过程的公平性和合法性。规划管理者应当积极履行社会责任,将社会利益置于首位,而不是仅仅追求个人或组织的私利。其次,商业伦理要求规划管理者在规划过程中考虑到环境保护、社会责任和可持续发展等因素,确保规划方案的可持续性和社会责任感。规划管理者应当尊重自然环境和人文资源,避免对环境造成不可逆转的破坏,并积极推动环境友好型的规划和建设实践。此外,商业伦理还要求规划管理者在与利益相关方的互动中保持诚信和透明度，确保规划过程的公开和参与性。规划管理者应当充分尊重各利益相关方的权利和利益，积极倾听他们的意见和建议，确保规划方案的民主性和代表性。

最后，商业伦理要求规划管理者在规划过程中遵守法律法规和职业道德准则，不得违反法律规定或利用职权谋取个人私利。规划管理者应当保持高度的专业操守，确保规划过程的合法性和道德性，为工程项目的顺利实施和社会的可持续发展做出积极贡献。

2. 里程碑理论与伦理

里程碑理论是一种基于关键事件或阶段的工程规划管理方法。它将整个项目划分为关键的里程碑节点，每个里程碑代表一个重要阶段的完成或关键事件的达成。在项目规划阶段，项目管理人员需要制定里程碑计划。里程碑计划将项目的整体时间表和关键任务与里程碑节点进行对应，确定每个里程碑节点的预计完成时间和相关的交付物。里程碑理论有助于项目团队明确目标、界定关键路径、监控进度，并确保项目按时交付。在项目执行阶段，项目管理人员需要跟踪每个里程碑的进展情况，并定期向项目团队和相关方沟通里程碑的完成情况。这有助于确保项目按计划进行，及时识别和解决潜在的问题和风险。里程碑作为项目管理的重要工具，为项目的跟踪和控制提供了有力支持，帮助项目团队保持焦点和动力，以实现项目的整体目标。通过里程碑理论的应用，项目管理人员可以更好地掌握项目的进展情况，识别和解决问题，并保证项目的按时交付和成功实施。

里程碑理论在工程规划管理中的应用不仅关乎项目的时间表和任务完成，还牵涉到商业伦理。在执行里程碑理论时，项目管理人员应当遵循商业伦理原则，以确保项目管理过程的公正、透明和诚信。首先，商业伦理要求项目管理人员在制定里程碑计划时，必须确保计划的合理性和真实性。项目管理人员应当避免夸大里程碑节点的重要性或缩短任务完成时间，以获取不当的利益。相反，他们应当坚持客观、公正的态度，制定符合实际情况的里程碑计划，以保障项目的可持续发展和利益相关方的利益。其次，商业伦理要求项目管理人员在跟踪和沟通里程碑的完成情况时，必须保持透明度和诚信度。项目管理人员应当及时向项目团队和相关方报告里程碑的进展情况，如实反映项目的实际情况，不得故意掩盖或误导他人，以维护项目管理的公正和可信度。此外，商业伦理还要求项目管理人员在解决问题和应对风险时，必须秉持诚信和负责任的态度。项目管理人员应当积极应对项目中出现的问题和风险，勇于承担责任，寻求合理、公正的解决方案，不得违反道德原则或以损害他人利益为代价，以维护项目管理的合法性和道德性。最后，商业伦理要求项目管理人员在项目交付阶段，必须履行合同义务，保证项目按时交付并满足质量要求。项目管理人员应当尊重与利益相关方之间的合同承诺，不得违背合同精神或以损害他人利益为代价，以维护项目管理的合法性和道德性。

综上所述，商业伦理在里程碑理论的应用中扮演着重要的角色，它要求项目管理人员在项目管理过程中始终秉持诚信、透明和负责任的原则，为项目的顺利实施和成功交付提供道德保障。

3. 质量管理理论与伦理

质量管理理论是指通过一系列原则、方法和工具来确保产品或服务满足特定的质量要求和标准。质量管理理论强调制定和遵循质量标准和规范。这些标准可以是行业标准、国际标准，也可以是组织内部设定的规范[2]。质量标准和规范定义了产品或服务的质量要求，为质量管理提供了基准。质量管理理论强调通过系统化的方法和过程，确保工程项目的质量符合预期要求。它包括质量规划、质量控制和质量改进等环节，通过制定质量标准、执行质量检查和测试、采取纠正措施等手段，提高项目交付物的质量。质量管理理论还强调了客户导向的理念，即将客户的需求和期望置于首位，通过满足客户需求来提供高质量的产品或服务。它也强调了员工参与和持续改进的重要性，鼓励员工参与质量管理活动，并不断寻求质量提升的机会。通过质量管理理论的应用，组织能够建立有效的质量管理体系，提高产品或服务的质量水平，增强客户满意度，并为持续发展和形成竞争优势打下基础。

质量管理理论在工程项目中的应用不仅仅是关于产品或服务的质量，同时也涉及商业伦理的重要原则。在执行质量管理理论时，项目管理人员应该坚守商业伦理，确保质量管理活动的公正、透明和诚信。首先，商业伦理要求项目管理人员在制定质量标准和规范时，必须充分考虑各方利益，确保质量要求合理、客观、公正。质量标准和规范的制定应当基于客观数据和科学原则，而不是受到任何其他利益相关方的不当影响。这样可以确保产品或服务的质量评估具有客观性和公正性，维护利益相关方的权益。其次，商业伦理要求项目管理人员在执行质量控制和改进活动时，必须诚实守信，不得采取欺骗或操纵的手段来掩盖质量问题。项目管理人员应当积极执行质量检查和测试任务，及时发现和解决质量问题，确保产品或服务的质量符合预期要求。同时，项目管理人员也应该鼓励员工参与质量改进活动，建立良好的诚信文化和质量意识，以促进质量管理的持续改进和优化。此外，商业伦理还要求项目管理人员在客户导向和持续改进方面发挥积极作用。项目管理人员应当始终把客户的需求和期望放在首位，通过提供高质量的产品或服务来满足客户需求，建立良好的客户关系和信誉。同时，他们也应该鼓励员工参与质量管理活动，提供必要的培训和支持，不断寻求质量提升的机会，推动组织的持续改进和发展。

综上所述，商业伦理在质量管理理论的应用中扮演着重要的角色，它要求项目管理人员始终秉持诚信、公正和负责任的原则，确保质量管理活动的合法性和道德性，为组织的可持续发展和形成竞争优势提供良好的保障。

4. 交付管理理论与伦理

交付管理理论与伦理是指在注重商业伦理的前提下，通过有效的规划、组织和控制，确保项目或产品的交付过程按时、按质地完成的一套原则和方法。它不仅关注项目或产品的交付阶段，包括物质产品、工程成果或服务的交付，从确立交付目标开始，到最终交付成果给客户或相关方，还关注在项目实施过程中，项目负责人的商业伦理。该理论与伦理强调信息的公开和真实性，避免信息不对称和误导。它涉及交付计划、交付控制、交付验收和交付记录等环节，确保项目成果按照质量标准和合同要求的真实性。首先，确定交付目标和交付物，明确项目或产品的交付要求和标准。这包括明确交付的范围、质量、时间和成本等方面的要求。其次，制定交付计划，制定详细的计划和时间表，安排资源和任务，并识别关键路径和依赖关系，以确保交付过程的高效进行。再次，执行交付计划，跟踪进度，管理风险和变更，并进行适时的沟通和协调，以确保交付过程按计划进行。最后，进行交付验收和控制，评估交付成果的符合度，进行验证和确认，以确保交付物满足交付要求和客户的期望。

在交付管理理论的应用中，商业伦理扮演着至关重要的角色。项目管理人员在执行交付过程时，必须遵循商业伦理原则，保证交付过程的公正、透明和诚信。首先，商业伦理要求在确定交付目标和交付物时，项目管理人员必须充分考虑各方利益，确保交付的范围、质量、时间和成本等方面的要求符合所有相关方的期望和合同规定。项目管理人员应当避免利用不正当手段来设定交付目标，以维护各方的利益平衡，并确保交付过程的公正性。其次，在制定交付计划时，项目管理人员应当遵循商业伦理原则，确保制定的计划和时间表合理公正，并充分考虑各方利益。交付计划的制定应当基于客观数据和科学方法，避免人为操纵和利益冲突，以保证交付过程的公正性和透明度。再次，在执行交付过程时，项目管理人员应当诚信地执行交付计划，跟踪进度，管理风险和变更，并及时与相关方沟通和协调。他们应当避免利用不当手段来操纵交付过程，确保所有相关方都能够获得公平的待遇和信息，以维护交付过程的公正性和透明度。最后，在进行交付验收和控制时，项目管理人员应当诚实守信地评估交付成果的符合度，进行验证和确认，确保交付物满足交付要求和客户的期望，避免利用不当手段来影响验收结果，确保交付过程的公正性和合法性。

综上所述，商业伦理在交付管理理论的应用中起着至关重要的作用，它要求项目管理人员始终秉持诚信、公正和负责任的原则，保证交付过程的合法性和道德性，为组织的可持续发展和客户的满意提供保障。

这些工程规划管理理论与伦理是项目团队的智囊团，它们不仅提供了方法、工具和原则，更为全面系统的规划与管理注入了灵活性和前瞻性。通过这些理论与伦理，工程团队能够建立起更为深入和周全的管理体系，确保项目不仅顺利推进，而且质量卓越、目标明确。这些理论与伦理的奇妙之处在于其适应性：它们能根据项目的特质和需求进行创造性的组合，使管理更具针对性和高效性。这不仅包括传统的项目进度和资源分配，还包括风险识别与应对、创新激励、团队动力和沟通协作等方面。因此，这些理论与伦理不只是项目管理的指南，更是引领着工程行业持续进步的指引，确保项目在快速变化的环境中稳健前行，应对各种挑战并取得长期成功。

10.2.2　工程的设计管理理论与伦理

工程设计是对单项工程在施工技术上与经济上进行全面而细致的安排，是将新材料、新工艺以及新设备应用到生产的渠道中，是工程在建设过程中成功与否的关键所在。依据单向施工所面临的不同状况，设计的过程主要分为初步设计以及施工图设计两个部分，应用技术复杂的工程可以依据不同的行业特点在实际管理阶段相应地增加技术设计的阶段。工程的设计管理理论是指在工程项目的设计阶段，通过一系列的方法和原则进行设计规划和管理的理论体系，主要可以分为产品生产的设计管理、建设场地的设计管理以及建筑工程的设计管理等部分。例如，对于建设场地的设计管理，其建设场地的设计就是结合场地的地质、地形、气象、环境等相关自然情况，在满足生活与生产要求的前提条件下，按照各方面投入最少,并在取得最佳成效的原则下,对场地内的建筑与各种交通运输管线进行合理的布置。在建设场地的设计管理中,要对影响场地总平面布置的各种因素进行考虑,分清主次、妥善管理。其中需要考虑的因素主要有节约用地、绿化环境、生产工艺的过程等。

工程设计管理中的商业伦理至关重要,因为它涉及资源利用、环境保护、公共安全等多个方面,对利益相关者的利益和权益负有重大责任。首先,商业伦理要求工程设计管理人员在制定设计规划时,必须充分考虑各方利益,确保设计方案在满足技术和经济要求的同时,尽可能减少资源消耗、减轻环境负担,以实现可持续发展的目标。设计方案应当合理优化,以最小化资源浪费和对环境的不良影响。其次,工程设计管理人员在进行场地设计时,应当遵循商业伦理原则,确保场地布置合理、安全、高效。他们应当考虑到场地使用的长期影响,避免因盲目追求短期利益而导致资源浪费、环境破坏等问题,保障公共利益和社会责任。再次,商业伦理要求工程设计管理人员在设计过程中保持诚信和透明度,充分尊重各方的权利和利益。设计方案的制定和决策应当公开透明,避免利益冲突和不当行为,确保设计过程的公正和公平。最后,在进行设计管理时,工程设计管理人员应当遵守职业道德和规范,保护客户和公众的利益,拒绝不道德的行为和违法操作,维护行业的声誉和形象,以提升整个行业的信任度和可持续发展能力。

综上所述,商业伦理在工程设计管理中扮演着重要角色,它要求工程设计管理人员始终秉持诚信、公正和负责任的原则,保证设计过程的合法性、道德性和社会责任性,为项目的成功实施和社会的可持续发展提供保障。

以下是几个常见的工程设计管理理论:

1. 系统工程理论与伦理

系统工程理论将工程项目看作一个复杂的系统,强调整体性和系统化的设计管理方法。它包括需求分析、功能定义、系统架构设计、性能评估等环节,通过系统化的方法解决设计中的复杂性和不确定性问题。系统工程理论的核心思想是将系统视为一个整体,而不是单独的部分。它强调系统的综合性、复杂性和相互关联性,通过系统思维和综合分析方法,确保系统的有效运行和协调发展。而系统工程理论不仅注重系统的整体性和系统元素之间的相互影响,还强调系统的综合考虑和系统性能的优化。它采用系统工程师的角色,负责系统的整体规划、协调和管理,确保系统设计和实施的成功,强调项目参与人员对全局的管理。

通过应用系统工程理论与伦理,工程设计管理人员能够更好地理解和应对复杂工程系统的挑战,提高系统设计的效率和质量。系统工程理论与伦理在诸多领域有广泛应用,包括航空航天、交通运输、能源、制造业等,它能帮助组织实现工程项目的交付和系统的持续发展。

与此同时,系统工程理论与伦理的应用也涵盖了商业伦理的重要方面。在工程项目的规划和实施中,商业伦理扮演着至关重要的角色。系统工程师在处理项目中的商业决策时,需要考虑到利益相关者的权益,确保项目的设计和实施不仅符合技术和经济要求,还符合道德和社会责任的要求。商业伦理要求系统工程师在与供应商、合作伙伴以及其他利益相关者的交往中遵循诚信、公平和透明的原则,避免利用职权谋取个人私利或对他人造成不公平的影响。

在商业伦理的指导下,系统工程师应当秉持公正和公平的态度,确保项目的决策和执行过程公正透明,不偏袒任何一方。此外,商业伦理还要求系统工程师在处理商业机密和敏感信息时保密,并避免利用信息优势对竞争对手造成不公平竞争的影响。只有在遵循商业伦理的前提下,系统工程项目才能得到社会的认可和支持,实现长期的可持续发展。

因此,商业伦理与系统工程理论相辅相成,共同促进工程项目的顺利进行和系统的持续发展。在航空航天、交通运输、能源、制造业等各个领域,商业伦理的应用都是至关重要的,它有助于确保项目的合法合规,提高项目的可信度和可持续性,为组织创造更大的社会价值和经济效益。

2. 设计思维理论与伦理

设计思维理论是工程设计管理理论的重要组成部分,它强调通过创新和以用户为中心的方法来解决问题和实现设计目标。它鼓励跨学科的合作和创新思维,通过观察、洞察来理解用户需求,迭代和优化设计方案,以满足用户的期望和需求。设计思维理论的核心概念是将人的需求和体验放在设计的中心,以深入理解用户的需求、期望和行为。它鼓励设计者从用户的角度出发,运用创新和跨学科的方法,提供具有实用性、美学性和可持续性的设计解决方案。设计思维理论注重跨学科的合作和多元化的思考,鼓励设计者从不同的角度和领域获取灵感和知识,以产生具有创新性和实用性的设计。它强调快速迭代和持续反馈的重要性,通过反复测试和验证,不断优化设计解决方案,确保其与用户需求的匹配。

设计思维理论不仅注重创新和用户体验,还强调了商业伦理在设计管理中的重要性。商业伦理要求设计者在设计过程中考虑到商业实践中的道德和社会责任，确保设计方案不仅满足用户需求，同时也符合社会和行业的规范。

在设计思维理论的指导下，设计者应当秉持诚信、公正和负责任的态度，避免违反商业伦理的行为，如误导性宣传、不公平竞争、侵犯知识产权等。设计者应当尊重用户的权利和隐私，确保设计方案不会对用户造成不良影响或侵犯其个人权益。

此外，商业伦理还要求设计者在设计过程中考虑到可持续发展的因素，如环境友好性、资源可持续利用等，以确保设计方案符合社会和环境的可持续发展需求。

通过将商业伦理融入设计思维理论，设计者可以更好地平衡创新和商业实践之间的关系，确保设计方案不仅具有实用性和美学性，还符合商业伦理的要求，为用户、企业和社会创造更大的价值和影响力。

3. 敏捷设计理论与伦理

敏捷设计理论是一种迭代、协作和快速响应变化的设计管理方法，强调在快速变化和不确定性的环境中，通过灵活性、适应性和协作性来应对挑战，并实现高效的工程设计。它强调通过短的迭代周期，及时获取用户反馈，灵活调整设计方案。敏捷设计理论适用于快节奏、创新型和变化频繁的工程项目。敏捷设计理论的核心原则是将重点放在人与人之间的互动、持续交付和灵活响应变化上。在该伦理的指导下，工程设计团队以迭代和增量的方式进行工作，快速反馈和调整，以适应不断变化的需求和情境。敏捷设计理论强调团队合作和快速反应的重要性，鼓励团队成员积极参与和贡献，减少层级和冗余的管理，以提高工程设计的效率和质量。它适用于各种工程设计领域，包括软件开发、产品设计、项目管理等。

敏捷设计理论不仅强调迭代、协作和快速响应变化的设计管理方法，还需要考虑商业伦理在工程设计中的应用。商业伦理要求团队成员在快速变化和不确定性的环境中，始终坚持诚信、公正和负责任的态度，确保设计过程合乎道德规范，不损害任何利益相关者的利益。

在敏捷设计的实践中，团队成员应当尊重用户的权利和隐私，确保设计方案不会侵犯用户的个人权益或违背商业道德。同时，团队成员也要考虑到社会和环境的可持续发展需求，如环保、资源利用等方面，以确保设计方案符合社会责任和可持续发展的理念。

此外，商业伦理还要求团队成员在工作中遵守法律法规和行业规范，不做违法违规的行为，如侵犯知识产权、不当竞争等。团队应当遵循公平竞争的原则，尊重市场规则，避免利用不正当手段获取竞争优势。

通过将商业伦理融入敏捷设计理论，团队可以在更好地保持团队合作和快速反应的同时，确保设计过程的合法合规和履行社会责任，为用户、企业和社会创造更大的价值和信誉。

4. 可持续设计理论与伦理

可持续设计理论关注设计对环境、社会和经济可持续性的影响。它强调在设计中考虑资源利用效率、环境影响、社会责任和经济效益等方面的因素，以实现工程项目的可持续发展和资源的有效利用。可持续设计理论的核心原则是通过整体性的思考和系统性的方法，最大限度地减少对环境的负面影响，提高资源利用效率，并促进社会公正和经济可持续发展。可持续设计理论强调跨学科的合作和综合性的思考，鼓励设计者与各利益相关者合作，包括工程师、环境专家、社会科学家等，以共同推动可持续设计的实现。通过应用可持续设计理论，工程设计管理人员能够更好地平衡环境、社会和经济的利益，推动工程设计朝着更可持续的方向发展。可持续设计不仅有助于减少资源的消耗和环境的破坏，还能够提高产品或工程系统的竞争力和社会认可度，为组织创造长期的经济和社会价值。

可持续设计理论的应用不仅仅关注环境、社会和经济的可持续性，还需要考虑到商业伦理在设计过程中的重要性。商业伦理要求设计者在设计过程中遵循道德规范，确保设计方案不仅符合环境和社会责任，还符合商业实践的要求，同时实现经济效益。

在可持续设计的实践中，设计者应当秉持诚信、公正和负责任的态度，确保设计方案不会违反法律法规和行业标准，不会侵犯任何利益相关者的权益。设计者还应当考虑到社会公正和公平的原则，确保设计方案对社会的影响是正面的，并尽量减少对弱势群体和环境的不利影响。

此外，商业伦理还要求设计者在设计过程中考虑到经济可行性和市场竞争力，确保设计方案既能够实现环境和社会的可持续性，又能够满足市场需求和企业利益。

通过将商业伦理融入可持续设计理论，设计者可以更好地平衡环境、社会、经济和商业利益之间的关系，推动设计朝着更可持续的方向发展，为组织创造长期的经济和社会价值,提高产品或工程系统的竞争力和社会认可度。

5. 设计协同理论与伦理

设计协同理论注重设计团队成员之间的协作和合作。它通过信息共享、跨学科的协同工作和协同技术工具,促进设计团队成员之间的沟通和协同,提高设计效率和质量,它强调通过协同合作和跨学科的团队合作,实现设计过程的高效性和创新性。设计协同理论的核心思想是将不同领域的专业知识和技能融合在一起,以提高设计团队的综合能力和协同效能。它鼓励设计师、工程师、技术专家和其他相关方共同参与设计过程,以促进思想交流、知识共享和创新合作[3]。设计协同理论强调集体智慧和集体创新的重要性,通过不同领域专业人士的合作,可以产生更全面、创新和高质量的设计解决方案。通过应用设计协同理论,工程设计管理人员能够更好地组织和管理设计团队,促进有效的协作和知识共享,提高设计质量和效率。设计协同不仅能够充分利用团队成员的专业知识和经验,还能够培养团队合作和创新能力,为组织带来更有竞争力的设计成果和解决方案。

设计协同理论强调设计团队成员之间的协作,而商业伦理在设计协同过程中也扮演着至关重要的角色。设计协同理论强调团队合作和信息共享,以实现设计过程的高效和优化,通过遵循商业伦理原则,可以有效约束企业行为,保障各方利益,并促进设计协同过程的顺利进行和成功实施。

在设计协同的实践中,团队成员应当尊重彼此的专业知识和技能,建立互信和合作的关系,确保设计过程的公正和公平。设计团队应当遵循合理竞争的原则,避免不正当竞争和利益冲突,确保设计方案的客观性和独立性。

此外,商业伦理还要求设计团队成员在协同过程中考虑到社会责任和可持续发展的因素,确保设计方案符合环境和社会的可持续性要求,不会对环境和社会造成不良影响。

通过将商业伦理融入设计协同理论,设计团队可以更好地保持协作的精神,确保设计过程合乎道德和社会责任的要求,为组织创造更有竞争力的设计成果和解决方案,提高设计质量和效率。

6. 风险管理理论与伦理

风险管理理论在设计管理中的应用强调识别、评估和应对设计过程中的各种风险和不确定性因素。它包括风险识别、风险评估、风险控制和风险应对等环节,以降低设计风险并增加设计方案的成功概率,强调在工程设计过程中识别、评估和应对潜在风险,以最小化不确定性和提高项目成功的概率。风险管理理论的核心原则是系统地识别和分析可能对工程设计目标产生负面影响的因素,并采取相应的措施来减轻、控制或转移风险。风险管理理论注重主动管理和预防控制,通过早期风险识别和及时的风险应对,可以避免或减少潜在的负面影响,确保项目顺利进行和达到预期的设计目标。通过应用风险管理理论,工程设计管理人员能够更好地识别和应对风险,降低项目失败的风险,并提高设计项目的成功率。风险管理不仅有助于提高项目的效率和可靠性,还能够为组织带来更好的投资回报和客户满意度。

风险管理理论在设计管理中的应用不仅关注设计过程中的各种风险和不确定性因素,还需要考虑商业伦理在风险管理过程中的重要性。

在风险管理的实践中,设计管理人员应当尊重利益相关者的权利和利益,以诚实、透明和负责任的态度处理风险、管理事务,确保风险识别、评估、控制和应对过程公正透明,不偏袒任何一方,从而做出公正的决策。设计管理人员还应当考虑社会责任和公共利益,在风险管理过程中充分考虑环境、社会和经济的影响,努力减少对环境和社会的不良影响,最大限度地保护利益相关者的权益。

此外,商业伦理还要求设计管理人员在风险管理过程中遵守法律法规和行业标准,不做违法违规的行为,不隐瞒重要信息、误导利益相关者等。设计管理人员应当保持诚信和透明,确保风险管理过程公开公正,不损害组织的声誉和利益。

通过将商业伦理融入风险管理理论,设计管理人员可以更好地识别和应对风险,降低项目失败的风险,并提高设计项目的成功率。商业伦理的应用不仅有助于提高项目的效率和可靠性,还能够增强组织的声誉和信誉,为组织带来更好的投资回报和客户满意度。

这些设计管理理论与伦理是工程项目的得力助手,它们不仅提供了方法、原则和工具,还为设计阶段的规划和管理注入了灵活性和创造力。工程团队可以根据项目的特点和目标,有针对性地挑选并结合这些理论,从而更好地满足设计管理的多重需求。这些理论与伦理不仅是质量和创新的保障,也是可持续性的推动者。它们强调的不仅是设计的完美呈现,更是与时俱进的方案,考虑到环境友好、社会责任和经济效益等方面。因此,这些理论不仅在设计阶段发挥作用,更是塑造了未来工程发展的重要指南,确保设计方案符合不断演变的需求和挑战。

10.2.3　工程的建设管理理论与伦理

工程建设就是将项目设计变成现实的过程，也是建筑从准备工作开始，经过设备安装、设备使用、竣工验收再到交付使用等一系列的过程。工程建设质量的高低、投入资金的多少、建设过程的节约浪费、施工进度的快慢都将影响业主的利益。工程的建设管理理论是指在工程项目的建设阶段，通过一系列的方法和原则进行施工规划和管理的理论体系。工程的建设管理，就是要在确保工程质量的情况下，使工程的造价尽量达到最低、施工的时间达到最短。工程的建设管理可分为项目建设的准备管理、建设工程的质量管理以及工程施工的造价管理。例如，对于工程施工的造价管理，其工程的施工造价会对施工单位的经济效益带来直接影响，施工造价就是在施工过程中，消耗生产资料的价值与经营者所创造价值在货币上的反映，是整个工程造价的重要组成部分。在市场经济的条件下，工程的施工造价主要是通过工程的市场竞争而形成的。

工程建设涉及巨额资金的投入和各种资源的利用，因此商业伦理在工程建设中显得尤为重要。商业伦理要求工程建设方在项目实施过程中遵循公平竞争、诚信合作的原则，确保项目的经济效益和社会责任的兼顾。

在工程建设的过程中，商业伦理要求工程方与利益相关者之间建立诚信和透明的合作关系，确保信息的公开透明和决策的公正合理。工程方应当遵守合同约定，不做虚假宣传或欺骗性行为，保障各方的合法权益。

此外，商业伦理还要求工程方在工程建设过程中考虑到环境保护和社会责任，尽量减少对环境的影响，同时关注员工的安全和福利。工程方应当积极参与社会公益事业，回馈社会，提升企业的社会形象和声誉。

通过将商业伦理融入工程建设管理理论，工程建设方可以更好地平衡经济利益和社会责任，帮助工程建设方更全面地考虑利益相关者的利益，实现经济效益和社会责任的双赢，推动工程建设行业朝着更加可持续的方向发展。

以下是几个常见的工程建设管理理论与伦理：

1. 施工管理理论与伦理

施工管理理论是工程建设管理理论中的重要组成部分，它涵盖了在工程项目施工阶段实施有效管理的原则和方法。施工管理理论关注工程项目的具体施工过程，包括工程资源管理、进度管理、质量管理、安全管理等方面。它强调合理的资源配置、严格的进度控制、高质量的施工和安全的施工环境，以确保工程项目的顺利进行。施工管理理论的核心目标是确保施工工作按照计划进行，确保项目质量、安全和进度的达成，并优化资源利用和成本控制。施工管理理论强调协调和整合不同的资源和利益相关方，以实现施工项目的高效和优质。它要求施工管理人员具备全面的技术知识、项目管理技能和领导能力，能够有效地协调施工团队和管理项目的各个方面。通过应用施工管理理论，工程建设管理人员能够更好地组织和管理施工过程，确保项目顺利进行和高质量交付。施工管理理论的应用不仅有助于控制项目成本和进度，还能够最大限度地降低施工风险和提高施工安全。有效的施工管理为组织带来了更高的项目成功率和客户满意度，同时也为行业的可持续发展做出了贡献。

施工管理理论的应用不仅仅关注施工过程中的资源管理、进度控制、质量管理和安全管理等方面，还需要考虑到商业伦理在施工管理过程中的重要性。商业伦理在施工管理过程中引导企业遵守法律法规、保护利益相关者权益，建立良好声誉、履行社会责任等，有助于企业实现可持续发展和履行社会责任的目标。

在施工管理的实践中，施工管理人员应当认真考虑所有利益相关者的利益，包括员工、客户、供应商、社区以及环境，其需求和利益应该被纳入企业决策的考虑范围。施工方应当遵守合同约定，不做虚假承诺或违约行为，保障各方的合法权益。

此外，商业伦理还要求施工管理人员在施工过程中考虑到环境保护和社会责任，尽量减少对环境的影响，同时关注施工人员的安全和福利。施工方应当积极参与社会公益事业，回馈社会，提升企业的社会形象和声誉。通过将商业伦理融入施工管理理论，施工管理人员可以更好地平衡经济利益和社会责任，确保施工项目顺利完成。

2. BIM 理论与伦理

BIM(Building Information Modeling)理论是一种基于数字化建模的建设管理方法，是基于数字化建模的综合性管理方法和技术体系。它利用信息技术将建筑设计、施工和运维过程中的各种信息进行集成和共享，提供全方位的数据支持和协同工作环境，以提高建设管理的效率和质量。BIM 理论的核心思想是通过建立和维护一个包含建筑物或工程项目全生命周期信息的数字模型，实现信息的共享、协作和可视化。该模型包含了建筑物的几何形状、空间关系、构造和装配信息、材料属性、工程设备、施工序列等多种信息，能够为各利益相关方提供准确、一致和可靠的数据支持。BIM 理论的应用能够提升工程建设项目的效率、质量和可持续性。它改善了设计与施工之间的协作，减少了信息传递的误差和冲突，提高了设计一致性和施工可行性。同时，BIM技术还为工程建设管理提供了更多的数据支持和决策依据，促进项目的智能化和可视化管理。通过应用BIM理论，工程建设管理人员能够更好地实现项目的整体协调、信息共享和风险控制。BIM不仅为项目参与者提供了更高效的工作方式，也为项目的可持续发展和数字化转型做出了重要贡献。

BIM理论的应用不仅仅关注数字化建模和建设管理的技术方面，还需要考虑到商业伦理在其应用过程中的重要性。企业利用信息模型来生成和管理项目的物理和功能特性，在实践的过程中要遵循商业伦理要求，确保数据隐私和安全，并促进诚信透明合作，推动行业朝着更加健康和可持续的方向发展。

在BIM实践中，各利益相关者应当尊重彼此的知识产权和商业机密，保护敏感信息的安全性和私密性。设计方、施工方和运维方之间应建立合作共赢的伙伴关系，共同推动项目的顺利实施，避免利益冲突和信息泄露。

此外，商业伦理还要求在BIM应用过程中考虑到环境保护和社会责任，尽量减少对环境的影响，同时关注员工的安全和福利。BIM应用方应当积极参与行业标准的制定和推广，促进数字化转型和行业的可持续发展。

通过将商业伦理融入BIM理论，可以更好地平衡数字化建模和建设管理的技术创新与商业道德的需求，确保利益相关者可以在项目的不同阶段共享、协作和管理信息，从而提高项目的效益、准确性和可持续性。

3. 价值工程理论与伦理

价值工程理论旨在提供高质量和高效率的建设管理方法，它致力于通过利用最优化资源和成本效益分析，提供最佳的设计和施工方案，以满足项目目标和利益相关者的需求。价值工程理论的核心思想是通过系统性的分析和评估，识别并消除项目中不必要的成本和浪费，同时最大化项目的价值和效益。价值工程理论强调在项目的整个生命周期中，从规划到设计、施工和运维，都应该注重价值的最大化和成本的最优化。它鼓励跨学科团队协作，充分利用各方的专业知识和经验，以实现最佳的项目结果。通过应用价值工程理论，工程建设管理人员能够更好地评估项目需求和目标，优化设计和施工方案，降低成本，提高项目的质量和效益。价值工程不仅有助于提高项目的经济效益和可持续性，还能够为组织带来更好的投资回报和客户满意度。

价值工程理论的应用不仅仅关注高质量和高效率的建设管理方法，还需要考虑到商业伦理在其实践过程中的重要性。商业伦理可以帮助确保在实施价值工程时企业行为合乎道德规范，并促使企业在追求经济效益的同时，也考虑到社会、环境和利益相关者的利益。通过遵循商业伦理原则，企业可以避免不当行为和违法行为，维护企业声誉，提升社会形象，并确保项目的可持续发展。在价值工程的实践中，各利益相关者应当尊重彼此的权利和利益，保持公平公正的态度，确保项目的决策过程公开透明，不偏袒任何一方。设计方、施工方和业主之间应建立合作共赢的伙伴关系，共同推动项目的最优化设计和施工方案的实施，避免利益冲突和信息不对称。此外，商业伦理还要求在价值工程理论的应用过程中考虑到环境保护和社会责任，尽量减少对环境的影响，同时关注员工的安全和福利。价值工程理论应用方应当积极参与行业标准的制定和推广，促进项目的可持续发展和社会的共同繁荣。

4. 环境管理理论与伦理

环境管理理论关注工程项目对环境的影响和保护，它着重于在工程项目的规划、设计、施工和运营阶段，合理管理和保护环境资源，以实现可持续发展的目标。它包括环境评估、环境监测、环境管理计划等环节，以确保建设过程符合环境法规和标准，减少对环境的负面影响。环境管理理论的核心原则是综合考虑环境因素和影响，减少对自然环境的不良影响，并提供可持续的解决方案。它强调了环境保护、生态保育和资源可持续利用的重要性。环境管理理论要求工程建设管理人员充分认识到环境保护与经济发展的相互关系，积极采取措施减少对环境的影响，提高资源利用效率，推动绿色技术和可持续发展。通过应用环境管理理论，工程建设管理人员能够更好地保护环境、减少环境风险和改善项目的可持续性。环境管理不仅有助于提高项目的社会形象和声誉，还能够为组织创造长期的价值和可持续发展的机会。

环境管理理论的应用不仅仅关注工程项目对环境的影响和保护，还需要考虑到商业伦理在其实践过程中的重要性。商业伦理可以帮助企业在环境管理实践中确保行为的合法性、诚信性和责任感，约束企业行为，确保其在环境保护方面积极承担社会责任。在环境管理的实践中，企业应遵守相关法律法规，确保环境保护措施的实施符合法律法规和行业标准。工程建设管理人员应当尊重各利益相关者的权利和利益，积极履行环境保护的社会责任，采取有效措施减少工程项目对环境的负面影响，保护自然生态系统的完整性和稳定性。此外，商业伦理还要求在环境管理的实施过程中考虑到社会公正和可持续发展，促进资源的合理利用和公平分配。环境管理理论应用方应当积极参与社区和利益相关者的沟通与合作，共同推动环境保护和可持续发展目标的实现。

通过将商业伦理融入环境管理理论，可以更好地平衡项目的经济利益和环境保护的需要，约束企业行为，从而确保其在环境保护方面积极承担社会责任。

5. 风险管理理论与伦理

风险管理理论在建设管理中的应用强调识别、评估和应对建设过程中的各种风险和不确定性因素，它旨在识别、评估和应对项目中的潜在风险，以最大限度地降低不确定性对项目目标的影响。它包括风险识别、风险评估、风险控制和风险应对等环节，以降低施工风险并增加项目的成功概率。风险管理理论的核心思想是通过系统性的方法和策略，识别和分析可能发生的风险，制定相应的应对措施，以降低风险的发生概率或影响程度。风险管理理论要求工程建设管理人员具备系统分析和决策能力，能够识别潜在风险并制定适当的风险应对策略。同时，它强调风险管理是一个持续的过程，需要在项目的不同阶段进行动态调整和优化。通过应用风险管理理论，工程建设管理人员能够更好地预测和应对潜在风险，降低项目目标的不确定性，提高项目的成功率和可持续性。风险管理不仅有助于保护利益相关方的利益，还能够为组织带来更高的投资回报和项目绩效。

风险管理理论的应用不仅仅关注识别、评估和应对建设过程中的各种风险和不确定性因素，还需要考虑商业伦理在其实践过程中的重要性。通过商业伦理的引导，企业可以避免采取不道德或不公平的风险管理行为，如隐瞒风险信息、误导利益相关者等，同时积极履行社会责任，保护利益相关者的权益，有助于保障风险管理过程的公正性、透明度和合法性。在风险管理的实践中，各利益相关者应当尊重彼此的权利和利益，保持公平公正的态度，确保风险评估和应对措施的制定符合法律法规和行业标准。工程建设管理人员应当积极履行风险管理的社会责任，采取有效措施识别和评估潜在风险，并制定适当的风险控制和应对策略，以保护项目利益和利益相关者的权益。此外，商业伦理还要求在风险管理的实施过程中考虑到社会公正和可持续发展，避免出现利益冲突和不公平现象。风险管理理论应用方应当积极与利益相关者进行沟通和合作，共同应对风险挑战，促进项目的稳健发展和社会的共同繁荣。

通过将商业伦理融入风险管理理论，可以更好地平衡项目的经济利益和风险控制的需要，确保风险管理实践符合公平、公正、合法和可持续的原则，为项目的长期成功和社会的可持续发展做出贡献。

6. 建设协同理论与伦理

建设协同理论注重建设团队成员之间的协作，它强调不同参与方之间的合作与协同，以实现项目的顺利进行和优化绩效的达成。它通过信息共享、协同工作和协同技术工具，促进建设团队成员之间的沟通和协同，提高建设管理效率和质量。建设协同理论的核心思想是通过促进参与方之间的沟通、协作和共享，实现项目各阶段的有效管理和协调。它强调整合不同参与方的专业知识、技能和资源，以达成共同的目标和最佳的项目结果。建设协同理论要求工程建设管理人员具备良好的团队合作和沟通能力，能够在复杂的项目环境中促进各参与方之间的协同和合作。同时，它强调建设协同是一个持续的过程，需要在项目的各个阶段进行动态调整和优化。通过应用建设协同理论，工程建设管理人员能够更好地促进团队协作和信息共享，提高项目的效率和质量。建设协同不仅有助于减少误解和冲突，还能够为组织带来更好的合作机会和项目绩效。它也为持续改进和创新提供了平台，推动工程建设行业的进步和发展。

在建设协同理论的实践过程中，商业伦理起着至关重要的作用。在建设团队成员之间的协作和合作中，商业伦理要求各参与方在交流和合作过程中遵循诚信、公正和负责任的原则，确保合作关系的公平和透明。工程建设管理人员应当意识到商业伦理对于建设协同的重要性，积极营造公正、开放、诚信的合作氛围，避免出现利益冲突和道德风险。在协同过程中，应当尊重各参与方的权利和利益，遵守契约和承诺，坚持诚信和信任的原则，以维护合作关系的稳定和持久。此外，商业伦理还要求建设管理人员在协同过程中考虑到社会责任和可持续发展的因素，促进项目的可持续性和社会价值的最大化。在协同和合作的过程中，应当关注环境保护、社会责任和经济效益之间的平衡，推动工程建设行业朝着更加可持续和可信赖的方向发展。通过将商业伦理融入建设协同理论的实践中，可以确保建设团队成员之间的合作和沟通符合道德规范和法律法规，促进合作关系的健康发展和项目的长期成功运作。商业伦理不仅能够提高建设管理的效率和质量，还能够为工程建设行业的可持续发展和社会责任做出积极贡献。

这些建设管理理论与伦理构建了多样化的方法论、基本原则和实用工具，为工程项目团队在建设阶段提供了有力支持。这些理论与伦理的灵活性使得人们能够根据项目的特性、要求和最终目标进行有针对性的选择和组合，以满足建设管理的多样需求。通过这些方法的应用，确保了施工过程的顺利推进，质量标准的达到以及项目目标的全面实现。其优势包括但不限于提高工效、资源优化、风险管理、团队协作和持续改进，使项目在整个建设阶段都能得到有序、有效地掌控和管理。

10.3 工程管理伦理问题

工程管理伦理问题是指在工程管理实践中可能涉及的与道德、责任和价值观有关的问题。工程管理伦理问题应向三个层面展开：一是微观伦理，涉及工程活动中工程共同体的个体和团队的伦理问题，特别应关注工程师、企业家的伦理问题；二是中观伦理，着重于企业伦理、行业伦理、协会伦理、区域伦理研究；三是宏观伦理，是国家层面上与工程相关的政策伦理、制度伦理、政府行为伦理，以及国际工程中的关系伦理。一个工程从建造实施到生产运营活动的全生命周期中都面临着各种风险：一是科学技术的应用与自然界的生态规律不匹配所带来的环境风险；二是在建造过程材料的质量风险、人员管理风险和机械的使用风险等。责任意识是建立在理解和理性基础上的，因此增强工程师承担责任的意识须牢牢把握住个人、工程与社会三者之间的关系。在工程的全生命周期中，工程师作为设计者或者建造者都参与其中，因此不仅需要具备专业的知识和技能，更要具备"正当行事"的伦理意识，以及规避技术、社会风险和协调利益冲突的能力。

工程管理伦理问题的分析可以采用以下步骤：第一步，辨识伦理问题，在分析伦理问题之前，需要识别和确定与工程管理相关的伦理问题。这可能涉及职业操守、职业责任、利益冲突、社会责任等方面的问题。通过仔细审视工程项目的方方面面，包括与工程师、项目参与者、利益相关者和社会之间的关系，可以辨识出潜在的伦理问题。第二步，收集相关信息，在分析伦理问题之前，收集和了解与该问题相关的背景信息是必要的。这可能包括法律法规、职业行为准则、行业标准、组织政策等方面的信息。此外，还可以考虑相关的伦理理论和原则，以提供更深入的分析和指导。第三步，应用伦理理论，在分析伦理问题时，可以运用伦理理论来提供理论依据和分析框架。例如，职业伦理学、社会契约理论、道德权衡理论等。这些理论可以帮助理解伦理问题的本质、涉及的价值观和原则，并为决策和行动提供指导。第四步，利益相关者分析，对于涉及多方利益相关者的伦理问题,进行利益相关者分析是重要的。这包括识别和评估各个利益相关者的权益、需求和关切,并考虑如何平衡不同利益之间的冲突,以最大程度地满足各方的合理期望。第五步,道德决策和解决方案,在分析伦理问题的基础上,需要制定道德决策和解决方案。这可能涉及权衡不同价值观和原则、考虑风险和后果、寻求公正和可持续发展等。在做出决策时,还应考虑相关的法律法规和行业规范。

工程管理伦理问题的分析可以依据多个理论和原则,其中一些主要的理论依据包括:

1. 职业伦理学

职业伦理学是研究职业道德和职业行为的学科,提供了工程管理人员应遵循的伦理准则和原则。这包括诚实、诚信、专业责任、尊重他人权益、公正和履行社会责任等方面。职业伦理学可以帮助工程管理人员识别和解决职业伦理问题,以及在决策和行动中考虑伦理因素。职业伦理学理论的核心思想是通过探讨职业行为的伦理准则和职业责任的界定,指导工程管理人员在职业实践中做出正确的道德决策。职业伦理学理论要求工程管理人员具备高度的职业道德和职业操守,能够在职业实践中坚守道德原则和职业责任。同时,它也鼓励工程管理人员积极参与职业组织和行业协会,推动职业伦理的规范和实践。通过应用职业伦理学理论,工程管理人员能够更好地认识和解决职业伦理问题,提高职业道德水平,维护职业声誉和社会责任。

2. 社会契约理论

社会契约理论认为个人和组织之间存在着一种社会契约,即相互关系中的权利和责任,它强调工程管理人员在项目实践中与社会之间存在一种契约关系,需要遵守相关约定和履行相关的职责和义务。工程管理人员在处理伦理问题时可以基于社会契约理论,平衡不同利益相关者之间的权益,考虑公共利益和社会福祉。社会契约理论关注个人和组织之间的权利和责任,以及通过建立契约和共同规则来维持社会秩序和公平。社会契约理论的核心思想是,工程管理人员作为专业人士,通过获得专业知识和技能,获得了一定的特权和地位。作为回报,他们应该对社会承担一定的责任,并遵守与社会之间的契约。社会契约理论要求工程管理人员以道德和职业操守为基础,追求社会利益的最大化,并与利益相关者建立互信和合作的关系。同时,它也强调工程管理人员在决策和行为中应考虑社会正义和公共利益,追求长期的可持续发展。通过应用社会契约理论,工程管理人员能够更好地识别和解决伦理问题，平衡各方的利益，并推动工程管理实践符合社会期望和要求。

3. 可持续发展理论

可持续发展理论强调满足当前需求而不损害未来世代利益的能力，它关注工程管理实践中的环境、社会和经济可持续性，以确保项目的长期利益和对未来世代的贡献。工程管理伦理问题分析可以基于可持续发展理论，考虑资源利用的可持续性、环境影响和社会责任。这有助于工程管理人员在决策和规划中推动可持续的工程实践和环境保护。这个理论框架可用于分析工程管理伦理问题的可持续性和环境影响。可持续发展理论的核心思想是在工程管理决策和实践中综合考虑经济效益、环境保护和社会责任，追求综合利益的最大化和长期的可持续性。可持续发展理论要求工程管理人员具备系统思维和综合管理能力，能够综合考虑经济、环境和社会的因素，并做出符合可持续发展原则的决策。通过应用可持续发展理论，工程管理人员能够更好地识别和解决伦理问题，推动工程管理实践朝着可持续的方向发展。

4. 道德权衡理论

道德权衡理论涉及在不同的道德原则之间进行权衡和决策，它涉及在伦理决策中权衡不同道德原则和价值观之间的取舍和折衷。工程管理人员面临的伦理问题往往涉及多种道德原则之间的冲突，如效益原则与公平原则的冲突。道德权衡理论可以提供一个框架，帮助工程管理人员在决策过程中权衡不同的道德因素，并找到合适的平衡点。道德权衡理论的核心思想是，在工程管理实践中，工程管理人员常常面临复杂的伦理问题，因此，找到最佳的道德选择往往是重点。道德权衡理论要求工程管理人员具备辨别、评估和解决道德冲突的能力，能够根据具体情境和价值观权衡各种因素，并做出合理的和道德的决策。通过应用道德权衡理论，工程管理人员能够更好地分析和解决伦理问题，权衡不同的道德准则和价值观，以达到平衡各方利益和维护道德原则的目标。

5. 利益相关者理论

利益相关者理论强调在工程项目中存在多个利益相关者，如业主、投资者、员工、社区等，并要求工程管理人员综合考虑和平衡这些利益相关者的权利和利益。工程管理人员需要认识到不同利益相关者的权益和关切，并寻求平衡不同利益的方法。利益相关者理论可以帮助工程管理人员分析伦理问题，并考虑如何最大程度地满足不同利益相关者的合理期望。利益相关者理论的核心思想是，工程项目不仅仅影响项目参与方，还对周边社区、环境以及其他相关方产生影响。利益相关者理论要求工程管理人员具备敏锐的洞察力和有效的沟通能力，能够理解和回应不同利益相关者的需求和关切，以确保项目的可持续发展和照顾各方的共同利益。通过应用利益相关者理论，工程管理人员能够更好地识别和解决伦理问题，平衡各方的利益，并在项目实践中积极与利益相关者合作，以达成社会共识和可持续发展的目标。

以上理论和原则为工程管理伦理问题的分析提供了理论基础和指导，帮助工程管理人员更全面地考虑伦理问题并做出合适的决策。但是仍然存在着一些工程管理伦理问题，具体如下：

1. 质量问题

工程管理伦理中的质量问题指的是在项目实施过程中出现的与产品或服务质量相关的伦理挑战。如使用低质量材料或设备以降低成本，从而影响项目的质量和可靠性；故意隐藏质量问题或缺陷，违背道德责任并给客户带来风险。一个典型的例子是在建筑项目中使用次标材料，不法建筑承包商以此降低成本从而获取更高的利润。使用次标材料可能导致建筑结构不牢固，影响房屋的安全性和可靠性。此外，如果购房者在购买之前不知道这一事实，他们可能会面临意外风险和财产损失。因此，这种行为违反了工程师的职业道德，因为他们有责任确保施工方使用符合规范和标准的合格材料。处理这种质量问题需要工程师勇于坚持质量标准，确保项目的可靠性和公众利益的最大化。

2. 安全问题

工程管理伦理中的安全问题指的是在项目实施过程中出现的与人员和环境安全相关的伦理挑战。其中，忽视安全标准和规范，会危及工作人员和公众的生命安全；压缩安全预算或忽视安全培训，会导致工地发生严重事故。一个典型的例子是在工业生产中忽视安全标准和规范。假设有一家化工公司，为了降低成本和提高生产效率，他们可能会忽视正确的安全操作程序和设备维护要求。这种做法可能导致工人在操作过程中在缺乏必要的防护装备或使用老化的设备的情况下暴露于危险的化学物质中。这样的行为不仅违反了工程师的职业道德，也严重威胁到工人的生命安全和健康。一旦发生事故，可能会导致严重的人员伤亡、环境污染和法律责任。因此，工程师在处理安全问题时必须遵守适用的安全标准和规范，确保工作场所的安全和保护工人免受潜在的伤害。

3. 利益冲突

工程管理伦理中的利益冲突问题指的是在项目实施过程中出现的与各利益相关者之间的利益冲突和道德困境。常见的利益冲突比如项目管理者接受供应商或承包商的回扣或贿赂，以帮助其在投标过程中获得不正当优势，或在项目决策中偏袒某个利益相关者，而不考虑其他利益相关者的权益。另一个典型的例子是在工程项目中存在与业主或承包商之间的利益冲突。假设有一个工程项目，承包商面临着时间压力和成本限制，同时业主又希望尽快完成项目以便尽早投入使用。在这种情况下，承包商可能面临着道德困境，是否妥协于质量和安全标准，以满足业主的期望。如果承包商选择以牺牲质量为代价来追求项目进度和利润，这将违背了工程师的职业道德和责任，可能导致项目的可靠性和安全性受到威胁。此外，如果业主不关注项目质量，也可能最终会对用户产生不利影响。因此，工程师需要保持客观的道德立场，坚持质量和安全标准，同时积极与利益相关者沟通和协商，以找到平衡各方利益的可行解决方案。

4. 环境可持续性

工程管理伦理中的环境可持续性问题指的是在项目实施过程中与环境保护、资源利用和生态平衡相关的伦理挑战。忽视环境保护法规和可持续发展原则，会导致对环境造成不可逆转的损害；操纵环境评估报告或隐瞒环境风险，以获得项目批准或节省成本是问题产生的常见原因[4]。一个典型的例子是建筑项目中的能源效率和碳排放问题。假设有一座大型商业建筑项目，设计阶段未充分考虑能源效率和环保因素，导致建筑物在使用阶段消耗大量能源，并排放大量温室气体。这种情况违背了工程师的职业道德，因为他们有责任设计和实施可持续性解决方案，减少对环境的不利影响。此外，如果建筑物的能源效率低下，业主将面临高额的能源成本，并且无法满足日益增长的环境可持续性要求。因此，工程师应该积极推动绿色建筑设计和可再生能源的使用，确保项目在满足业主需求的同时，减少对环境的负面影响，促进可持续发展。

5. 透明度与诚信

工程管理伦理中的透明度与诚信问题指的是在项目实施过程中涉及信息披露和诚实沟通方面的伦理挑战。如在项目报告中夸大项目进展或掩盖问题，误导利益相关者；不诚实地与客户或团队成员沟通，导致信息不透明和信任关系破裂。一个典型的例子是在工程项目投标过程中存在缺乏透明度和诚信的问题。假设有一项公共基础设施建设项目，不诚实的承包商可能在投标文件中夸大其能力、低估成本或隐瞒潜在风险,以获得合同并获取利润。这种行为不仅违反了工程师的职业道德,也损害了公共利益和其他潜在竞标者的权益。如果该承包商最终被选中,并在项目实施过程中无法兑现其承诺,可能导致项目延误、成本超支或低质量工程。因此,工程师应该坚持透明度原则,在投标过程中提供真实、准确和全面的信息,确保营造诚实的竞争环境,并确保项目合同的公正分配和项目的成功实施。

6. 跨文化与多元化问题

工程管理伦理中的跨文化与多元化问题指的是在跨国、跨文化或多元文化环境下,不同文化价值观、信仰体系、社会习俗和语言差异等因素带来的伦理挑战。常见的跨文化问题根源在于忽视跨文化团队的价值观和信仰差异,导致冲突和不公平待遇;在多元化团队中缺乏包容性和平等对待,影响团队合作和绩效。一个典型的例子是在国际工程项目中存在的文化冲突和沟通障碍。假设一个建筑公司承接了一个在亚洲国家的基础设施建设项目,工程团队由来自不同国家和文化背景的工程师组成。这种情况下,团队成员可能会面临理解和遵守不同的道德准则、工作习惯和沟通方式的挑战。例如,在某些文化中,直接表达批评可能被视为失礼,而在其他文化中,直接、坦诚的沟通被视为更有效的工作方式。这样的文化差异可能导致误解、冲突和不良的合作氛围。因此,工程师需要具备跨文化沟通和解决文化冲突的能力,尊重和理解不同文化的差异,营造开放、包容和相互尊重的工作环境,以促进有效的团队合作和项目成功实施。

7. 社会责任

工程管理伦理中的社会责任问题指的是在项目实施过程中考虑社会利益和对社会产生的影响所涉及的伦理挑战。在具体工程管理实践中忽视项目对当地社区的影响,如就业机会、环境影响和文化遗产保护;不履行企业的社会责任,如缺乏慈善捐助或不支持社会公益活动都会产生相应的社会责任方面的问题。一个典型的例子是在城市发展项目中存在的社会公平和社区参与问题。假设一家房地产开发公司计划在一个低收入社区建设高档住宅项目,这可能导致原住居民被迫搬迁,面临住房短缺的问题,因而造成社会不安定的现象。这种情况违背了工程师的职业道德,因为他们有责任考虑社会公平和社区利益,并在项目规划和决策过程中充分尊重利益相关者。在这个例子中,工程师应该积极与社区居民沟通,了解他们的需求和关切,寻求共赢的解决方案,如提供适当的住房替代方案或社区发展计划。这样可以促进社区参与和受益,减少不平等现象,同时实现可持续的城市发展和社会利益。因此,社会责任是工程管理中不可忽视的伦理问题,这就要求工程师在项目决策和实施过程中考虑社会公平和社会影响,并积极采取措施来解决社会问题。

处理工程管理伦理问题需要从道德原则、法律法规、职业行为准则以及各种利益相关者的权益和期望等多个角度综合考虑。工程管理人员需要具备伦理意识和决策能力,秉持公正、诚信和负责任的原则来应对这些伦理问题。此外,组织和行业也应建立相应的伦理框架和指导原则,以促进工程管理伦理的实践和发展。

10.3.1　工程安全带来的伦理问题

安全文化和责任是指组织中形成的安全的价值观和行为模式,工程管理人员应该建立和促进积极的安全文化,鼓励员工主动参与安全管理和遵守安全规定。安全伦理问题是指与工程项目或工作环境中的安全相关的伦理考虑和冲突。其中包含：第一,优先级冲突,在工程项目中,可能存在时间、成本和安全之间的优先级冲突;第二,风险沟通和透明度,工程管理人员应该提供准确、明确和透明的信息,让利益相关者了解项目的潜在风险和安全措施。第三,工程项目可能涉及人员的安全和健康问题,管理人员有责任确保工作场所安全,并采取适当的措施预防事故和职业病。安全伦理问题还涉及不同利益相关者的权益,工程管理人员需要平衡项目实施的安全需求与其他利益相关者的期望和需求,以最大限度地保护人员和社会的安全。

在分析安全伦理问题时,可以合理运用伦理理论和原则,如职业伦理学、社会契约理论、道德权衡理论等。同时,遵守相关的法律法规和行业标准也是解决安全伦理问题的重要依据。总的来说,工程管理人员应该以安全为优先,并在决策和行动中尽可能保护人员的生命和健康。

工程本身安全是指广义上的工程安全,包含两个方面,一方面是指工程建筑物本身的安全,即质量是否达到了合同要求、能否在设计规定的年限内安全使用,设计质量和施工质量直接影响到工程本身的安全,二者缺一不可;另一方面则是指在工程施工过程中职员的安全,特别是合同有关各方在施工现场工作职员的生命安全。随着中国经济和科技飞速发展,建筑施工企业数量激增,工程规模也越来越大。然而,尽管企业数量迅速增加,大部分施工人员是农民工,整体专业水平相对较低。这种情况加上工程项目日益复杂化,导致建筑工程安全事故频发，这与如何降低安全事故风险及处理工程伦理问题息息相关，因此如何有效减少建筑工程安全事故，是当前急需解决的重要问题。基于建筑工程事故造成的危害严重性，我国对建筑工程安全生产建立了一系列健全的法律法规和标准体系，以及严厉的事故问责条例，然而重大事故时有发生。实际上，事故的根源在于建筑工程安全生产环节中所存在的诸多工程伦理问题。工程师对伦理责任的意识主要体现在当企业利益与社会公共利益发生冲突时能对"是什么""为什么""怎么做"等进行一个合理的判断而不是一味地追求企业利益而放弃伦理责任。这就要求工程师在工程实施过程中，不仅要了解伦理责任的内涵，更要将伦理责任在实践过程中切实履行，并结合相应的专业知识，确保工程的安全性和可靠性，在行为上积极主动地履行和承担伦理责任。工程师应把企业员工和附近居民等人员的生命安全、身心健康放在最重要的位置，以安全第一作为决策重点。在工程施工阶段，由于工程师的设计方案不可能做到完美，在施工过程中若发现有不足的地方或者出现问题的时候，工程师有责任对设计方案进行调整，保障工程的质量，保障工程能够顺利、安全地进行。总的来说，工程伦理问题的本质是，在关键时刻工程师、技术操作人员、生产企业单位和相关部门能否始终坚守住人民的利益，能否始终保障公众的安全、健康和福祉。在工程安全相关的伦理问题上存在着责任与义务、信息透明与沟通、风险评估与管理、职业道德与行为准则、社会责任与公共利益等方面的冲突，具体如下：

1. 责任与义务

工程管理者和从业人员在工程安全方面承担着重要的责任和义务。伦理问题涉及他们如何履行责任，采取适当的预防措施，确保工人和公众的安全。这可能涉及投资额外资源来提高安全标准，培训和教育工作人员，以及建立有效的安全管理体系。

2. 信息透明与沟通

工程安全问题的解决需要适当的信息透明和沟通。伦理问题包括如何向工人、利益相关者和公众提供关于工程安全的准确、全面和及时的信息，以便他们能够了解潜在的风险和采取适当的防护措施。

3. 风险评估与管理

伦理问题涉及如何进行有效的风险评估和管理。这包括识别潜在的安全风险，评估其严重性和可能性，并采取相应的措施来降低风险。伦理问题也涉及在工程项目中如何平衡安全和其他利益，如进度、成本和质量。

4. 职业道德与行为准则

工程安全涉及从业人员的职业道德和行为准则。伦理问题包括如何保持诚实、正直和负责任的态度，遵守相关法律法规和标准，不违反职业操守，以确保工程安全的实现和维护。

5. 社会责任与公共利益

工程安全不仅仅影响工人和项目参与者，还对社会和公众利益产生影响。伦理问题涉及如何确保工程项目对社区的安全没有负面影响，如何平衡不同利益相关者的权益和需求。

针对工程管理伦理问题的分析，可以采用以下理论方法进行识别解决。首先，需要辨识工程管理实践中潜在的伦理冲突或问题。这可以通过对工程项目的各个方面进行审查，包括与利益相关者的关系、资源管理、质量控制、环境影响等方面，识别可能涉及职业操守、道德原则、法律法规等方面的伦理问题。其次，收集信息和背景资料。收集与伦理问题相关的信息和背景资料如相关的法律法规、行业标准、职业道德准则、组织政策等是必要的，这有助于分析问题的特定环境和相关规定，为决策提供更全面的基础。对涉及多方利益相关者的伦理问题，识别并评估各个利益相关者的权益、需求和关切，了解各方利益之间的冲突和权衡，有助于确定合理的解决方案。再次，运用伦理理论和原则来分析伦理问题。例如，职业伦理学、社会契约理论、道德权衡理论等。选择适用的理论可以帮助理解问题的本质和价值观，并为决策提供指导。考虑伦理问题的风险和可能的后果是重要的一步。要评估不同决策的风险和潜在影响，包括对项目、利益相关者和环境的影响。这有助于权衡各种因素，选择最合适的解决方案。此外，需要基于伦理分析和评估，制定道德决策和解决方案。这需要考虑各种因素，如职业操守、公平公正、合规性、可持续性等。决策应尽可能综合考虑各方利益和社会责任，寻求公正、可持续的解决方案。最后，在决策实施后，建立监督和反馈机制。这可以包括监测决策执行情况、评估其影响和效果，并及时调整和纠正可能的伦理问题。

以上方法提供了一个分析工程管理伦理问题的框架，可帮助工程管理人员全面考虑伦理因素，并做出符合道德要求和社会责任的决策和行动。

10.3.2 职业认识中的伦理问题

利益与利益冲突是指在特定情境下，不同个体、群体或利益相关方之间的利

益需求发生冲突或相互竞争的情况。在工程实践中,利益与利益冲突可能涉及以下几个方面:

1. 用户利益与企业利益

工程师可能面临用户利益和企业利益之间的冲突。用户希望获得安全、易用和高质量的产品或服务,而企业可能追求利润最大化、市场份额扩大或其他商业目标。在这种情况下,工程师需要权衡如何满足用户需求和企业目标,并确保用户和企业的利益得到妥善保护。

2. 利益冲突与公共利益

工程实践中可能存在与公共利益相冲突的利益需求。某些决策或技术可能对公众的安全、隐私或环境产生负面影响,而在同一时间也可能符合特定利益相关方的利益。在这种情况下,工程师需要认真考虑公共利益,并在利益冲突中优先考虑社会的整体利益。

3. 利益与道德冲突

在某些情况下,工程师可能面临个人或职业道德与其他利益需求之间的冲突。某些决策可能涉及违反伦理准则、损害他人利益或违背个人良知。在这种情况下,工程师需要认真思考并权衡各种道德和利益因素,选择符合道德原则的行动。

解决利益与利益冲突的关键在于进行有效的沟通、权衡和妥协。工程师应该积极参与利益相关方的对话,理解各方的关切和需求,并寻求达成共识的解决方案。此外,采用透明和问责的决策过程,并遵循适用的法律法规和伦理准则,也有助于解决利益与利益冲突的问题。工程实践中的各种伦理问题的产生都与工程师和社会大众的工程伦理意识缺失有关,在伦理问题上陷入困境的工程师多数不是由于他们人品不好,而是由于他们没有意识到自己所面对的问题具有伦理性质。结果,他们做出了错误的决定,玷污了自己的名誉。也就是说,伦理意识缺失是导致工程师不能处理好工程中事关社会伦理的重大问题、造成严重后果的一个重要根源。无论在国内还是国外,忽视工程社会伦理意义的现象都很普遍,从而引发了各种工程问题。

长期以来,许多工程师和社会大众都否认工程活动是一种独立的对象和独立的社会活动,他们把技术看作是科学的应用,又把工程看作技术的应用,认为工程只有技术上的先进与落后之分,没有道德上的好坏之分。于是,工程的独立地位就被消解和否定了,工程成了科学的附属品,被认为是完全客观的解题过程，从根本上排斥伦理价值因素。在这种似是而非的"附庸论"观点的笼罩下，工程伦理学难以形成一个独立的伦理学分支学科，也就否认了工程伦理的必然存在。其次，建筑企业现场实际负责人未经安全教育培训和管理能力考核就上岗管理，并且没有定期学习相关安全管理的知识，接受安全管理培训，说明相关部门负责人缺乏基本的职业伦理责任与担当。国内部分建筑施工企业为了降低人工成本，在招聘操作人员时设置的门槛较低，特殊作业人员只有少部分人取得上岗合格证，大部分工作人员都是无证上岗，不能满足安全生产工作的标准，这就导致工作人员连自己最基本的专业知识和技能都不能掌握，更别提其具备工程伦理责任意识，另一方面，建筑企业管理人员没有定期组织安全生产教育培训并要求特殊作业人员接受培训，学习相应的技能和知识，考核合格之后持证上岗。此外，部分建筑企业内部安全管理制度不够完善，对于施工人员的安全操作没有形成规定的流程，也缺少相应的巡回检查制度，对巡检的内容、人员、周期和时间也没有具体的安排与要求。最后，建筑企业配备的管理人员的综合素质较低，现场管理秩序混乱，安全意识都相对薄弱，一味地注重经济效益的提高，而节省一些安全经费，导致安全防护设施投入不足。

综上所述，如果建筑企业的相关人员能遵守法律规定，恪尽职守，在自己掌握的知识技能范围内，承担职业伦理责任，承担自己岗位应尽的责任和义务，增强安全意识，将会减少安全隐患，降低此类建筑工程安全事故发生的概率。社会教育的作用在于运用已有的道德规范和行为准则对工程师的行为进行约束，帮助工程师建立符合当代社会发展的工程伦理道德观。工程师社会伦理责任教育的重点是让其了解工程伦理的责任和义务以及明确当遇到不可避免的风险时在利益与道德之间如何进行选择。工程在实施过程中面临各种各样的风险，且与人、自然、社会密切相关，因此工程师的工程伦理意识与责任感将会对这些方面产生最直接的影响。作为在岗工程师的社会伦理责任教育应当以风险防范教育为主，可以通过行业专家讲座、网上工程伦理课程来提升自身的责任意识。建筑施工企业工程师的伦理责任主要在产品生产阶段，要结合自己专业技能与知识，排除各类安全隐患，保证周边环境与人民的安全。在工程职业认识中，存在一些与伦理有关的问题。这些问题涉及工程师在职业实践中所面临的道德、责任和价值观方面的考虑。常见的工程职业认识中的伦理问题如下：

1. 职业操守

工程师在职业实践中应该秉持高尚的职业操守，遵守道德准则和职业行为准则。伦理问题包括如何处理职业道德冲突、如何履行职业责任和职业义务，以及如何保持诚实、诚信和专业的态度。

2. 客户利益与公共利益的平衡

工程师往往同时面对客户利益和公众利益之间的冲突。伦理问题包括如何在追求客户利益的同时保护公众的安全、健康和福祉，以及如何处理潜在的利益冲突，确保公众利益不受损害。

3. 可持续发展与环境保护

工程师在项目设计和实施中应考虑可持续发展和环境保护的原则。伦理问题包括如何减少项目对环境的负面影响，如何推动可持续的设计和施工实践，以及如何平衡经济发展和环境保护的需求。

4. 职业发展与终身学习

工程师在职业发展中应不断学习专业知识和提升自己的技能。伦理问题包括如何保持学习的动力，如何遵循职业发展的道德规范，以及如何推动自身和同行的终身学习和发展。

5. 利益冲突与透明度

工程师可能面临利益冲突的情况，例如与供应商、承包商或其他利益相关者的关系。伦理问题包括如何识别和管理利益冲突，如何保持透明度和公正性，以确保决策和行为不受不当利益影响。

6. 社会责任与社区参与

工程师应该关注社会责任和积极参与社区事务。伦理问题包括如何与社区合作，尊重当地文化和价值观，促进社区发展和公共参与，以及如何平衡项目利益和社会责任。

处理工程职业认识中的伦理问题需要工程师具备良好的伦理意识和决策能力。同时，行业组织和专业协会也应提供相关的伦理准则和指导，鼓励工程师遵循道德原则，推动职业伦理的实践和发展。

10.3.3 资源消耗带来的伦理问题

资源消耗带来的伦理问题涉及资源的有限性、公平性和可持续性方面的考虑。许多工程项目需要大量的自然资源，如能源、水资源、土壤和原材料。过度消耗这些资源可能导致环境破坏、生态系统崩溃和气候变化等问题。工程师应该积极考虑项目的可持续性，采取节约资源、环境友好的设计和工程实践，减少对自然资源的依赖和消耗。

资源消耗不均衡可能导致社会中的不公平现象。在某些地区,资源可能过度消耗,发达地区利用其优势地位获取大量资源而在其他地区却缺乏基本资源,承担了资源短缺和环境恶化的后果。工程师应该关注资源分配的公正性和公平性,尽量避免资源过度集中,并推动资源的平等分配和可及性,以满足社会的基本需求,避免贫富差距加剧,引发社会动荡。某些工程项目可能依赖于非可再生资源,如矿石、石油和天然气等。这些资源的消耗速度快于其采掘速度,因此可能导致资源枯竭和对未来世代的剥夺[5]。当前世代的资源消耗行为对未来世代的生存和发展权益造成了威胁,气候变化导致的极端天气,将严重损害未来世代的生活条件,这引发了当前世代对未来世代负有道德责任的伦理讨论,工程师应该积极探索可再生资源和技术,减少对非可再生资源的依赖,避免某些工程项目的资源消耗可能对当地社会和经济产生重大影响,确保社会经济可持续发展。此外,资源的开发可能导致土地征用、人口迁移、文化破坏和社会不稳定等问题,一些资源开采活动可能会破坏当地的文化景观、历史遗迹以及传统生活方式,损害社区的文化认同和身份感。工程师应该在项目规划和执行中考虑社区的需求和利益,尽量减少负面社会影响,并促进经济的可持续发展和社会公正。工程实践中存在资源浪费的现象,如能源浪费、材料浪费和生产过剩等,这种浪费不仅对环境造成负面影响,还浪费了有限的资源。工程师应该注重资源的高效利用,推动节能减排、循环利用和工艺优化,以减少资源浪费和提高效率。

此外,建筑工程安全事故的频繁发生给人们敲响了警钟,近年来随着环保意识的加强,人们逐渐重视安全事故对生态环境的影响,而不只是局限于给社会带来的损失。大部分建筑工程安全事故的发生势必会带来建筑材料损耗、水污染、扬尘污染和噪声污染等问题,产生更多的建筑垃圾,影响周边居民的生活质量和城市风貌。因此,工程师应当树立生态环境保护意识和提升排查事故潜在危险的能力,保护自然生态环境,承担起环境伦理责任。在工程设计阶段,工程师就应当合理准确地评估或者减少其带来的直接或间接的影响,尽可能地减少该工程产品在全生命周期中对环境和社会的不良影响,保证工程在生产过程中的安全性并制定专门的环境伦理规范来进行管理,避免造成资源浪费,促进资源可持续利用和社会公平发展目标实现。

因此,可持续性与环境影响、资源公平分配、非可再生资源的使用、社会影响与经济发展、资源浪费和效率是与资源消耗相关的常见伦理问题。资源消耗带来的伦理问题需要工程师在实践中认真考虑，应该以可持续性为导向，注重环境影响、资源公平分配、非可再生资源的使用、社会影响和资源效率等方面，以实现资源的可持续利用和社会的整体利益最大化。

案例1

三峡水利枢纽工程——移民搬迁安置伦理问题

长江三峡枢纽工程采取"一级开发，一次建成，分期蓄水，连续移民"的方针，1994年正式动工兴建，于2009年全部完工。三峡水电站由全国人民代表大会批准建设，与下游的葛洲坝水电站一道在中国的水力发电、防洪和水资源调控等方面发挥着重要的作用。

三峡水利枢纽在建设工程中面临大量的现实伦理问题，其中受到中国农耕文化的影响，移民问题显得尤为突出。长江流经众多人口聚集之处，水电站的修建涉及129万居民搬迁，这些移民今后如何安置？其设计难题之多、关系之复杂、时间跨度之长、工程之浩大是全世界范围内都不曾遇到的。

三峡水利枢纽工程特别复杂，涉及人与人、人与自然、局部与整体各个维度的利益权衡，所涉及的工程伦理问题也较为广泛而突出，本案例选取的移民搬迁安置这个水利工程伦理研究领域关注度最高，同时也对三峡水利枢纽工程体现得最为典型的问题进行剖析：

1. 伦理问题

三峡水利枢纽工程需要移民129万人。三峡工程从建成至今，始终发挥着巨大的水利枢纽的功能。这项工程也向世界人民表明：中国人不但可以建造世界一流的水利工程，还可以实施当今世界上难度最高的水利工程移民项目。三峡工程大移民，是一首雄浑的民族史诗。三峡工程移民们要远离祖祖辈辈生活的故乡，不仅是对中国水利工程建设能力的证明，更是中国人民团结一心办大事的重要体现。三峡工程移民要离开祖祖辈辈生活的故土，不仅仅要面对的是经济上的问题，更多的是文化感情上的巨大难题，此处的社会伦理问题尤为突出。

2. 行动主体及其责任

在这个问题中，管理者作为行动主体，主要包括中国长江三峡集团有限公司以及重庆、湖北等省市人民政府有关管理者。管理者需要在遵守相关法规政策基础上，承担按期完成移民搬迁，保证工程建设进度的责任，同时也肩负着妥善安置移民,保证安置质量的责任。

3. 利益相关者及其利益

此问题中的主要利益相关者包括除管理者外的其他工程共同成员以及社会公众。这里的社会公众大致可以分为三个群体:一是移民群体本身;二是安置区原居民;三是当地其他群众,如工程边缘地带居民。工程共同体成员的利益为完成工程目标,社会公众利益则是维护自身经济、文化、感情,遭受尽可能少的损失,当然这里不同社会群体的利益诉求是存在巨大差异的。

4. 宏观层面的道德价值与规范

三峡水利枢纽工程所面临宏观层面的道德价值与规范包括多个方面:一是增强我国水资源战略调配能力,保障国家水安全;二是要以人为本,维护和保障人民群众的合法权益;三是处理好效率与公平的关系,坚持效率与公平的辩证统一。

【思考与讨论】

结合三峡水利枢纽工程,从工程伦理角度如何认识"人定胜天"?

案例 2

成人达己:电建生态的全面社会责任管理之路

"经过近几年治理,茅洲河又变回了我们小时候的样子,又可以岸边吹风散步、河里摸鱼捉虾了。"在茅洲河畔的洪桥头社区出生长大的居民洪永林开心地说。

茅洲河发源于深圳境内羊台山北麓,河流流经深圳、东莞两座城市,是两座城市重要的水资源。随着两市经济水平不断发展,茅洲河流域大量工厂沿水而建,工业废水、生活污水不断排入导致河流淤塞、水质污染等状况日益严重,两岸居民生活环境受到严重影响,两市发展同样也受到阻碍。2016 年,中央生态环境督查组巡查广东期间,指出茅洲河流域治理工作仍需加大力度,清淤排泥、污水治理、河道修复等问题迫切需要处理。也就在这一年,东莞、深圳以此为契机,联手开启了茅洲河全流域治污攻坚战。一条河的岁月,见证着两座城的传奇。

这一联手就是 5 年。这 5 年来,两市将茅洲河治理作为城市环境治理的首要任务,联防联治、上下游联合治理、左右岸共同治理等治理方案在实践中不断丰富,为茅洲河治理提供了大量的新决策。两城相关部门召开会议,在会议上对茅洲河治理进行系统性分析,制订最适合茅洲河流域污染综合整治的协调机制,有效推动茅洲河界河段清淤、塘下涌污染整治等重点工作。推行全流域治理、大兵团作战的建设模式。

如今,昔日的污染大户已成为治水样板——过往被市民所诟病的臭水沟,不仅变成了水鸟与植物的栖息地,也成为润泽城市发展的珍贵水脉;宝安累计建成160.8公里碧道,如同一条绿色的绸带,将河湖山水串珠成链,在高楼大厦间悠然舒展,为这座国际化、现代化的繁华都市增添了一抹自然气息与生态活力。

工程项目管理是工程职业人员通过计划、组织、人事、领导和控制等职能,对工程项目施加影响的过程。工程建设活动作为人类基本的实践活动,在茅洲河治理工作中,利益相关者有政府、社会公众、媒体以及其他工程共同体成员。中国电建也就是工程管理者与四者相互作用,同时政府、社会公众以及媒体之间相互影响与约束,存在以下相关伦理问题:

1. 管理者与其他工程共同体成员

从职责角度看,管理者依据合同规定的职责范围对其他工程共同体成员进行组织管理与监督;其他工程共同体成员依据合同规定服从管理者的管理,接受管理者的监督,必要时也对管理者进行反馈。

从利益角度看,一方面,管理者与其他工程共同体成员具有共同利益,即工程目标的顺利完成,工程效益的实现;另一方面,管理者与其他工程共同体成员也存在利益分歧,以新工艺技术的应用为例,工程师更注重考虑技术的可行性与风险性,工人的主要需求为该技术下作业的安全性,而管理者需要综合考虑其效益性、风险性与安全性。

2. 管理者与社会公众

从职责角度看,管理者应该承担相应的社会责任,不损害社会公众的利益;社会公众可以对管理者进行社会监督。

从利益角度看,管理者与社会公众存在两方面的利益冲突。一是资源方面,底泥处理厂需要占据一部分土地资源,工程用车通行需要占用道路资源。以土地资源为例,在土地资源有限的情况下,存在农业用地与工业用地之间的资源分配问题,底泥处理厂每多占一方土地,相应地就会有耕地或者其他用途的土地有所减少。二是社会公众的基本权益方面,例如工程所带来的噪声与安全方面的问题可能会损害社会公众的基本权益,工程所造成的对自然环境的负面影响一定程度上也是对社会公众利益的损害。

3. 管理者与(属地)政府

从职责角度来看,管理者应该遵从(属地)政府出台的相关法规政策;(属地)政府可以对管理者所负责的工程进行监管。

从利益角度看,管理者与属地政府具有共同利益,但也存在利益分歧。共同利益在于茅洲河流域治理,利益分歧在于属地政府除了环境治理,还有土地规划、经济增长、社会稳定等方面的管理需求,这些管理需求以法规政策等形式转化为对工程的限制,影响工程效益的实现。

另外,在此工程案例中,管理者与媒体的交互关系并不密切,也没有突出的利益冲突,因此不做讨论。

【思考与讨论】

面对这样的伦理问题,管理者可以采取什么样的行动才能实现社会公益和企业利益的统一?

课后思考题

1. 三峡水利枢纽工程存在哪些风险因素?请从生态、移民以及风俗文化保护三方面进行分析。
2. 如何防范风险工程,有哪些手段和措施?
3. 三峡水利枢纽工程除上述移民问题外,还有哪些方面的工程伦理问题?
4. 工程活动中的环境伦理原则主要包括哪些?简述其内容。
5. 结合三峡水利枢纽工程,从工程伦理角度如何认识"人定胜天"?

参考文献

[1] 马廷奇,秦甜帆.工程伦理教育的逻辑起点、现实困境与实践路径[J].高教发展与评估,2022,38(5):93-104+124.

[2] 林健,衣芳青.面向未来的工程伦理教育[J].高等工程教育研究,2021(5):1-11.

[3] 贾璐萌.基于负责任创新的工程伦理探析[J].大连理工大学学报(社会科学版),2021,42(2):123-128.

[4] 王进,彭好琪.工程伦理教育的中国本土化诉求[J].现代大学教育,2018(4):85-93+113.

[5] 李安萍,陈若愚,胡秀英.工程伦理教育融入工程硕士研究生培养的价值和路径[J].学位与研究生教育,2017(12):26-30.